유아 인성교육을 위한

세계 여러 나라의 문화 체험 프로젝트

| 진금옥 지음 |

창지사

한국 사회는 다양한 인종, 종교, 문화와의 공존의식이 여전히 미흡한 현실에서 결혼이민자가 점점 증가하고 있다. 따라서 다문화가족의 자녀 수도 급격하게 증가하였고, 앞으로도 결혼이민자는 점점 더 증가할 것으로 예상되면서 영유아는 물론 초등학교, 중학교 등 학령기 아동 수도 크게 증가할 것이다.

오늘날 행전안전부 자료에 의하면 다문화가족 자녀는 10만 명이 넘고, 이들 중 만 6세 이하 영유아가 약 70%나 된다고 한다. 이로 인하여 영유아기부터 편견 없는 교육에 대한 많은 교육과정 및 정책이 만들어지고 있지만 사회적 문제의 편견은 아직도 남아 있다. 이러한 문제를 해결하기 위하여 '세계 여러 나라의 문화 체험 프로젝트' 라는 프로그램을 운영하게 되었다. 이 프로그램을 통하여 다양한 문화를 이해하고, 공공사회를 만들기 위해 나라마다의 다양한 생활문화를 경험하고자 하였다. 또한 우리 사회에는 세계 여러 나라의 다양한 가치와 문화들이 공존하고 있음을 알고, 그 가치와 문화들은 시대 변화에 따라 변화해 간다는 것을 알게 될 것이다.

미래 사회에는 협력하는 사고와 행동을 함으로써 창의성을 발휘하고 나와 다른 것을 이해하고 다양성을 수용해야 한다. 이러한 미래 사회에 맞는 교육을 위해서 5개의 어린이집이 공동으로 탐구하여 만든 교육과정이 바로 '세계 여러 나라의 문화 체험 프로젝트' 이다.

영유아기 교육은 다양한 문화의 직·간접적인 체험들을 통해 다양한 문화들이 우리의 생활 속에 공존하고 있음을 자연스럽게 익히고 소통할 수 있게 이루어져야 한다. 사람들의 생활문화는 지역이나 가정마다 다른 정체성을 가지고 있다. 즉, 살고 있는 집의 구조, 음식문화, 가족 구성원 등 각기 다른 환경에 적응하며 살아가는 생활양식이다. 그래서 영유아기에 보고 듣고 만지는 것들이 풍부하지 못하면 편견을 가지기 쉽기 때문에 다양성과 동질성을 이해할 수 있는 기회를 제공해 주어야 한다. 영유아들은 다양성과 동질성을 경험함으로써 사고의 폭이 넓어지고 창의적인 지혜와 협동의 중요성을 익히게 될 것이다.

또한 이 프로젝트의 목적은 결혼이민자 부모들이 한국문화에 동화되기를 강조하는 것이 아니라, 서로 다른 문화의 정체성을 이해하고 융화되어 갈 수 있도록 영유아 교육과정 프로그램에 끌어들이는 것이다. 다양성과 차이를 이해하고 존중하는 사회를 만들기 위해서는 문화 교류 프로그램들을 확대해 감으로써 자신의 정체성을 잃지 않고 사회 각 계층에서 자신의 역할에 충실하게 살아갈 수 있도록 배려해야 한다.

이 책은 이와 같은 생각으로 5개의 어린이집 원장님들과 선생님들이 함께 모여 연구하고 실행하고 평가하고 수정·보완하면서 이루어진 프로그램으로 구성되었다. 프로그램의 마무리 단계에서 영유아들이 참여한 다양한 교육활동과 변화의 과정을 전시하고 체험장을 마련하였는데, 영유아들은 직접 세계 여러 나라의 여행 가이드가 되어 지역사회의 많은 사람들에게 체험 활동을 안내하는 경험도 가졌다.

프로그램에 참여해 주신 동산밭어린이집, 대정어린이집, 은현어린이집, 제주어린이집, 새싹어린이집 원장님들과 선생님들께 감사드린다.

2012년 12월

동산밭어린이집 원장 진금옥

Ⅳ 프로젝트를 마치며

I

프로젝트를 시작하며

1. 세계 여러 나라를 통한 다문화교육의 필요성

세계 일일 생활권이 점점 가까워짐에 따라 지구촌의 나라들은 다문화적으로 변화되어 가고 있다. 우리나라는 단일민족, 가부장적인 단일문화를 고유의 문화로 받아들여 온 우리 사회가 다문화 사회로의 진입에 대해 문화적 다양성에서 기인하는 '차이'를 어떤 시각에서 바라보고 대처할 것인가를 고민해야 한다.

이러한 변화를 인식하고 미래 사회의 삶을 영유아기에서부터 자연스럽게 스며들 수 있도록 하는 것이 필요하다. 우리가 살고 있는 지구는 어떻게 만들어졌는지? 사람들이 살고 있는 땅의 모양은 어떤 모양인지? 땅의 모양에 따라 사람들은 어떻게 살아가고, 어떤 음식을 먹고, 어떤 놀이를 하는지? 어떤 말을 사용하는지? 이와 같은 여러 가지 문화 체험을 경험해 보는 기회를 가져야 한다.

다양한 경험을 통하여 나라마다 사람들의 생김새가 다르고 살아가는 모습이 각각 다르다는 것을 이해하고 자연스럽게 우리가 살고 있는 환경으로 받아들이도록 해야 하는 것이다.

아직 정착되지 않은 다문화사회에서 가장 큰 어려움을 겪고 있는 결혼이민자들이다. 익숙하지 못한 생활문화 속에서 자신과 다른 문화를 가진 사람들과 관계를 맺으면서 이해되지 못해 생기는 갈등과 그들 밑에서 태어나는 자녀 교육 문제가 시급하다.

다른 민족이 우리나라에서 와서 적응하고 정착하는 것도 중요하지만 우리가 다른 문화를 이해하고 수용하는 삶도 중요하다.

우리 사회는 변화의 급물결을 타고 있는 반면 우리의 의식은 아직도 과거의 고정관념에 묶여 있어서 다른 문화 사람들과의 관계 속에서 편견, 갈등, 부적응 등 많은 문제들이 돌출되고 있다. 이러한 문제를 인식하면서 다문화 교육, 반편견 교육 등이 주목을 받고 있지만 사회적 큰 맥락으로 볼 때 아직도 의식은 변화는 미흡한 상황이다.

의식의 변화는 삶의 습관이 바뀌어야 가능한 일이다. 삶의 습관을 바꾸기란 쉬운 일이 아니고, 많은 시간과 노력을 필요로 한다. 어렸을 때부터 고착화되어 버린 습관들은 변화를 위한 노력에도 불구하고 무의식으로 나타나서 우리를 괴롭힌다. 이러한 무의식의 습관들은 영유아기에 습득된 결과들이다. 그래서 영유아기에 올바른 습관 형성을 위한 교육이 중요한 것이다.

영유아기의 특성에는 민감기와 흡수하는 정신이 있다. 무엇이든 알고자 하는 지적인 욕구가 왕성한 민감기를 통하여 세계의 다문화를 이해하고 또한 준비된 환경 안에서 많은 지식을 흡수함으로써 다른 문화에 대한 편견을 줄일 수 있다.

다문화를 이해하는 성인으로 성장하여 사회생활에 영향력을 미치게 하려면 영유아기부터 세계 여러 나라를 알고 이해할 수 있도록 하는 프로그램을 마련하여 교육하는 것이 중요하다.

2. 다문화교육의 개념

1) 다문화의 자연적 개념

인간은 지리적 및 시대적으로 어떤 위치에 처해 있느냐에 따라 문화가 다르다. 서로 같은 지역 안에서 사고하고, 인지한 것들이 무의식으로 나타나는 개인의 습관들이 집단화된 바로 문화라고 할 수 있다. 그러므로 문화는 집단 속에서의 생활양식으로 개인과 집단, 사회로부터 학습되어 나타나는 생활방식이다.

문화는 개인의 삶을 구속하는 체제로 볼 것이 아니라 개인의 구체적인 삶의 경험을 통하여 세상을 바라보는 창(prism)과 소통의 수단으로 이해되어야 한다.

몬테소리(Montessori)는 인간을 자연적 존재와 문화적 존재의 이중적인 기능을 가지는 존재로 보았다. 그는 인간은 자연의 법칙에 굴복하고는 있지만 인간에게만 부여된 독특한 지성으로 "자연의 변화에 개입하여 스스로 문화를 형성하는 존재"라고 하였다. 또한 인간이 창조한 세계의 탁월함을 표현하기 위하여 문화의 개념을 특별히 '초자연' 이라고 지칭하였다. 이 같은 인류학적인 기본 이해로부터 요구되며 인간의 문화는 자연과 관계를 맺는 것이 중요하다고 한다. 그러므로 문화의 개념은 세대를 통해 전수되는 사회 집단의 생활양식으로 관습에 의해 결정되는 개인의 행위이며 인간이 창조해 가야 하는 우주적 사명이다.

2) 유아 다문화교육의 개념

문화란 인류의 지식, 신념, 행위들을 포함한다. 문화는 인간이 사회 구성원으로서 갖는 삶의 습관이다. 문화는 고정된 것이 아니라 상호 구성원 간에 미치는 영향을 통해 세계화의 흐름에 따른 변화를 가져온다. 세계화의 흐름 속에 새로운 다문화에 대한 사회적 관심과 요구는 다문화를 이해하고 서로 다른 문화의 차이를 인식하고 받아들이는 교육을 필요로 하고 있다.

유아 다문화교육은 서로 다른 인종과 성, 언어, 사회계층의 유아들이 동등한 교육의 기회를 갖고 긍정적인 다문화의 교류 태도와 인식, 행동을 발달시키도록 돕기 위함이다. 또한 문화적으로 세계화된 사회를 준비할 수 있도록 하고, 자기 문화의 가치를 중요하게 여기면서도 다른 문화와 다른 인종에게 개방적이고 협력하는 태도를 길러 다문화를 공유할 수 있도록 하는 것이다.

유아 다문화교육은 유아뿐만 아니라 교사, 학부모, 지역사회가 함께 협력하여 이루어질 때 교육의 효과는 더욱 높을 것이다. 다문화교육의 효과는 편견을 줄이고, 모든 사람을 존중하고, 자아존중감을 향상시킨다. 즉, 다문화 교육은 사회적·문화적 다양성을 이해하고 차이를 인정하고, 서로에 대한 존중과 이해의 폭을 넓히고, 함께 협력하는 조화로운 사회를 이루며 행복한 삶을 살아가도록 하는 것이다.

3. 다문화교육의 목적

다문화교육의 목적은 세계 여러 나라의 다양성을 이해함으로써 서로에 대한 존중과 협력을 통해 문제를 줄이고 살아갈 수 있도록 하는 데 있다. 유아기 다문화교육은 자신의 문화와 다른 사람의 문화 차이를 존중하고, 다문화 사회에서 성공적인 삶을 살아가는 방법을 배운다.

몬테소리(Montessori)의 다문화교육의 하위 목표는 다음과 같다.

1) 현대를 살아가는 인간으로서 우리는 매일매일 모든 유기체와 무기체들의 관계 속에서 상호작용을 하며 탐색과 탐구를 통하여 홀로 고립된 존재가 아니라 서로 연결된 하나의 삶이라는 것을 학습한다.
2) 삶의 중심 과정을 세계 여러 나라의 다양한 문화를 이해하며 하나가 되게 하는 것이다.
3) 자연 속에서 상호 의존을 인식시키는 것이다.
4) 공통된 인간의 욕구와 인간 욕구의 다양한 충족 방법들을 인식시키는 것이다.
5) 자아완성, 곧 세계관을 형성하는 것이다.
    - 인간이 살아왔던 전통적인 방법에서 현재 살고 있는 방법을 이해함으로써 미래를 계획하고 공헌하고자 하는 마음을 갖는다.
    - 어린이가 성인의 세계를 인식하고 세상의 다양한 양상들을 실험해 볼 수 있는 기회를 갖도록 한다.
    - 자신의 위치를 파악하고 역사에 대한 이해심과 관심을 갖게 한다.
    - 문화적 의미를 표현할 수 있는 느낌을 발달시킨다.
    - 다문화 경험을 통하여 호기심과 상상력을 고취시킨다.

4. 세계 여러 나라 문화 체험의 교육 내용

세계 여러 나라의 문화 체험을 통한 다문화교육은 문화에 대한 개념과 목표를 바탕으로 세계 여러 나라를 알고 각 나라마다 갖고 있는 다양한 문화를 교육 내용으로 선정하여 구체적으로 이루어진다. 그 내용을 살펴보면 다음과 같다.

1) 지리교육

인간이 살고 있는 지구, 생명, 기후, 땅, 바다 등에 대한 과학적 지식을 바탕으로 다양한 주거 형태, 풍습, 지역의 특성 등을 이해하고 그 지역의 생활에 대한 국제적 이해를 돕는다. 또한 지역에 따라 피부색, 모습, 나라, 생활방식 등 각기 다른 특성을 가지고 살아가지만 차이점을 이해하고 유사점을 발견하면서 우리는 지구 공동체라는 세계관을 형성하도록 돕는다.

2) 역사교육

시간의 흐름에 따라 인간이 여러 문명 속에서 어떻게 살아왔는지 알아본다. 또한 역사 속에서 자신의 위치, 세계와 나라, 사회 안에서 자신의 존재가치를 발견하고 자신의 성장 과정 등을 탐구하고 과거, 현재, 미래의 연속관계를 통하여 변화의 과정을 이해하게 된다.

3) 과학교육

영유아들이 관심과 호기심을 가지고 자연현상과 주변의 사물을 탐색함으로써 탐구능력과 태도를 기른다. 구체적 조작활동을 통해 사물에 대한 분류, 비교, 관계 파악 등을 해 봄으로써 여러 가지 다양한 상황들에 융통성 있게 대응할 수 있는 능력을 기르게 된다.

4) 인성교육

인간만이 갖고 있는 양심이라는 부분으로 도덕성의 내면화를 통하여 예절, 질서, 협력의 기본 생활 태도를 기른다. 자아실현을 촉진하는 환경 조성, 스스로 발전을 추구하도록 유도하고, 상대방의 자아실현을 도와줄 수 있게 된다. 이로 인하여 다른 사람과 더불어 살아가는 기본 자질을 배우고, 성품과 품격이 갖추어진 사람이 된다.

다문화교육 프로그램에 포함되어야 할 미래 지향적인 교육과정의 내용

① 과거, 현재, 미래를 포함한 교육
② 아동 스스로 활동을 자연스럽게 선택하게 하고 선택한 결과에는 책임이 따른다는 것을 스스로 배워 갈 수 있도록 한다.
③ 유비쿼터스(ubiquitous) 시대에 맞는 새로운 교수 학습 방법: 협력하는 학습활동을 통하여 지식의 통합이 이루어질 수 있는 교육 환경을 제공한다.
④ 집단지성: 개별적으로 갖고 있는 능력들을 분석한다. 그리고 개인의 능력은 함께 협력하고 배려할 때 더 큰 것을 얻을 수 있다는 것을 경험하게 한다.
⑤ 적시학습: 연계학습을 통하여 필요한 순간에 필요한 지식을 배울 수 있는 교육 환경이 준비되어 있어야 한다.
⑥ 개별화교육: 개인의 능력에 따른 적합한 지식을 얻을 수 있도록 맞춤교육을 제공함으로써 미래의 나갈 방향을 스스로 깨달을 수 있도록 도와주어야 한다.
⑦ 시뮬레이션: 사실적인 다문화를 체험하고 경험하게 한다. 직접 체험할 수 없는 현실들은 실제와 같은 가상현실교육을 제공함으로써 간접적으로 느껴 보거나 사고를 수정할 수 있도록 한다.

이러한 미래 지향적인 교육과정을 통하여 세계 여러 나라의 다문화를 경험한다면 새로운 문화를 접하게 될 때 문화 충격으로부터 벗어나고 서로 협력하는 공동체의 삶을 준비할 수 있을 것이다. 그리고 도덕성의 내면화를 통하여 예절, 질서, 협력의 기본생활습관을 기르게 되고 나와 다른 사람과 더불어 살아가는 기본 자질을 습득하게 되어 성품과 품격이 갖추어진 사람이 된다. 또한 자기 자신을 소중하게 여기고 반듯한 마음으로 다른 사람을 사랑하는 힘(의지)을 가지게 되고 함께하는 즐거움의 소중한 가치를 키워 나가게 된다.

5. 프로젝트의 교수 방법

프로젝트의 진행은 성숙주의, 구성주의를 바탕으로 한다. 사랑이라는 근본 정신을 가지고 프로젝트에 접근하고 가치 있는 교육으로 진행한다.

1) 프로젝트의 진행 단계

(1) 1단계: 주제 찾기

흥미와 욕구에 따라 주제를 선정하는 단계이다. 주제를 찾기 위해서 교사는 다음의 세 가지를 갖추어야 한다.

첫째, 교사는 준비된 마음으로 유아를 관찰한다.

둘째, 교사는 유아가 흥미와 관심을 토론, 그리기 등을 통하여 표현하도록 한다.

셋째, 교사는 유아의 흥미와 관심을 유도하기 위해서 주제와 관련된 환경을 조성한다.

주제 선정 시에는 주제가 유아들의 흥미를 지속적으로 끌 수 있는가, 유아의 생활에 도움을 주는가, 사회에서 요구하는 내용인가, 유아의 풍부한 학습활동을 기대할 수 있는가, 유아에게 다양한 자료를 제공할 수 있는가 등을 고려해야 한다.

(2) 2단계: 주제에 대한 생각 나누기

주제에 대한 생각 나누기는 유아들의 사고 분석 및 표출의 단계로서 주제에 관해 무엇을 알고 있고, 주제에 대하여 어떠한 감정을 가지고 있는지를 파악하는 단계이다. 주제에 대하여 자신이 생각하고 있는 내용을 전부 표현하되 처음에는 눈에 보이는 사실 중심의 상황을 표현하다가 차츰 발문을 통하여 내면의 감정을 표현하게 된다. 이때 교사는 유아들의 감정 표현을 있는 그대로 수용해 주며 적절한 피드백으로 유아들의 감정 표출을 도와야 한다.

(3) 3단계: 주제에 대하여 깊이 알기

기존에 가지고 있는 가치와 신념을 공고히하거나 변화되는 것을 목적으로 한다. 주제의 내용을 더 깊이 생각할 수 있도록 생활 공간을 넓혀 주고 주제에 대한 새로운 가치와 신념이 변화될 수 있도록 하는 단계이다. 또한 유아들이 더 알고 싶어 하는 것을 다양한 활동을 통하여 해결해 준다. 이때 주제의 입장에서 생각해 보는 마음 읽기 활동을 통해 조망수용능력을 기르게 되며 생각을 신념화할 수 있게 된다.

(4) 4단계: 주제를 위하여 행동하기

주제에 대한 가치와 신념이 변화됨에 따라 새로운 마음가짐과 행동을 하게 되고, 고운 심성 표현과 다짐을 행동으로 실천하게 되는 단계이다.

3단계에서 변화된 생각을 바탕으로 주제의 가치를 이해한 유아들이 주제에 따른 행동계획을 세우고 행동을 실천하는 단계이다. 주제를 위한 행동은 브레인스토밍 과정에서 유아들에게 형성된 사고가 신념화되면서 고운 심성으로 길러진다. 유아들이 자율적으로 결정한 다짐의 행동이 3주 이상 지속되면 내면화가 된다.

2) 프로젝트 수업의 모형

(1) 유아의 활동

유아의 활동은 '자신의 생각을 표현하는 활동', '주제에 대한 생각을 이해하는 활동', '생각을 신념화하는 활동' 등 크게 세 가지로 구분된다.

- 토의하기
- 그림 그리기
- 감정의 망 그리기
- 매체 활용하기
- 조사활동
- 현장견학 및 체험활동
- 모의학습, 역할극
- 현장방문 및 관련인사 초청
- 행사하기 등

(2) 교사의 역할

● 주제에 대한 마음 열기 활동

주제 진행에 앞서 교사 간에 반드시 브레인스토밍을 하여 주제에 대하여 자신의 생각과 서로 마음을 열어 나누는 활동을 한다. 마음 열기 활동을 통하여 주제를 진행할 때 유아의 생각을 잘 수용해 주고 확산적인 사고로 변화된 생각을 내면화할 수 있도록 준비된 마음가짐을 갖는다.

● 다문화를 사랑하는 행동 모범 보이기

교사가 다문화를 사랑하는 행동을 보이는 것은 유아의 성격 형성과 수업환경 조성에서 절대적으로 중요하다. 유아에게는 교사의 모델링이 중요하다.

● 학습 안내

관찰은 유아의 발달에 적합한 목적의식과 주제와의 접근이 효과적인가에 대하여 교사의 준비된 마음을 갖게 한다.

다문화교육 활동을 바람직한 방향으로 유도하는 내용은 다음과 같다.

① 유아의 기존 정보에 새로운 정보를 추가할 수 있도록 지적 자극을 준다.
② 문제 인식과 궁금증을 갖게 하고 사고와 표현활동을 유발하고 촉구한다.
③ 능동적인 생각을 위해 계획, 조정, 확인할 수 있도록 돕는다.
④ 유아의 응답에 항상 긍정적이고 밝은 표정을 짓는다.
⑤ 교실에 물리적 환경을 잘 조성해 준다.
⑥ 동기부여가 될 수 있는 모델 역할을 한다.
⑦ 도덕적 갈등상황 유지를 위한 발문과 명료화, 촉진자의 역할을 한다.
⑧ 사고의 확장을 돕도록 감정, 문제해결, 가치처분 방법을 활용한다.
⑨ 토론에 참가하지 않는 유아를 토론의 장으로 유도한다.

유아의 사고를 촉진할 수 있는 구체적인 대화의 기법은 다음과 같다.

① 추리, 예측, 결정, 묘사할 수 있도록 질문을 한다.
② 활동이 비생산적 상황일 경우 지침과 방향을 제시한다.
③ 확산적 질문을 통해 창의적인 생각, 감정을 표현하도록 돕는다.
④ 상황을 질문한 후 교사는 3초 이상 기다리고 관찰하며 듣는다.
⑤ 사물이나 상황을 은유하여 표현할 수 있도록 자극을 준다.
⑥ 사고가 활발하게 진행될 때에는 비언어적 형태로 강화한다.
⑦ 행동을 격려하는 질문과 유머를 사용한다.

표 1. 프로젝트 수업 진행 과정의 예시

수업 과정	교사의 상호작용의 의도	교사의 상호작용의 실제
주제 찾기 (학습 목표 설정)	학습 목표 설정–존중감, 친밀감 유아 관찰–유아의 관심 사항 찾기 문제 상황의 경조성–교사의 준비된 마음	● 고려해야 할 점 – 주제가 유아의 흥미를 지속적으로 끌 수 있는가? – 유아의 생활에 도움을 주는가? – 사회에서 요구하는 내용인가? – 유아의 풍부한 학습활동을 기대할 수 있는가? – 유아에게 다양한 자료를 제공할 수 있는가?
도입 (주제에 대한 생각 나누기)	학습자 분석–존중감, 친밀감 교육 목적–유아의 기존 생활 공간 파악, 서로 생각과 감정이 다름 인식, 지적 갈등 야기	① 주제에 몰입을 유도하는 상호작용(사고의 망 구성) ② 경험 나누기(사전 경험 나누기, 다른 사람 생각 파악) ③ 주제에 대한 1차 표상 ④ 주제에 대한 감정의 망 구성과 표상활동
전개 (주제에 대하여 깊게 알기)	본 수업활동–열정 교육 목적–자신의 생활 공간 확대 주제의 입장에서–주제 생각하기 주제에 대한 가치 및 신념 변화	① 주제에 대한 지난 시간을 회상하기 ② 주제에 대한 나의 생각 표현하기 ③ 주제에 대한 타인의 생각 알아보고 비교하기 ④ 주제 생활공간에 참여하고 공유한 느낌 표현하기 ⑤ 매체를 통하여 주제를 알아보기(감정이입) ⑥ 주제에 대하여 예측하고 유추해 보기 ⑦ 주제에 대한 마음 읽기 활동하기 ⑧ 주제와 비교하고 차이점 알아보기 ⑨ 주제에 대한 2차 표상활동(외적, 내적) ⑩ 만약 ○○가 없다면?(주제의 생존 가치, 존엄성 알기) ⑪ 도울 수 있는 방법 알아보기(주제와 생활 공간을 심층적으로 공유)
마무리 (주제를 위하여 행동하기)	성과 분석–의사결정과 실행 교육의 목적–주제를 위한 고운 인성의 표현 및 다짐	① 주제를 위하여 할 수 있는 방법을 자율적으로 생각하고 계획하기(진행 과정을 회상하고 함께 상기하며 흥미 유발–주제를 위하여 할 수 있는 행동계획 세우기) ② 주제에 대한 3차 표상활동(외적, 내적) ③ 행동하기를 통해 변화된 사고를 반복된 행동으로 신념화

출처: 유아인성교육 활동 사례집

Ⅱ 주제 선정 배경 및 기간

1. 주제 선정 배경

지구촌은 빠르게 변화하고 있다. 따라서 세계 여러 나라 사람들 간의 교류가 많아지고, 이로 인하여 각 나라들의 다양한 문화는 우리 생활 안에 자연스럽게 섞이게 되었고, 사회는 다인종 사회로 급변하고 있다.

다문화가정이 증가함에 따라 정부와 지방자치단체들에 의해 다문화가정을 위한 다양한 지원이 이루어지고 있다. 하지만 현실적으로 다문화가정의 근본적인 갈등의 문제는 점점 더 많아지고 있는 실정이다.

다문화가정의 가장 큰 문제는 부부간의 서로 다른 문화를 수용하는 것에 있다기보다는 어느 한 쪽의 문화를 일방적으로 강요하는 생활문화와 자녀 양육 방법의 갈등에 있다고 보았다. 그리고 다문화가정 자녀들이 성장하면서 유아교육기관 및 초등학교라는 사회집단에서 생활하게 됨으로써 일어나는 갈등의 문제들이 제기되었다. 이러한 현실 속에서 유아기에 세계 여러 나라의 다양한 문화를 이해하고 협력과 나눔을 생활 속에 습관화하여 미래 사회를 함께 만들어 갈 수 있을 것을 기대하면서 '세계 여러 나라의 문화 체험 프로젝트' 를 시작하게 되었다.

2. 주제 선정 기간

'세계 여러 나라의 문화 체험 프로젝트' 프로그램은 제주특별자치도 내 5개의 어린이집 원장님들과 교사들이 모여 다문화가정과 함께하는 마음으로 시작하였다.

이 프로그램을 위해서 연구하고 진행한 기간은 2011년 5월~2012년 1월까지이다.

어린이집 선생님들의 끊임 없는 연구에 따른 자료, 교재 교구 준비 및 다문화적인 환경을 준비하면서 많은 어려움이 있었다. 하지만 교사들이 준비한 만큼 유아들은 적극적인 활동을 보여 주었고, 즐겁고 생동감 있게 변화되었다.

Ⅲ

교사 준비 단계의 내용

1. 교사 주제망 구성

아이들과 수업을 하기에 앞서 교사들이 모여 교사 주제망을 먼저 구성해 보았다.

각 대륙별로 생각 모으기를 한 후 유목화 작업을 통해 각각의 대륙 주제망을 완성하였고, 교사 주제망을 가지고 아이들에게 어떻게 활동을 전개해 나갈지 계획했다. 그리고 유아들이 유아 주제망을 구성한 후에 교사 주제망과 함께 비교해 보고 교사와 유아의 공동 주제망을 구성해 볼 수 있도록 했다.

1) 아시아

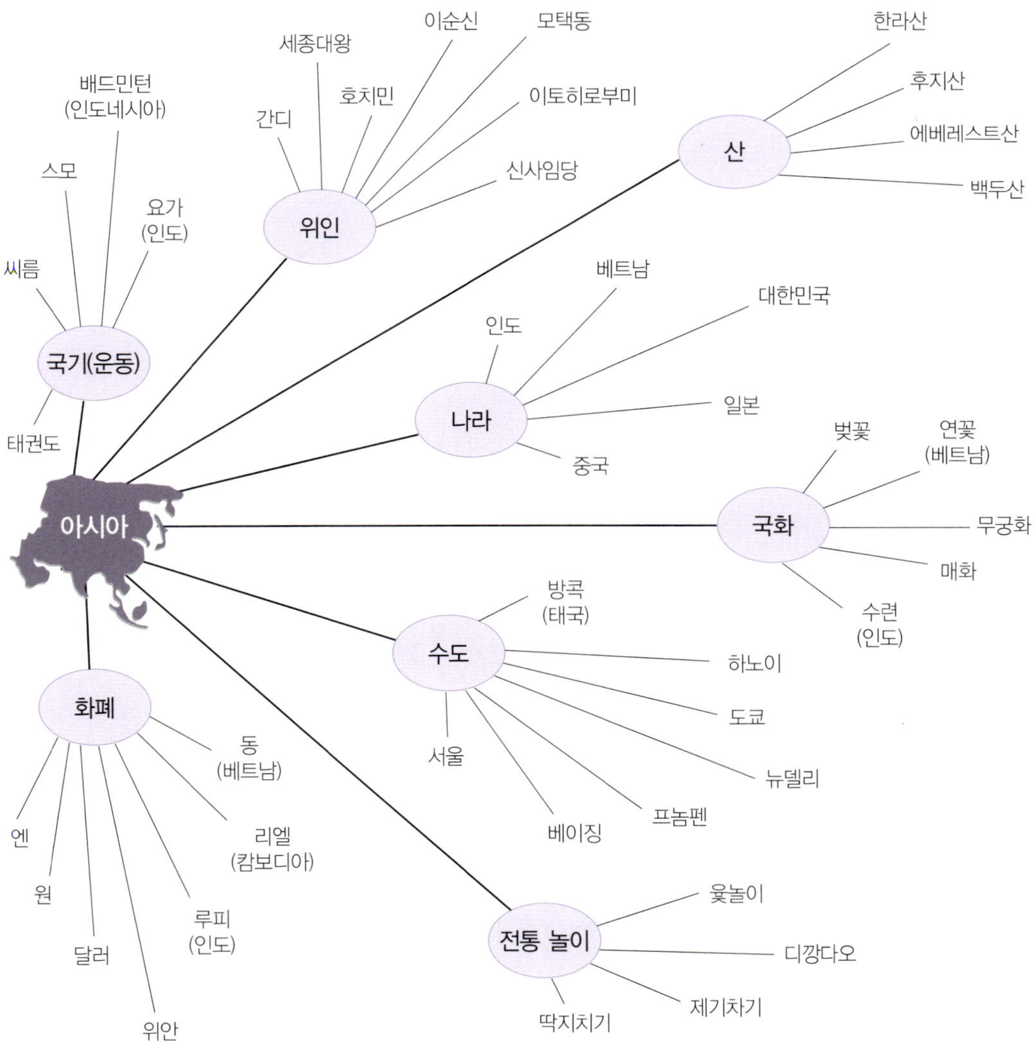

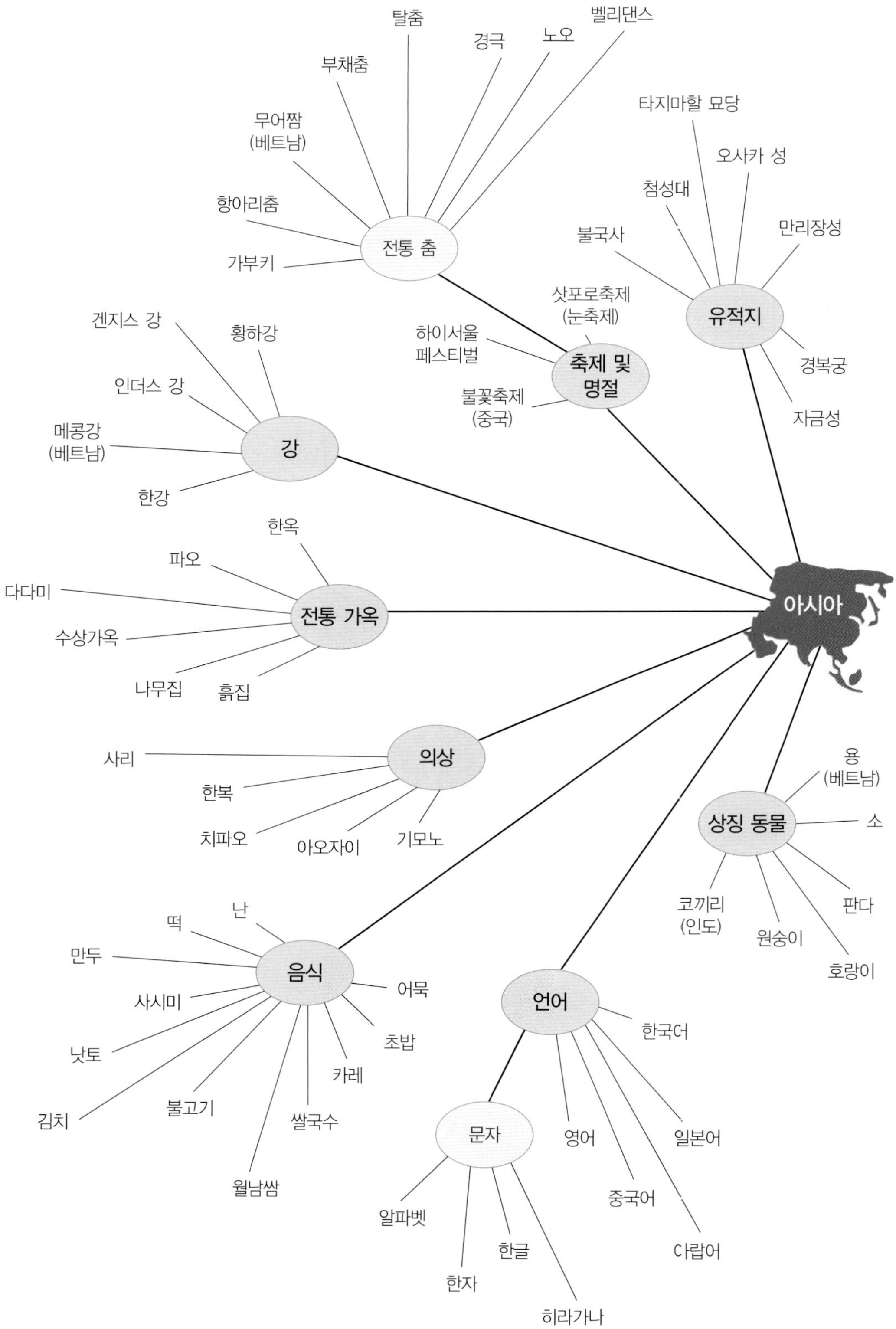
아시아
전통 춤
탈춤
경극
노오
벨리댄스
부채춤
무어짬
(베트남)
항아리춤
가부키
축제 및
명절
삿포로축제
(눈축제)
하이서울
페스티벌
불꽃축제
(중국)
유적지
타지마할 묘당
오사카 성
첨성대
불국사
만리장성
경복궁
자금성
강
겐지스 강
황하강
인더스 강
메콩강
(베트남)
한강
전통 가옥
한옥
파오
다다미
수상가옥
나무집
흙집
의상
사리
한복
치파오
아오자이
기모노
상징 동물
용
(베트남)
소
코끼리
(인도)
원숭이
판다
호랑이
음식
난
떡
만두
사시미
낫토
김치
불고기
쌀국수
월남쌈
카레
초밥
어묵
언어
한국더
영어
중국어
일본어
다랍어
문자
알파벳
한자
한글
히라가나

2) 북아메리카

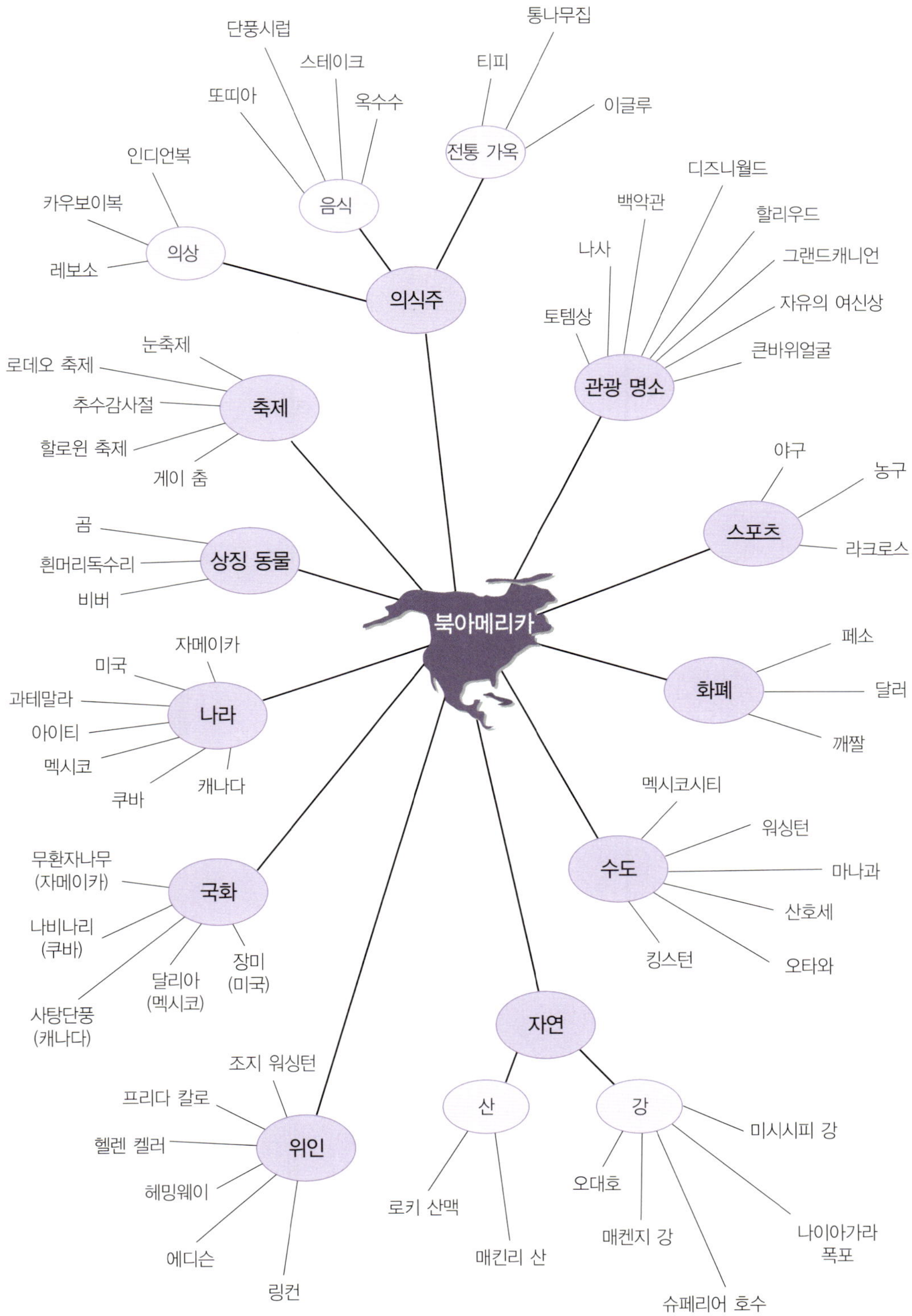
북아메리카
의식주
의상
인디언복
카우보이복
레보소
음식
또띠아
단풍시럽
스테이크
옥수수
전통 가옥
티피
통나무집
이글루
관광 명소
토템상
나사
백악관
디즈니월드
할리우드
그랜드캐니언
자유의 여신상
큰바위얼굴
스포츠
야구
농구
라크로스
화폐
페소
달러
깨짤
수도
멕시코시티
워싱턴
마나과
산호세
오타와
킹스턴
자연
산
로키 산맥
매킨리 산
강
오대호
매켄지 강
슈페리어 호수
나이아가라 폭포
미시시피 강
위인
조지 워싱턴
프리다 칼로
헬렌 켈러
헤밍웨이
에디슨
링컨
국화
무환자나무 (자메이카)
나비나리 (쿠바)
사탕단풍 (캐나다)
달리아 (멕시코)
장미 (미국)
나라
자메이카
미국
과테말라
아이티
멕시코
쿠바
캐나다
상징 동물
곰
흰머리독수리
비버
축제
눈축제
로데오 축제
추수감사절
할로윈 축제
게이 춤

3) 남아메리카

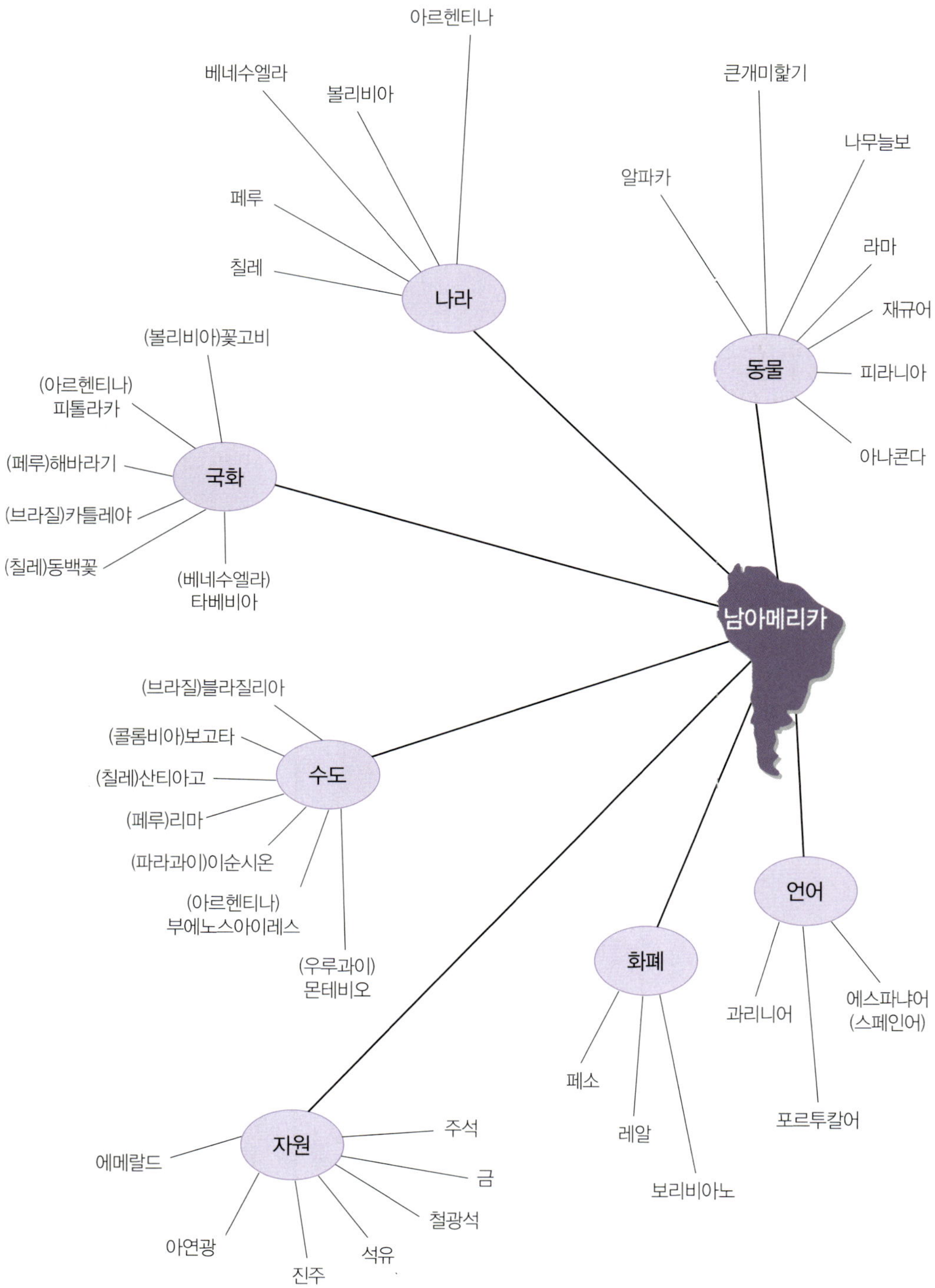
남아메리카
나라
아르헨티나
베네수엘라
볼리비아
페루
칠레
동물
큰개미핥기
나무늘보
알파카
라마
재규어
피라니아
아나콘다
국화
(볼리비아)꽃고비
(아르헨티나)
피톨라카
(페루)해바라기
(브라질)카틀레야
(칠레)동백꽃
(베네수엘라)
타베비아
수도
(브라질)블라질리아
(콜롬비아)보고타
(칠레)산티아고
(페루)리마
(파라과이)이순시온
(아르헨티나)
부에노스아이레스
(우루과이)
몬테비오
언어
과리니어
에스파냐어
(스페인어)
포르투칼어
화폐
페소
레알
보리비아노
자원
주석
에메랄드
금
철광석
아연광
석유
진주

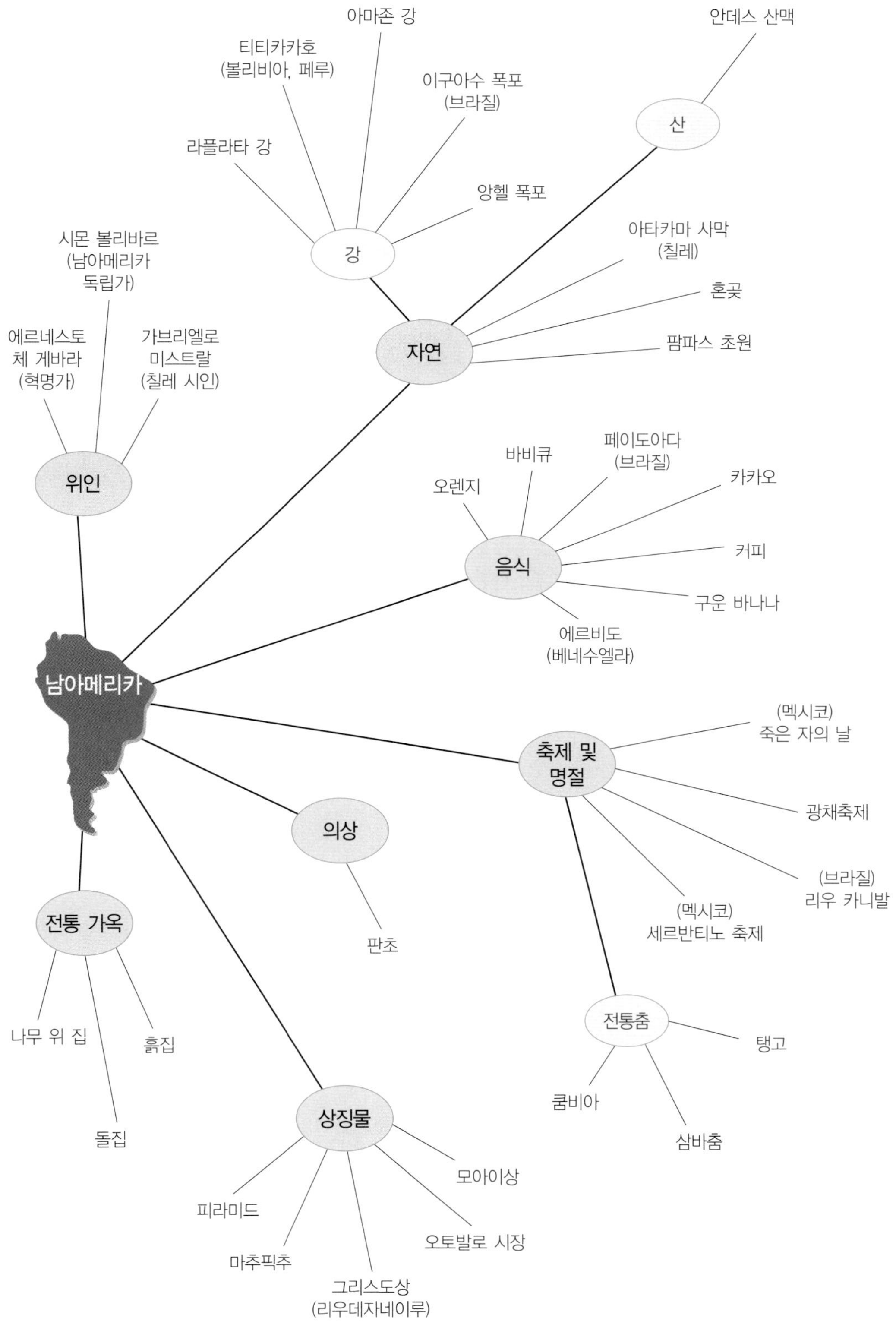
남아메리카
자연
강
아마존 강
티티카카호
(볼리비아, 페루)
이구아수 폭포
(브라질)
라플라타 강
앙헬 폭포
산
안데스 산맥
아타카마 사막
(칠레)
혼곶
팜파스 초원
위인
시몬 볼리바르
(남아메리카
독립가)
에르네스토
체 게바라
(혁명가)
가브리엘로
미스트랄
(칠레 시인)
음식
바비큐
페이도아다
(브라질)
오렌지
카카오
커피
구운 바나나
에르비도
(베네수엘라)
축제 및
명절
(멕시코)
죽은 자의 날
광채축제
(브라질)
리우 카니발
(멕시코)
세르반티노 축제
전통춤
탱고
쿰비아
삼바춤
의상
판초
전통 가옥
나무 위 집
흙집
돌집
상징물
모아이상
피라미드
오토발로 시장
마추픽추
그리스도상
(리우데자네이루)

4) 유럽

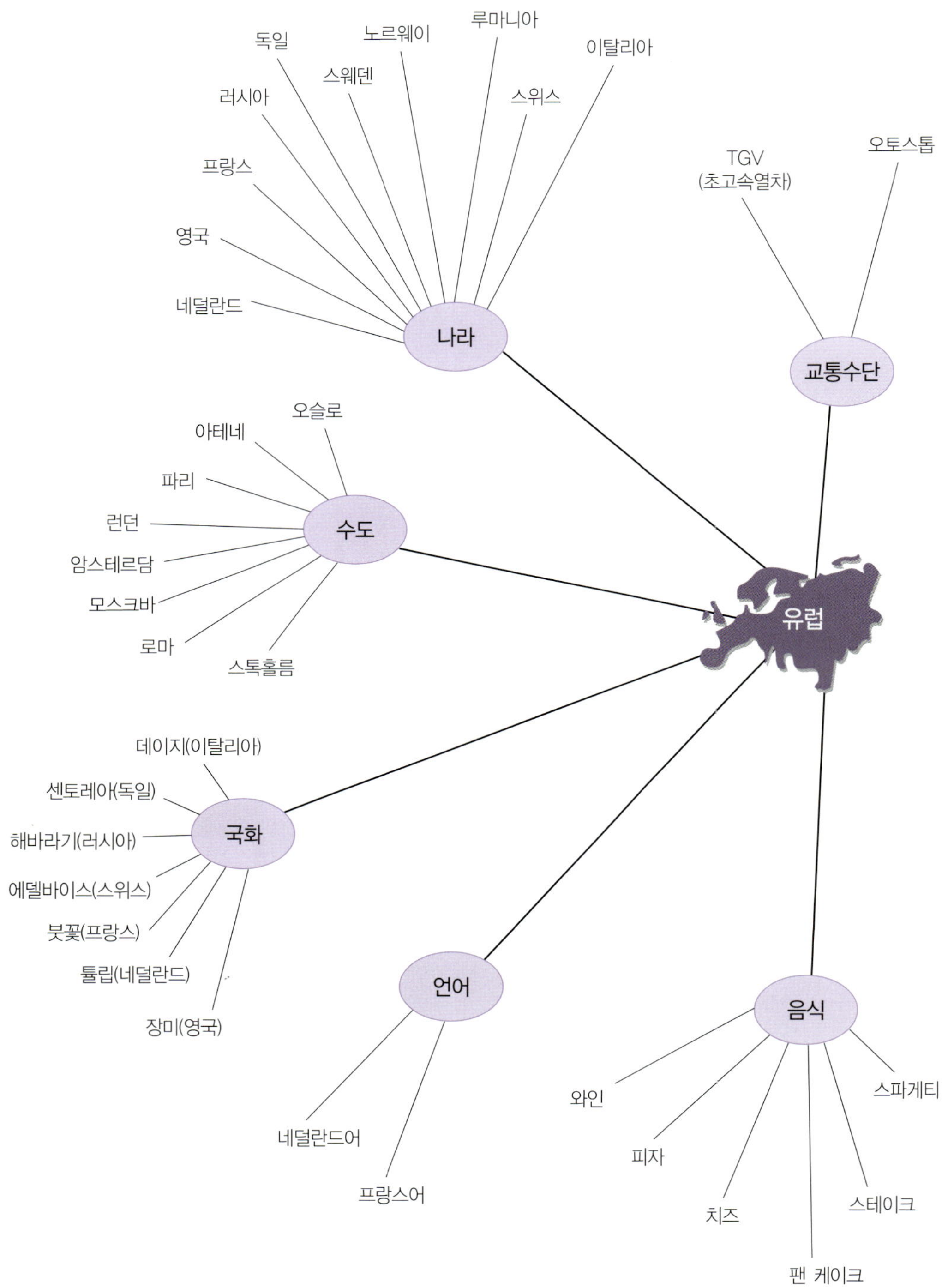
유럽
나라
독일
노르웨이
루마니아
이탈리아
스웨덴
러시아
스위스
프랑스
영국
네덜란드
교통수단
TGV
(초고속열차)
오토스톱
수도
오슬로
아테네
파리
런던
암스테르담
모스크바
로마
스톡홀름
국화
데이지(이탈리아)
센토레아(독일)
해바라기(러시아)
에델바이스(스위스)
붓꽃(프랑스)
튤립(네덜란드)
장미(영국)
언어
네덜란드어
프랑스어
음식
와인
피자
치즈
팬 케이크
스테이크
스파게티

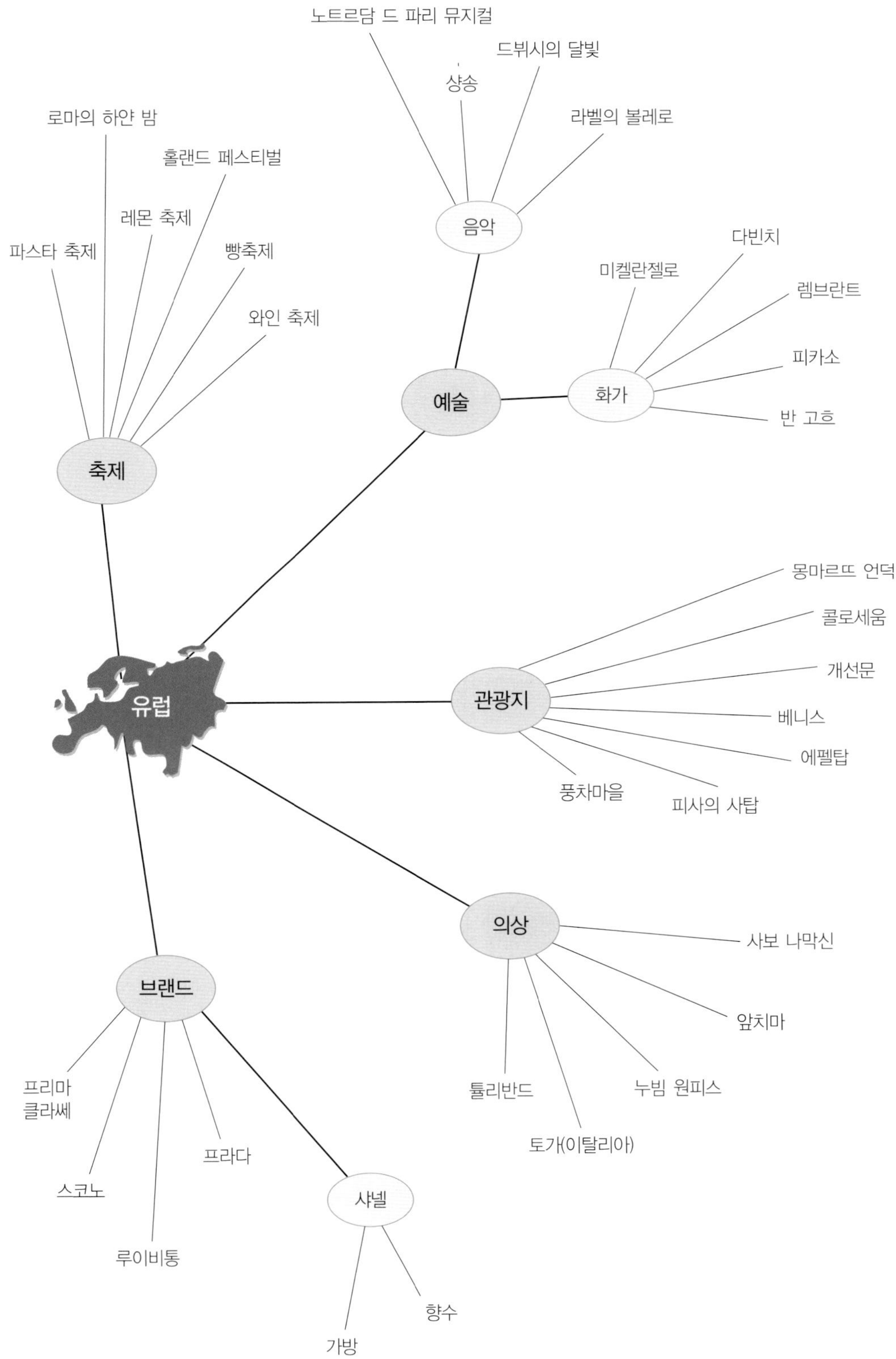
유럽
축제
로마의 하얀 밤
홀랜드 페스티벌
레몬 축제
파스타 축제
빵축제
와인 축제
예술
음악
노트르담 드 파리 뮤지컬
드뷔시의 달빛
샹송
라벨의 볼레로
화가
다빈치
미켈란젤로
렘브란트
피카소
반 고흐
관광지
몽마르뜨 언덕
콜로세움
개선문
베니스
에펠탑
풍차마을
피사의 사탑
의상
사보 나막신
앞치마
튤리반드
누빔 원피스
토가(이탈리아)
브랜드
프리마
클라쎄
스코노
프라다
루이비통
샤넬
향수
가방

5) 오세아니아

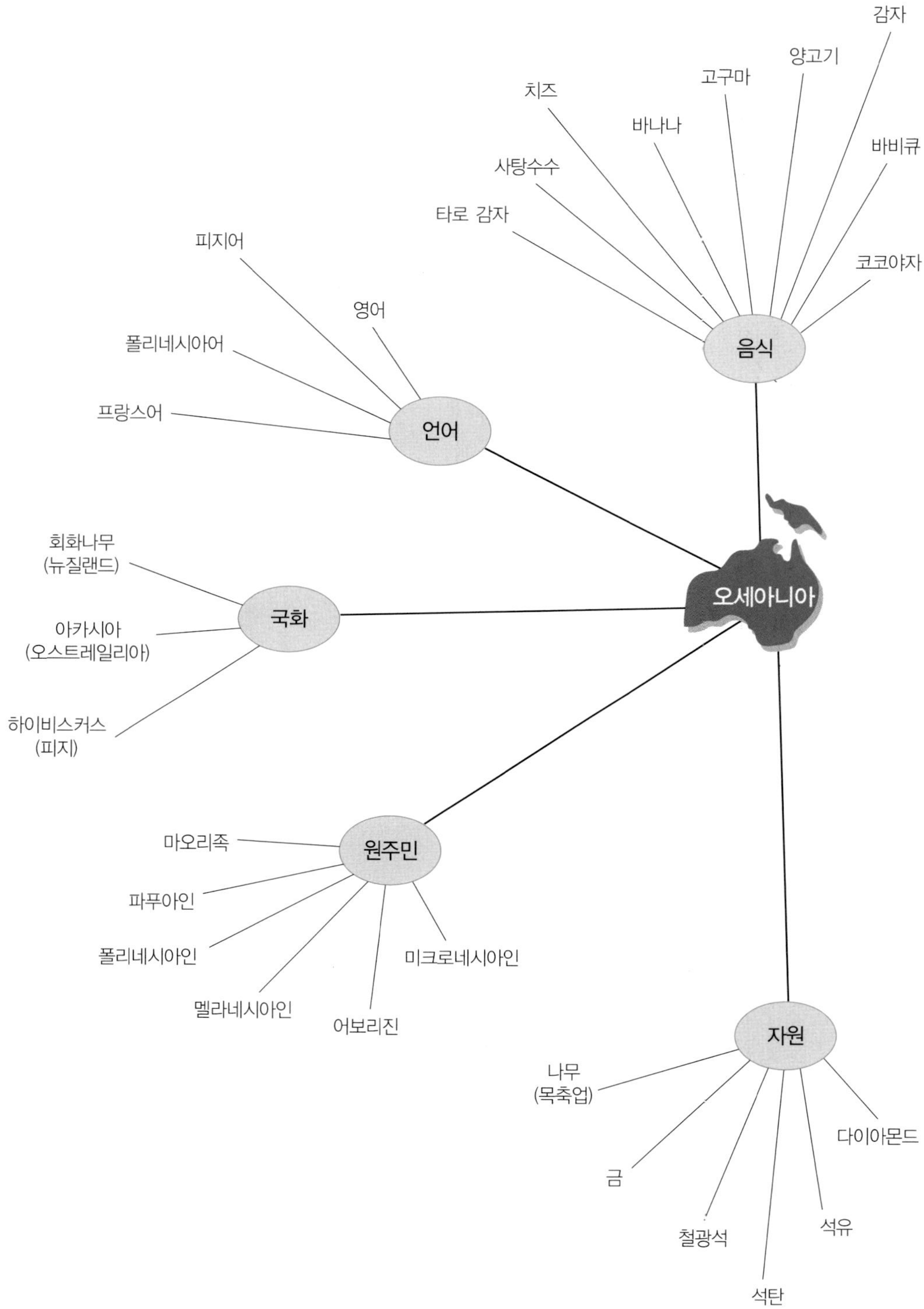
오세아니아
음식
타로 감자
사탕수수
치즈
바나나
고구마
양고기
감자
바비큐
코코야자
언어
피지어
영어
폴리네시아어
프랑스어
국화
회화나무
(뉴질랜드)
아카시아
(오스트레일리아)
하이비스커스
(피지)
원주민
마오리족
파푸아인
폴리네시아인
멜라네시아인
어보리진
미크로네시아인
자원
나무
(목축업)
금
철광석
석탄
석유
다이아몬드

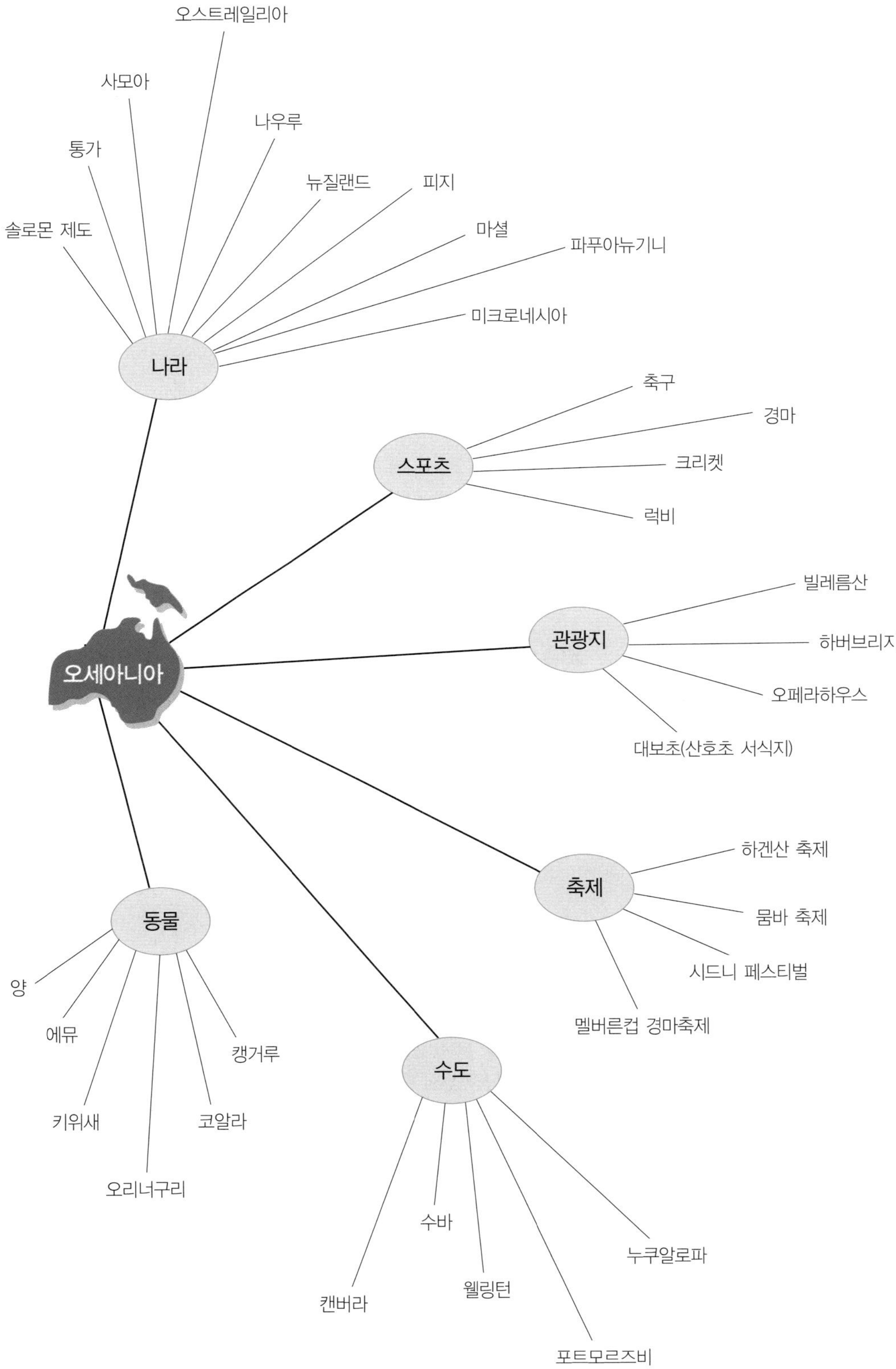
오세아니아
나라
솔로몬 제도
통가
사모아
오스트레일리아
나우루
뉴질랜드
피지
마셜
파푸아뉴기니
미크로네시아
스포츠
축구
경마
크리켓
럭비
관광지
빌레름산
하버브리지
오페라하우스
대보초(산호초 서식지)
축제
하겐산 축제
뭄바 축제
시드니 페스티벌
멜버른컵 경마축제
동물
양
에뮤
키위새
오리너구리
코알라
캥거루
수도
캔버라
수바
웰링턴
포트모르즈비
누쿠알로파

6) 아프리카

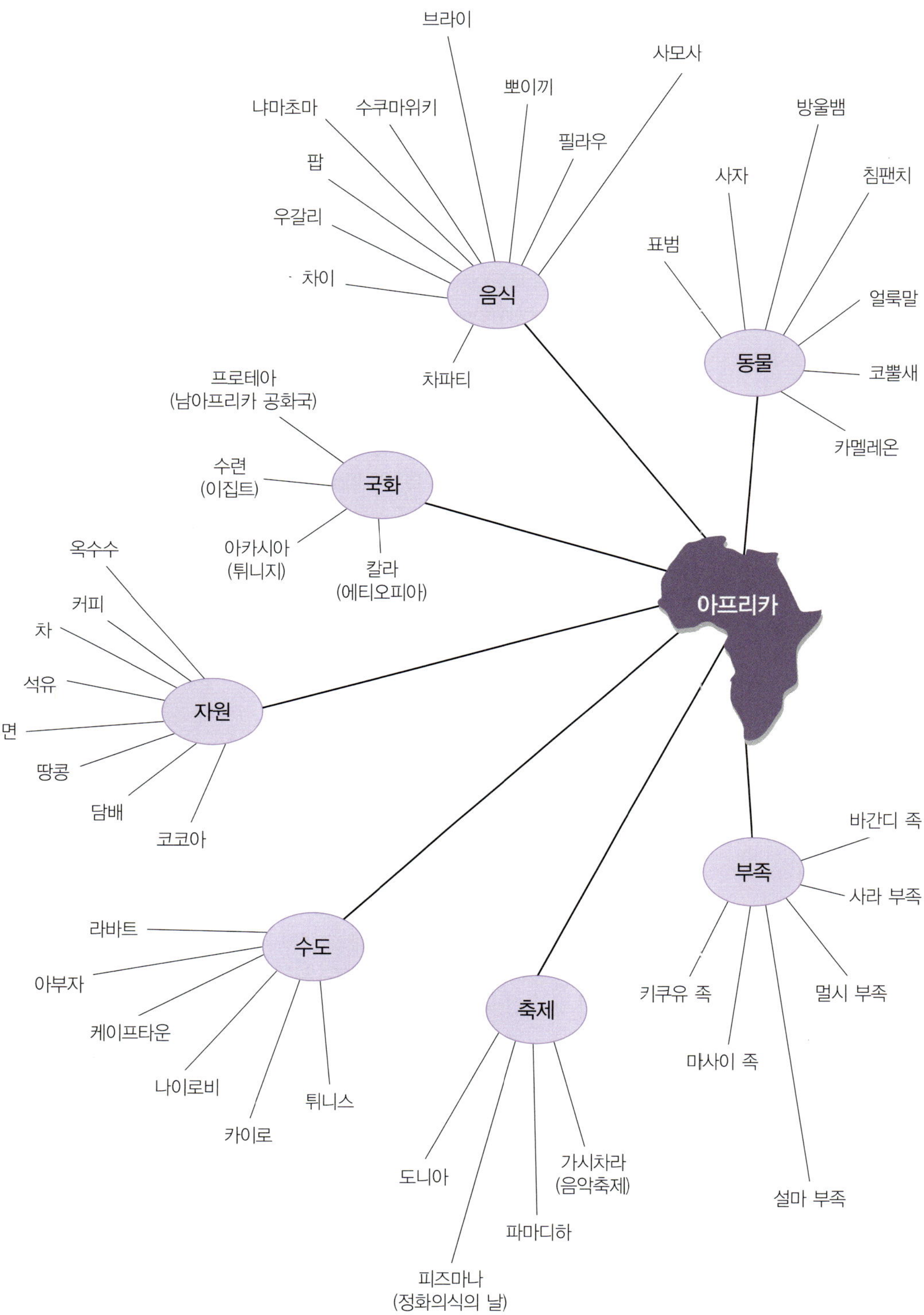
아프리카
음식
브라이
사모사
뽀이끼
냐마초마
수쿠마위키
필라우
팝
우갈리
차이
차파티
동물
방울뱀
사자
침팬치
표범
얼룩말
코뿔새
카멜레온
국화
프로테아
(남아프리카 공화국)
수련
(이집트)
아카시아
(튀니지)
칼라
(에티오피아)
자원
옥수수
커피
차
석유
면
땅콩
담배
코코아
부족
바간디 족
사라 부족
키쿠유 족
멀시 부족
마사이 족
설마 부족
수도
라바트
아부자
케이프타운
나이로비
카이로
튀니스
축제
도니아
가시차라
(음악축제)
파마디하
피즈마나
(정화의식의 날)

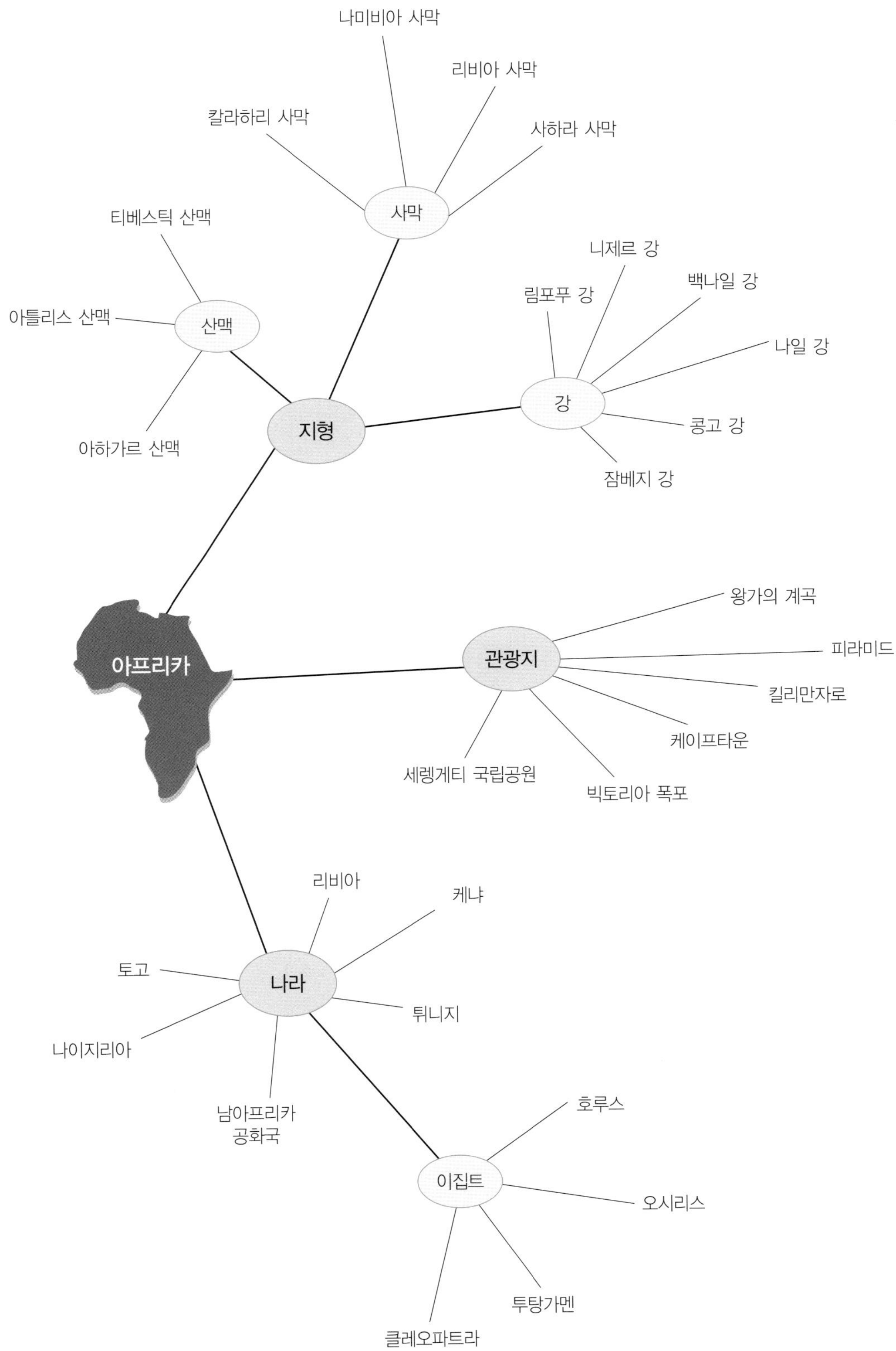
아프리카
지형
사막
나미비아 사막
리비아 사막
칼라하리 사막
사하라 사막
산맥
티베스틱 산맥
아틀리스 산맥
아하가르 산맥
강
니제르 강
림포푸 강
백나일 강
나일 강
콩고 강
잠베지 강
관광지
왕가의 계곡
피라미드
킬리만자로
케이프타운
세렝게티 국립공원
빅토리아 폭포
나라
리비아
케냐
토고
튀니지
나이지리아
남아프리카
공화국
이집트
호루스
오시리스
투탕가멘
클레오파트라

7) 남극

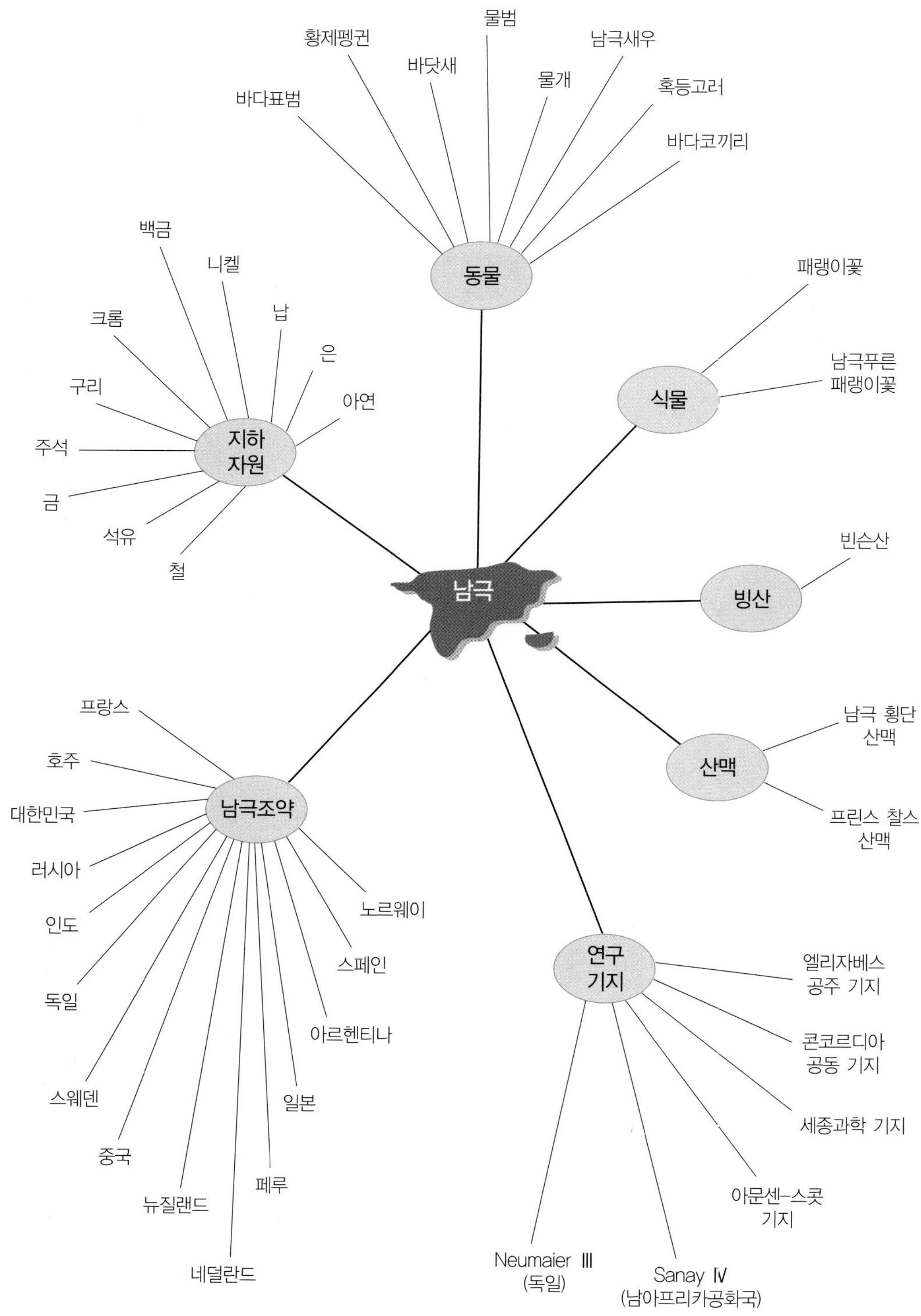
남극
동물
바다표범
황제펭귄
바닷새
물범
물개
남극새우
혹등고래
바다코끼리
식물
패랭이꽃
남극푸른
패랭이꽃
빙산
빈슨산
산맥
남극 횡단
산맥
프린스 찰스
산맥
연구
기지
엘리자베스
공주 기지
콘코르디아
공동 기지
세종과학 기지
아문센-스콧
기지
Sanay Ⅳ
(남아프리카공화국)
Neumaier Ⅲ
(독일)
지하
자원
백금
니켈
납
은
아연
크롬
구리
주석
금
석유
철
남극조약
프랑스
호주
대한민국
러시아
인도
독일
스웨덴
중국
뉴질랜드
네덜란드
페루
일본
아르헨티나
스페인
노르웨이

2. 누리과정의 영역별 학습 내용(교육과학기술부 · 보건복지부, 2012)

1) 신체운동 · 건강 영역

	내용	하위 내용	학습 내용
신체운동 · 건강	신체 인식하기	감각능력 기르기	• 미세한 감각적 차이를 구분한다. • 여러 감각기관을 협응하여 활용한다. • 세계 여러 나라에 대한 작은 책(그림 자료) 보기 • 세계 여러 나라 화폐(지폐, 동전) 보기 • 세계 여러 나라 화폐(지폐, 동전) 만져 보기
		감각기관 활용하기	• 세계 여러 나라 화폐(지폐, 동전) 숨은그림찾기 • 세계 여러 나라를 상징하는 여러 종류의 물건 살펴보기 • 깨끗한 화폐와 훼손된 화폐 인식하기 • 세계 여러 나라를 상징하는 그림 자료 살펴보기 • 동전 소리 듣기
		신체를 인식하고 움직이기	• 감각으로 대상이나 사물의 특성과 차이를 인식한다. • 신체 각 부분의 특성을 이해하고 활용하여 움직인다. • 소인국 테마파크, 미니미랜드, 아프리카 박물관, 여미지 식물원, 세계 여러 나라 음식점, 소리섬 박물관, 하멜선상 다녀오기 • 자신의 신체 능력을 긍정적으로 인식하고 움직인다.
	신체 조절과 기본 운동하기	신체 조절하기	• 신체 균형을 유지하면서 다양한 자세를 취한다. • 신체 각 부분의 움직임을 조절한다.
		이동하며 운동하기	• 공간, 힘, 시간 등 움직임의 요소를 활용하여 움직인다. • 도구를 활용하여 여러 가지 조작운동을 한다.
		제자리에서 운동하기	• 걷기, 달리기, 뛰기 등 다양한 이동 운동을 한다. • 제자리에서 다양한 운동을 한다.
	신체 활동에 참여하기	자발적으로 신체 활동에 참여하기	• 신체 활동에 자발적이고 지속적으로 참여한다. • 소인국 테마파크, 미니미랜드, 아프리카 박물관, 여미지 식물원, 세계 여러 나라 음식점, 소리섬 박물관, 하멜선상 다녀오기 • 소인국 테마파크, 미니미랜드, 아프리카 박물관, 여미지 식물원, 세계 여러 나라 음식점, 소리섬 박물관, 하멜선상에서 볼 수 있는 것 신체 표현하기
		바깥에서 신체 활동하기	• 자신과 다른 사람의 신체 운동 능력의 차이를 존중한다. • 규칙적으로 바깥에서 신체 활동을 한다. • 여러 가지 기구를 이용하여 신체 활동을 한다.
		기구를 이용하여 신체 활동하기	• 세계 여러 나라 건축물과 사진 찍기 • 세계 여러 나라 관련된 그림 핀 찍기 • 화폐 스크래치 • 화폐 그림 핀 찍기
	건강하게 생활하기	몸과 주변을 깨끗이 하기	• 손과 몸과 이를 깨끗이 하는 습관을 갖는다. • 주변을 깨끗이 하는 습관을 갖는다.
		바른 식생활하기	• 적당량의 음식을 골고루 먹는다. • 몸에 좋은 음식을 선택할 수 있다.

영역	내용	하위 내용	학습 내용
신체운동 · 건강	건강하게 생활하기	건강한 일상생활하기	• 감사하는 마음으로 음식을 소중히 여긴다. • 식사예절을 지킨다. • 규칙적으로 잠을 자고, 적당한 휴식을 취한다. • 하루 일과에 즐겁게 참여한다.
		질병 예방하기	• 바른 배변습관을 가진다. • 건강의 중요성을 알고 실천한다. • 질병을 예방하는 방법을 알고 실천한다. • 날씨와 상황에 알맞게 옷을 입는다.
	안전하게 생활하기	안전하게 놀이하기	• 놀이기구나 놀잇감을 안전하게 사용한다. • 안전한 장소에서 놀이한다.
		교통안전 규칙 지키기	• 교통규칙을 지켜서 안전하게 다닌다. • 교통수단을 안전하게 이용한다.
		비상시 적절히 대처하기	• 재난 및 사고 등 비상시 적절하게 대처하는 방법을 안다. • 학대, 성폭력, 유괴 상황을 알고 도움을 요청하는 방법을 안다.

2) 의사소통 영역

영역	내용	하위 내용	학습 내용
의사소통	듣기	낱말과 문장 듣고 이해하기	• 낱말의 발음에 관심을 가지고 비슷한 발음을 듣고 구별한다. • 일상생활과 관련된 낱말과 문장을 듣고 뜻을 이해한다. • 세계 여러 나라와 관련된 낱말과 문장을 듣고 뜻을 안다.
		이야기 듣고 이해하기	• 다른 사람의 이야기를 듣고 이해한다. • 세계 여러 나라에 대한 이야기를 듣고 내용을 이해한다. • 이야기를 듣고 궁금한 것에 대해 질문한다. • 세계 여러 나라에 대한 이야기를 듣고 궁금한 것에 대해 질문한다.
		동요, 동시, 동화 듣고 이해하기	• 동요, 동시, 동화를 다양한 방법으로 듣고 즐긴다. • 세계 여러 나라에 관련된 동요, 동시, 동화를 다양한 방법으로 듣고 즐긴다.
		바른 태도로 듣기	• 전래 동요, 동시, 동화를 듣고 우리말의 자미를 느낀다. • 다른 사람의 이야기를 끝까지 주의 깊게 듣는다.
	말하기	낱말과 문장으로 말하기	• 정확한 발음으로 말한다. • 다양한 단어를 사용하여 상황에 맞게 말한다. • 일상생활에서 일어나는 일들을 다양한 형태의 문장으로 말한다.
		느낌, 생각, 경험 말하기	• 자신의 느낌, 생각, 경험을 적절한 단어와 문장으로 말한다. • 세계 여러 나라에 대한 자신의 느낌, 생각, 경험을 적절한 단어와 문장으로 말한다. • 주제를 정하여 함께 이야기를 나눈다. • 이야기 지어 말하기를 즐긴다.
		상황에 맞게 바른 태도로 말하기	• 듣는 사람의 생각과 느낌을 고려하여 말한다. • 때와 장소, 대상에 알맞게 말한다. • 바르고 고운 말을 사용한다.

<table>
<tr><th></th><th>내용</th><th>하위 내용</th><th>학습 내용</th></tr>
<tr><td rowspan="4">의사소통</td><td rowspan="2">읽기</td><td>읽기에 흥미 가지기</td><td rowspan="2">• 읽어 주는 글의 내용에 관심을 가진다.
• 주변에서 친숙한 글자를 찾아 읽어 본다.
• 책 보는 것을 즐기고 소중하게 다룬다.
• 세계 여러 나라와 관련된 책에 흥미를 갖고 즐겨 본다.
• 궁금한 것을 책에서 찾아본다.
• 세계 여러 나라에 대하여 궁금한 점들을 책에서 찾아본다.</td></tr>
<tr><td>책 읽기에 관심 가지기</td></tr>
<tr><td rowspan="2">쓰기</td><td>쓰기에 관심 가지기</td><td rowspan="2">• 말이나 생각을 글로 옮길 수 있음을 안다.
• 자신의 이름과 주변의 친숙한 글자를 써 본다.
• 자신의 느낌, 생각, 경험을 글자와 비슷한 형태나 글자로 표현한다.
• 세계 여러 나라에 대한 자신의 느낌, 생각, 경험을 글자와 비슷한 형태나 글자로 표현한다.
• 세계 여러 나라에 대한 동시 짓기
• 세계 여러 나라 사람들에게 편지 쓰기
• 세계 여러 나라에 대한 신문 만들기
• 여러 가지 쓰기 도구에 관심을 가진다.
• 쓰기 도구의 바른 사용법을 알고 사용한다.</td></tr>
<tr><td>쓰기 도구 사용하기</td></tr>
</table>

3) 사회관계 영역

<table>
<tr><th></th><th>내용</th><th>하위 내용</th><th>학습 내용</th></tr>
<tr><td rowspan="9">사회관계</td><td rowspan="3">나를 알고 존중하기</td><td>나를 알기</td><td rowspan="3">• 나에 대해 알아본다.
• 나와 다른 사람의 신체적, 사회적, 문화적 차이를 인정한다.
• 나에 대해 긍정적으로 생각하고 나를 소중하게 여긴다.
• 내가 할 수 있는 일을 스스로 한다.
• 세계 여러 나라에 대하여 궁금한 점을 스스로 찾아본다.
• 하고 싶은 일을 계획하고 해 본다.</td></tr>
<tr><td>나를 소중히 여기기</td></tr>
<tr><td>나의 일 스스로 하기</td></tr>
<tr><td rowspan="2">나와 다른 사람의 감정 알고 조절하기</td><td>나와 다른 사람의 감정 알고 표현하기</td><td rowspan="2">• 자신의 감정을 알고 표현한다.
• 다른 사람의 감정을 알고 공감한다.
• 자신의 감정을 긍정적으로 조절한다.</td></tr>
<tr><td>나의 감정 조절하기</td></tr>
<tr><td rowspan="2">가족을 소중히 여기기</td><td>가족과 화목하게 지내기</td><td rowspan="2">• 가족의 의미와 소중함을 안다.
• 가족과 사이좋게 지낸다.
• 다양한 가족 구조에 대해 알아본다.
• 가족은 서로 도우며 살아야 하는 것을 알고 실천한다.</td></tr>
<tr><td>가족과 협력하기</td></tr>
<tr><td rowspan="2">다른 사람과 더불어 생활하기</td><td>친구와 사이좋게 지내기</td><td rowspan="2">• 친구와 협동하며 놀이한다.
• 세계 여러 나라 프로젝트를 통해 다른 사람과 협동하여 문제를 해결한다.
• 친구와의 갈등을 긍정적인 방법으로 해결한다.
• 다른 사람과 도움을 주고받고, 서로 협력한다.
• 교사 및 주변 사람과 화목하게 지낸다.</td></tr>
<tr><td>공동체에서 화목하게 지내기</td></tr>
</table>

	내용	하위 내용	학습 내용
사회관계	사회에 관심 갖기	지역사회에 관심 갖고 이해하기	• 우리 동네에 대해 알아본다. • 다양한 직업에 관심을 갖는다. • 일상생활에서 돈의 쓰임에 대해 안다.
		우리나라에 관심 갖고 이해하기	• 우리나라를 상징하는 것을 알고 예절을 지킨다. • 우리나라의 전통, 역사, 문화에 관심을 갖는다. • 우리나라에 대해 자부심을 갖는다.
		세계와 여러 문화에 관심 가지기	• 세계 여러 나라에 대해 관심을 갖고, 서로 협력해야 함을 안다. • 다양한 인종과 문화를 알아보고 존중한다. • 정직하게 말하고 행동한다.
		사회적 가치를 알고 지키기	• 다른 사람을 배려하여 행동한다. • 옳고 그름을 이해한다. • 친구와 어른께 예절 바르게 행동한다. • 다른 사람과 한 약속이나 공공규칙을 지킨다.

4) 예술경험 영역

	내용	하위 내용	학습 내용
예술경험	아름다움 찾아보기	음악적 요소 탐색하기	• 다양한 소리, 악기 등으로 강약, 속도, 리듬 등을 탐색한다.
		움직임과 춤 탐색하기	• 세계 여러 나라와 관련된 움직임과 춤의 모양, 힘, 세기, 빠르기, 흐름 등을 탐색한다.
		미술적 요소 탐색하기	• 자연과 사물에서 색, 질감, 모양, 공간 등을 탐색한다. • 여러 가지 재료와 도구를 자유롭게 탐색한다.
	예술적 표현하기	음악으로 표현하기	• 노래로 자신의 생각과 느낌을 표현한다. • 전래동요를 즐겨 부른다. • 세계 여러 나라의 전래동요를 부른다. • 리듬악기를 연주해 본다.
		움직임과 춤으로 표현하기	• 세계 여러 나라의 전통음악을 리듬악기로 연주해 본다. • 리듬과 노래 등을 즉흥적으로 만들어 본다. • 신체를 이용하여 주변의 움직임을 다양하게 표현한다. • 춤으로 자신의 생각과 느낌을 표현한다.
		미술 활동으로 표현하기	• 다양한 도구를 활용하여 창의적으로 움직인다. • 다양한 미술 활동으로 자신의 생각과 느낌을 표현한다. • 협동적인 미술 활동에 참여하여 즐긴다.
		극놀이로 표현하기	• 미술 활동에 필요한 재료와 도구를 다양하게 사용한다. • 경험이나 이야기를 극놀이로 표현한다. • 소품, 배경, 의상 등을 사용하여 협동적으로 극놀이를 한다.
		통합적으로 표현하기	• 음악, 움직임, 미술, 극놀이를 통합하여 표현한다. • 예술 활동에 참여하여 창의적인 표현 과정을 즐긴다. (전통 의상 만들기, 건축물 만들기, 국기 모자이크, 국화 판화 찍기, 악기 만들기 등)
	예술 감상하기	다양한 예술 감상하기	• 다양한 음악, 춤, 미술 작품, 극놀이 등을 듣거나 보고 즐긴다. • 세계 여러 나라의 음악, 춤, 미술 작품, 극놀이 등을 듣거나 보고 즐긴다.

영역	내용	하위 내용	학습 내용
예술경험	예술 감상하기	전통예술 감상하기	• 나와 다른 사람의 예술 표현을 소중히 여긴다. • 다른 문화의 예술작품에 관심을 가진다. • 우리나라의 전통예술에 관심을 갖고 친숙해진다.

5) 자연탐구 영역

영역	내용	하위 내용	학습 내용
자연탐구	탐구하는 태도 기르기	호기심을 유지하고 확장하기 탐구 과정 즐기기 탐구기술 활용하기	• 세계 여러 나라와 관련하여 관심 있는 사물과 자연세계에 대해 지속적으로 관심을 갖고 궁금해한다. • 세계 여러 나라에 대하여 궁금한 점을 알기 위해 비교하기, 예측하기 등 다양한 방법을 활용한다. • 나타난 결과에 기초하여 예측하고 적용한다.
	수학적 탐구하기	수와 연산의 기초 개념 형성하기 공간과 도형의 기초 개념 형성하기 기초적인 측정하기 규칙성 이해하기 기초적인 자료 수집과 결과 나타내기	• 생활 속에서 사용되는 수의 여러 가지 의미를 안다. • 수량의 부분과 전체 관계를 안다. • 스무 개가량의 구체물을 세고 수량을 안다. (화폐 모으기 게임) • 구체물을 가지고 더하고 빼는 경험을 해 본다. • 세계 여러 나라 물체를 가지고 열까지 더하기를 한다. • 세계 여러 나라 물체를 가지고 다섯 개에서 빼기를 한다. • 위치와 방향을 여러 가지 방법으로 나타내 본다. • 세계 여러 나라의 위치와 방향을 여러 가지 방법으로 나타내 본다. • 다양한 기본 도형의 공통점과 차이점을 인식한다. • 기본 도형을 사용하여 여러 가지 모양을 구성해 본다. • 일상생활에서 길이, 크기, 무게, 들이, 시간 등의 속성에 따라 비교하고, 순서를 지어 본다. • 임의 측정단위를 사용하여 길이, 면적, 들이, 무게 등을 재 본다. • 생활 주변에서 반복되는 규칙성을 알고 다음에 올 것을 예측해 본다. • 스스로 규칙성을 만들어 본다. • 세계 여러 나라에 대하여 필요한 정보나 자료를 수집한다. • 한 가지 기준으로 분류한 자료를 다른 기준으로 재분류해 본다. • 그림, 사진, 기호나 숫자를 사용해 그래프로 나타내 본다.
	과학적 탐구하기	물체와 물질 알아보기 생명체와 자연환경 알아보기 자연현상 알아보기 간단한 도구와 기계 활용하기	• 주변의 여러 가지 물체와 물질의 기본 특성을 알아본다. • 물체와 물질을 여러 가지 방법으로 변화시켜 본다. • 관심 있는 동식물의 특성과 성장 과정을 알아본다. • 나와 다른 사람의 출생과 성장에 대해 알아본다. • 생명체의 소중함을 알고, 생명체가 살아가기에 좋은 환경에 대해 알아본다. • 돌, 물, 흙 등 자연물의 특성과 변화를 알아본다. • 낮과 밤, 계절의 변화와 규칙성을 알아본다. • 생활 속에서 간단한 도구와 기계를 활용한다. • 변화하는 새로운 도구와 기계에 관심을 가진다. • 편리한 물건이 때로는 해가 될 수 있음을 안다.

3. 통합 활동 계획안

1) 아시아

아시아

이야기 나누기 (의사소통/사회관계)

- 아시아에 대한 이전 경험 이야기 나누기
- 아시아에는 어떤 나라들이 있을까요?
- 아시아에 대한 생각 모으기 및 유목화하기
- 아시아 유아 주제망 그리기
- 아시아에 대한 유아·교사 공동 주제망 그리기
- 아시아에 대하여 궁금한 점이 있어요
- 우리나라의 국기, 국화, 언어, 국가에 대해 알아보아요
- 우리나라의 각 도에 대하여 알아보아요
- 우리나라의 의식주를 알아보아요

동화·동시·음률 (의사소통/예술경험)

- 동화
  - 무궁화
  - 일본 세계 여행
- 동시
  - 아시아
- 새 노래
  - 세계의 아침인사
  - 우린 그렇지 않아
- 음악 감상
  - 모차르트의 "터키 행진곡"
  - 쇼팽의 "즉흥 행진곡"

자유선택활동

- 일상: 퍼즐 맞추기(신체운동·건강)
  우리나라 음식 상차리기(사회관계)
- 감각: 건축 만들기(예술경험)
  대륙 촉감판(자연탐구)
- 수: 부등호 올려놓기(자연탐구)
  가게 놀이(자연탐구)
- 언어: 세계 여러 나라 인사말(의사소통/사회관계)
  의상과 국기 짝 맞추기(사회관계)
- 문화: 세계 여러 나라 동물 소개(자연탐구)
  아시아에 있는 건축물 소개(자연탐구/사회관계)

미술(예술경험)

- 한복 접기
- 탈 가면 만들기

요리(자연탐구)

- 유부초밥 만들기
- 만두 만들기
- 쑥떡 만들기

현장견학 (신체운동·건강/사회관계)

- 소인국 테마파크
- 미니미랜드
- 성지 도예

과학(자연탐구)

- 물에 뜨는 것과 가라앉는 것
- 춤추는 물방울

NIE(자연탐구/의사소통)

- 신문이나 잡지에서 아시아에 있는 나라를 찾아요(사회관계)
- 신문이나 잡지에서 우리나라의 전통 음식을 찾아서 식탁을 꾸며 보세요(사회관계)

기본생활습관(신체운동·건강)

- 손톱, 발톱을 깨끗이 해요
- 다른 사람의 이야기를 바른 자세로 들어요

가정에서 함께 해 보아요 (사회관계)

- 아시아에 있는 나라를 찾아보아요
- 아시아에 있는 나라의 국기를 알아보아요
- 아시아 각 나라의 건축물을 알아보아요
- 아시아의 국화를 알아보아요
- 아시아의 전통악기를 알아보아요

2) 북아메리카

북아메리카

이야기 나누기 (의사소통/사회관계)

- 북아메리카에 대한 이전 경험 이야기 나누기
- 북아메리카에는 어떤 나라들이 있을까요?
- 북아메리카에 대한 생각 모으기/유목화
- 궁금한 점이 있어요
- 미국의 국기, 국화, 언어, 수도에 대해 알아보아요.
- 미국의 전통 의상, 음식에 대해 알아보아요
- 미국의 유명한 곳을 알아보아요
- 캐나다의 국기, 국화, 언어, 수도에 대해 알아보아요
- 캐나다에 살고 있는 동물을 알아보아요
- 멕시코의 국기, 국화, 언어, 수도에 대해 알아보아요
- 멕시코의 유명한 곳과 상징물에 대해 알아보아요
- 멕시코의 전통 의상과 음식에 대해 알아보아요
- 아시아와 북아메리카 사람들의 모습을 비교해 보아요

동화 · 동시 · 음률 (의사소통/예술경험)

- 동화
  - 외국의 농장
  - 우주
  - 지구에서 찍어 온 사진
  - 80일간의 세계일주
  - 에디슨(위인전)
- 동시
  - 북아메리카
- 새 노래
  - 함께하는 우리
  - 지구마을
  - 우리 지구
  - 초록별에 사는 친구들
- 음악 감상
  - 드보르작의 "멜로디"
  - 엘가의 "위풍당당행진곡"

자유선택활동

- 일상: 축제퍼즐(신체운동 · 건강), 전통 의상 입히기(사회관계), 화폐 도미노(사회관계), 햄버거 만들기(자연탐구)
- 감각: 전통 의상 옷감상자(신체운동 · 건강), 북아메리카 촉각판(신체운동 · 건강), 전통악기 소리상자(신체운동 · 건강/예술경험)
- 수: 미국의 물건값 알아보기(자연탐구), 캐나다 가게 놀이(자연탐구), 우리나라 돈으로 바꿔요(자연탐구), 수만큼 올려놓기(자연탐구)
- 언어: 같은 글자 올려놓기(의사소통), 북아메리카 기억력 게임(의사소통), 북아메리카 수수께끼(의사소통), 나라 · 국기 · 수도 연결하기(사회관계)
- 문화: 에디슨이 만든 발명품 카드(사회관계), 북아메리카 국기 · 국화 소개(사회관계), 북아메리카의 동물들 소개(사회관계), 미국의 50개 주 이름 알아보기(의사소통/사회관계)

미술(예술경험)

- 인디언 모자 꾸미기
- 로켓 만들기
- 팝업북-상징물
- 만국기 만들기

요리(자연탐구)

- 스테이크 만들기
- 바비큐 맛보기
- 과일화채

현장견학 (신체운동 · 건강/사회관계)

- 소인국 테마파크
- 미니미랜드

과학(자연탐구)

- 화폐 관찰하기
- 북아메리카 전통 악기 소리 구별하기(예술경험)

가정에서 함께 해 보아요 (사회관계)

- 북아메리카에 대해 인터넷으로 찾아보아요(자연탐구)
- 북아메리카 친구와 펜팔을 해요(의사소통)
- 북아메리카 전통노래를 같이 불러 보아요(예술경험)

NIE(자연탐구/의사소통)

- 신문이나 잡지에서 북아메리카에 있는 나라 이름 찾기
- 분홍색 글자 신문, 잡지 찾기(예술경험)
- 여행에 필요한 물건 신문 잡지 이용하여 찾기
- 신문, 잡지에서 영어 단어 찾기(사회관계)

기본생활습관(신체운동 · 건강)

- 외국 사람에게 친절하게 대하기
- 세계의 친구들과 반갑게 인사해요
- 문화재의 소중함을 알아요
- 미안함과 고마움을 바르게 표현해요

3) 남아메리카

남아메리카

이야기 나누기(의사소통/사회관계)
- 남아메리카에 대한 이전 경험 이야기 나누기
- 남아메리카 생각 모으기/유목화
- 궁금한 점이 있어요
- 브라질의 국기, 국화, 수도, 언어에 대해 알아보아요
- 브라질의 상징에 대해 알아보아요
- 칠레의 국기, 국화, 수도, 언어에 대해 알아보아요
- 칠레의 상징물에 대해 알아보아요
- 페루의 국기, 국화, 수도, 언어에 대해 알아보아요
- 페루의 상징물에 대해 알아보아요
- 남아메리카와 북아메리카의 같은 점과 다른 점
- 도움을 필요로 하는 남아메리카 사람들

동화 · 동시 · 음률(의사소통/예술경험)
- 동화
  - 화폐로 배우는 세계의 문화
  - 세계의 국립공원
  - 나의 첫 지도책
  - 브라질
  - 알라딘의 요술 램프
- 동시
  - 남아메리카
- 새 노래
  - 브라질 자장가
  - 응원가
  - 칠레 애국가
- 음악 감상
  - 드뷔시의 "달빛"
  - 조지 윈스턴의 "캐논 변주곡"

자유선택활동
- 일상: 선택해서 상차리기(신체운동 · 건강), 옷 갈아입히기(신체운동 · 건강), 직조 짜기(신체운동 · 건강/예술경험), 도미노 게임(신체운동 · 건강/ 선택해서 요리하기(자연탐구)
- 감각: 남아메리카 촉각판(신체운동 · 건강), 여러 커피 향기 맡기(신체운동 · 건강)
- 수: 수만큼 올려놓기(자연탐구), 브라질 물건값 알아보기(자연탐구), 시장놀이(자연탐구/사회관계), 연속 수(자연탐구)
- 언어: 흑백 그림(신체운동 · 건강), 남아메리카의 인사말(의사소통/사회관계), 남아메리카의 기억력 게임(의사소통/신체운동 · 건강), 나라 · 국기 · 수도 연결하기(사회관계)
- 문화: 남아메리카 건축물 꼽기(사회관계), 국기 · 국화 소개(사회관계), 페루의 유적지 소개(사회관계), 남아메리카의 여행할 때 지켜야 할 약속(신체운동 · 건강), 밀림 · 사막에 사는 동식물들(자연탐구)

미술(예술경험)
- 악어 만들기
- 물고기 만들기
- 직조 짜기
- 전통 의상 콜라주

요리(자연탐구)
- 츠콜릿 만들기
- 프테이토
- 바나나 쉐이크

현장견학(사회관계)
- 커피 전문점

가정에서 함께 해 보아요(사회관계)
- 남아메리카에 있는 나라들을 찾아보아요
- 가고 싶은 나라를 정해 보아요
- 인터넷으로 그 나라의 전통음악을 들어 보아요(예술경험)
- 남아메리카의 유명한 사람들을 알아보아요

NIE(의사소통/자연탐구)
- 신문이나 잡지에서 남아메리카에 있는 나라 찾기(사회관계)
- 남아메리카 전통 음식과 비슷한 우리나라 음식을 찾아보아요(사회관계)
- 아마존 강 밀림 꾸미기(예술경험)
- 남아메리카 유적지(마추픽추) 신문, 잡지 이용 모자이크 하기(예술경험)

과학(자연탐구)
- 동전을 찾아요.
- 나뭇잎 관찰하기

기본생활습관(신체운동 · 건강)
- 공공장소에서는 질서를 지켜요
- 위험한 곳에 가지 않아요
- 자연을 보호해요
- 동식물을 사랑해요

4) 유럽

유럽

이야기 나누기 (의사소통/사회관계)

- 유럽에 대해 알아보아요
- 유럽에 어떤 나라가 있는지 알아보아요
- 유럽에 대한 생각 모으기/유목화
- 궁금한 점이 있어요
- 프랑스의 국기, 국화, 수도, 언어를 알아보아요
- 이탈리아의 국기, 국화, 수도, 언어를 알아보아요
- 네덜란드의 국기, 국화, 수도, 언어를 알아보아요
- 각나라 상징물에 대해 알아보아요
- 유럽에 대해 알아보았어요

동화 · 동시 · 음률 (의사소통/예술경험)

- 동화
  - 신나는 유럽 역사 여행
  - 아이 러브 유럽
- 동시
  - 유럽
- 새 노래
  - 프랑스 국가
- 음악 감상
  - 샹송 "레알리스트"
  - 모차르트의 "오페라 마작"
  - 베토벤의 "월광"

자유선택활동

- 일상: 상징물 퍼즐 맞추기(신체운동·건강), 국기 로또 게임(신체운동·건강), 실 꿰기 하기(신체운동·건강)
- 감각: 커피향 맡아 보기(신체운동·건강), 건축물 크기 나열하기(신체운동·건강), 향수 냄새 맡아 보기(신체운동·건강)
- 수: 수만큼 나열하기(자연탐구), 홀수 · 짝수(자연탐구)
- 언어: 끝말 잇기(의사소통), 관계 있는 그림 맞추기(의사소통/예술경험), 그림과 그림 짝 맞추기(의사소통/예술경험)
- 문화: 프랑스 작은 책(사회관계), 이탈리아 음식 작은 책(사회관계/자연탐구), 네덜란드 스포츠 작은 책(사회관계/신체운동·건강)

미술(예술경험)

- 프랑스
  - 앞치마 만들기
- 이탈리아
  - 피자 만들기
- 네덜란드
  - 반 고흐 '해바라기' 꾸미기

요리(자연탐구)

- 스파게티 만들기
- 피자 만들기
- 치즈 콘 만들기

현장견학(사회관계)

하멜기념관(네덜란드)

과학(자연탐구)

- 풍선 로켓
- 페트병 세우기
- 씨앗 관찰

가정에서 함께 해 보아요 (사회관계)

- 유럽에 대해 알아보아요
- 프랑스에 대해 알아보아요
- 이탈리아에 대해 알아보아요
- 네덜란드에 대해 알아보아요
- 유럽에 대해 인터넷으로 찾아보아요(자연탐구)
- 유럽에 대해 책으로 찾아보아요(의사소통)

NIE(의사소통/자연탐구)

- 여행 갈 때 필요한 물건 찾기
- 나만의 옷 꾸미기(예술경험)
- 이탈리아 상징물 글자 찾기
- 최후의 만찬 상차리기

기본생활습관(신체운동 · 건강)

- 세계의 친구들과 반갑게 인사를 해요
- 외국 사람에게 친절하게 대해요

5) 오세아니아

오세아니아

이야기 나누기 (의사소통/사회관계)
- 오세아니아 이전 경험 이야기 나누기
- 오세아니아에 대한 생각 모으기/유목화
- 오세아니아 주제망
- 궁금한 점이 있어요
- 호주의 국기, 국화, 언어, 수도에 대하여 알아보아요
- 호주의 유명한 것에 대하여 알아보아요
- 뉴질랜드의 국기, 국화, 언어, 수도를 알아보아요.
- 뉴질랜드의 유명한 것에 대하여 알아보아요
- 파푸아뉴기니의 국기, 국화, 수도, 언어를 알아보아요
- 파푸아뉴기니의 유명한 것에 대하여 알아보아요

동화 · 동시 · 음률 (의사소통/예술경험)
- 동화
  - 국기로 배우는 세계 상식
  - 오스트레일리아
  - 뉴질랜드
- 동화
  - 캥거루
  - 오세아니아
- 새 노래
  - 뉴질랜드 민요
  - 세계 여러 나라 소개
- 음악 감상
  - 드보르작의 "멜로디"
  - 엘가의 "위풍당당 행진곡"

자유선택활동
- 일상: 뉴질랜드 퍼즐(신체운동·건강), 오페라하우스 바느질하기(신체운동·건강), 전통의상 옷 입히기(사회관계), 오세아니아 도미노 게임(신체운동·건강)
- 감각: 세계 여러 나라 지폐 관찰(신체운동·건강), 모양 구성하기(신체운동·건강), 촉각판 맞추기(신체운동·건강)
- 수: 가게놀이(자연탐구), 연속수(자연탐구), 가격만큼 돈 올려놓기(자연탐구), 숫자와 바둑알(자연탐구), 돈 단위를 바꿔보아요(자연탐구)
- 언어: 지시문 읽고 시장보기(의사소통), 오세아니아 수수께끼(의사소통), 같은 글자 올려놓기(의사소통), 상징물 같은 패턴(의사소통, 자연탐구)
- 문화: 관광지 소개(사회관계), 오세아니아 동물 소개(사회관계/자연탐구), 오세아니아 의상 소개(사회관계/자연탐구), 오세아니아 수출/수입(사회관계/자연탐구)

미술(예술경험)
- 캥거루 만들기
- 코알라 저금통 만들기
- 만국기 만들기
- 부메랑 만들기

요리활동(자연탐구)
- 팝콘 만들기
- 바비큐 만들기
- 영양샐러드
- 키위 주스 만들기

현장견학(사회관계)
- 소인국 테마파크
- 목장 견학
- 휴애리

과학(자연탐구)
- 부메랑 만들기
- 사라진 글씨
- 비밀편지
- 움직이는 뱀 만들기

가정에서 함께 해 보아요 (사회관계)
- 오세아니아를 지도에서 찾아보아요(신체운동·건강)
- 오세아니아에 있는 나라들의 전설을 알아보아요(의사소통)
- 오세아니아로 가족 여행 계획을 세워 보아요
- 오세아니아에 사는 원주민을 알아보아요

NIE(의사소통/자연탐구)
- 오세아니아 대륙 신문이나 잡지로 꾸미기(예술경험)
- 캥거루, 코알라 신문이나 잡지로 모자이크하기(예술경험)
- 오세아니아 상징물 글자 찾기
- 오세아니아 끝말 잇기

기본생활습관(신체운동·건강)
- 세계 여러 나라 문화를 이해해요
- 자연을 아끼고 사랑해요
- 여행을 할 때 지켜야 할 약속을 알아요
- 우리의 문화를 지켜요

6) 아프리카

아프리카

이야기 나누기 (의사소통/사회관계)

- 아프리카에 대한 이전 경험 이야기 나누기
- 아프리카에는 어떤 나라들이 있을까요?
- 아프리카에 대한 생각 모으기 및 유목화하기
- 아프리카 유아 주제망 그리기
- 아프리카 유아·교사 공동 주제망 그리기
- 궁금한 점이 있어요
- 이집트, 나이지리아, 케냐의 국기, 국화, 언어, 수도에 대해 알아보아요
- 이집트, 나이지리아, 케냐의 유명한 것에 대해 알아보아요
- 이집트의 피라미드에 대해 알아보아요
- 우리나라 탈과 비교해 보아요
- 아프리카를 도와주는 사람들에 대해 알아보아요

미술(예술경험)

- 아프리카 동물 모자이크
- 피라미드 만들기
- 바오밥나무 만들기

현장견학(사회관계)

- 소인국 테마파크
- 아프리카 박물관

가정에서 함께 해 보아요 (사회관계)

- 아프리카에 어떤 나라들이 있는지 알아보아요
- 아프리카에 어떤 동물들이 살고 있는지 알아보아요
- 아프리카에 대하여 궁금한 점을 적어 보고 직접 찾아보아요(의사소통)

동화 · 동시 · 음률 (의사소통/예술경험)

- 동화
  - 장갑
  - 이집트
  - 아기 사슴 이야기
- 동시
  - 여행
  - 아프리카
- 새 노래
  - 지구촌 한가족
  - 눈사람
  - 겨울 시냇가
- 음악 감상
  - 바흐의 "이탈리아 협주곡"
  - 비발디의 "사계중 겨울 1악장"
  - 김영동의 "산행"

NIE(의사소통/자연탐구)

- '아프리카' 네 글자로 된 단어 찾기
- 아프리카 상징 단어로 글자 탑 쌓기
- 아프리카 동물 찾기

자유선택활동

- 일상: 바느질하기(신체운동·건강), 국기퍼즐(신체운동동·건강)
- 감각: 비밀주머니(자연탐구), 색판과 국기 매칭하기(예술경험/사회관계), 동물 촉각판(신체운동·건강)
- 수: 수 세기(자연탐구), 연속수 부교재(자연탐구), 수만큼 올려놓기(자연탐구)
- 언어: 흑백 그림(의사소통/신체운동·건강), 상징물 북아트(의사소통/예술경험), 동물 · 자원 분류하기(신체운동·건강/자연탐구)
- 문화: 아프리카 소개 책(사회관계/의사소통), 이집트 상징물 작은 책(사회관계/의사소통), 아프리카 특산물 올려놓기(사회관계)

요리(자연탐구)

- 싸모사 만들기

과학(자연탐구)

- 고구마 기르기
- 얼음과 물의 온도 재기
- 얼음과 소금

기본생활습관(신체운동 · 건강)

- 물건을 소중히 쓰고 제자리에 바르게 정리해요
- 적당한 운동을 해요
- 친구에게 양보할 수 있어요

7) 남극

남극

이야기 나누기 (의사소통/사회관계)

- 남극에 대한 이전 경험 이야기 나누기
- 남극에 대한 생각 모으기/유목화
- 남극 유아 주제망
- 남극 유아·교사 공동 주제망
- 궁금한 점이 있어요
- 남극의 세종기지
- 남극의 날씨와 현재 남극의 날씨 변화(자연탐구)

동화·동시·음률 (의사소통/예술경험)

- 동화
  - 옹고집전
  - 남극
- 동시
  - 펭귄
  - 남극
- 새 노래
  - 괜찮아요
  - 새 달력
- 음악 감상
  - 드뷔시의 "눈송이는 춤춘다"
  - "캐논 변주곡"

자유선택활동

- 일상: 도미노 게임(신체운동·건강)
- 감각: 얼음 느껴 보기(신체운동·건강)
- 수: 수 선 잇기(자연탐구)
- 언어: 수수께끼(의사소통)
- 문화: 남극 소개 작은 책(사회관계/의사소통)

미술(예술경험)

- 펭귄 만들기

요리활동(자연탐구)

- 팥빙수 만들기

현장견학(사회관계)

- 소인국 테마파크
- 퍼시픽 랜드

과학(자연탐구)

- 따뜻한 느낌을 찾아요
- 새 달력 살펴보기

가정에서 함께 해 보아요 (사회관계)

- 남극의 날씨 변화에 대하여 알아보아요(자연탐구)
- 남극에 살고 있는 동물들의 특징, 생김새에 대하여 알아보아요(자연탐구)
- 남극의 자원에 대하여 알아보아요(자연탐구)

NIE(의사소통/자연탐구)

- 차가운 느낌 찾기

기본생활습관(신체운동·건강)

- 어려운 이웃을 도와줘요
- 재채기할 때 입을 가리고 해요

4. 자원 목록표

1) 아시아

1차적 자원	실 물	• 유물, 유적지 • 국화	• 화폐 • 지도
	사 람	• 미술관 관계자 • 유적지 관계자	• 박물관 관계자 • 각 나라 사람
	현장견학 장소	• 미술관: 기당 미술관, 현대 미술관, 이중섭 미술관 • 박물관: 국립 제주 박물관, 제주 민속촌 박물관, 민속 자연사 박물관, 소리섬 박물관, 퀸즈하우스 • 유적지: 항몽 유적지 • 세계문화유산: 성산일출봉 • 기타: 제주 아트랜드, 소인국 테마파크, 하멜 박물관, 미니미랜드, 코끼리랜드, 여미지 식물원	
2차적 자원	책	정보를 주는 책	• 『국기와 함께하는 지구촌 여행』(은하수미디어) • 『why?시리즈』(예림당) • 『국기로 배우는 세계 상식』(계림) • 『세계 명화 감상』(지경사) • 『중국』·『인도』·『일본』·『베트남』(금성출판사) • 『나의 첫 지도책』(대교베텔스만) • 『세계 어린이 우리는 친구』(한림출판사) • 『어린이 아틀라스 세계지도책』(아이앤북) • 『세계 여러 나라의 문자』(꿈터) • 『열려라 세계지도』(시공주니어) • 『교과서에 나오는 유네스코 세계문화유산』(시공주니어)
		동화책	• 『숨쉬는 항아리』(보림) • 『옹기』(열화당) • 『세종대왕』(교원) • 『팥죽 할멈과 호랑이』(보리) • 『설날이 되면』(나무와햇살) • 『할아버지의 벚꽃산』(청어람미디어) • 『코끼리똥으로 종이를 만든 나라는?』(시공주니어) • 『숲으로 간 코끼리』(보림) • 『재미있는 원숭이 세계』(중앙출판사) • 『장난꾸러기 팬더』(중앙출판사) • 『할머니의 단오부채』(두산동아) • 『이가 빠지면 지붕 위로 던져요』(북뱅크) • 『안녕 베트남 산짜오 한국』(대교) • 『산짜오 베트남, 태권 팥쥐와 베트 콩쥐』(한솔수북) • 『외갓집에 가고 싶어요』(가교) • 『맛있는 동그라미』(동심) • 『내 동무 정찬이』(아이코리아) • 『곤니치와 일본 낫토와 비빔밥』(한솔수북)

구분	유형	세부	내용
2차적 자원	사진/그림 자료/음악/인터넷	사진 및 그림 자료	• 유적지, 유물의 모습 • 국화, 화폐, 국기 • 자연의 모습(산, 강, 동물) • 의상, 민속놀이, 풍습, 가옥, 음식, 물건 • 위인 소개, 관광지 소개, 각 나라의 언어 자료(인사법, 언어)
		음악	• 대륙 노래 • 우리나라 • 우린 그렇지 않아 • 아리랑 • 금강산 찾아가자 • 민속음악 • 태극기 • 무궁화
		인터넷	• http://www.bok.or.kr (한국은행) • http://jeju.museum.go.kr (국립 제주 박물관) • http://www.jejufolk.com/html/index.aspx (제주 민속촌 박물관) • http://museum.jeju.go.kr (민속 자연사 박물관) • http://jmoa.jeju.go.kr (도립 미술관) • http://jslee.seogwipo.go.kr (이중섭 미술관) • http://www.gidang.or.kr (서귀포 기당 미술관)
	비디오/녹음 테이프	비디오	• 다큐멘터리 3일 캄보디아 • 한중일 소문난 저녁 • 몽골리안 루트
		녹음테이프	• 견학 시 녹음한 테이프

2) 북아메리카

구분	유형	내용		
1차적 자원	실 물	• 국화	• 지도	
	사 람	• 미술관 관계자	• 박물관 관계자	• 유적지 관계자
	현장견학 장소	• 미술관: 도립미술관, 서귀포 기당 미술관 • 기타: 소인국 테마파크, 미니미랜드		

구분	유형	세부	내용
2차적 자원	책	정보를 주는 책	• 『국기와 함께하는 지구촌 여행』(은하수미디어) • 『국기로 배우는 세계 상식』(계림) • 『하우소? 세계 역사 탐구』(한국헤르만헤세) • 『북아메리카』(기탄교육) • 『북아메리카 신화』(헌문미디어) • 『뿌까의 신나는 세계모험 12』(부즈펌) • 『신나는 북아메리카 여행』(글사랑) • 『어린이 아틀라스 세계지도책』(아이앤북) • 『세계 여러 나라 집 이야기』(상수리) • 『지도 따라 세계 속으로』(키다리) • 『파피루스 이야기 세계사』(한국헤르만헤세) • 『푸르넷 세계여행』(금성출판사) • 『세계의 역사』(웅진출판사)

2차적 자원	책	정보를 주는 책	• 『나의 첫 지도책』(대교베텔스만) • 『살아 있는 지구촌 문화유산 대탐험』(꿈이있는집) • 『꼬마 탐험가가 보는 지도책』(주니어랜덤) • 『세계 어린이 우리는 친구』(한림출판사) • 『화폐로 배우는 세계의 문화』(가교출판사) • 『캘버트 세계를 가다』(리베르스쿨)
		동화책	• 『너도 하늘말나리야』(푸른책들) • 『미술관에 간 윌리』(웅진주니어) • 『동물원』(논장) • 『곰』(비룡소) • 『꾸러기 동물 농장』(흰돌) • 『꼬마 비버와 메아리』(마루빌) • 『비버 보리스의 하루』(중앙출판사) • 『꼬마왕의 여행』(아가월드) • 『비밀의 코골이 말』(우리교육) • 『꾀보 코요테』(우리교육 • 『자연의 소중함을 일깨워 주는 북아메리카 신화』(현문미디어) • 『이가 빠지면 지붕 위로 던져요』(북뱅크) • 『와! 신나는 세계여행』(중앙출판사)
	사진/그림 자료/음악/인터넷	사진 및 그림 자료	• 유적지, 유물의 모습 • 국화, 화폐, 국기 • 자연의 모습(산, 강, 동물) • 의상, 민속놀이, 풍습, 가옥, 음식, 물건 • 위인 소개, 관광지 소개, 각 나라의 언어 자료(인사법, 언어)
		음악	• 대륙 노래 • 우린 그렇지 않아 • 전통음악 듣기
		인터넷	• http://www.bok.or.kr (한국은행) • http://jmoa.jeju.go.kr (도립 미술관) • http://www.gidang.or.kr (서귀포 기당 미술관)
	비디오/녹음 테이프	비디오	• 견학 시 촬영한 비디오
		녹음테이프	• 견학 시 녹음한 테이프

3) 남아메리카

구분	항목	세부	내용
1차적 자원	실 물		• 국화 • 지도
1차적 자원	사 람		• 미술관 관계자 • 박물관 관계자 • 유적지 관계자
1차적 자원	현장견학 장소		• 미술관: 도립미술관 • 기타: 커피전문점, 소인국 테마파크, 미니미랜드
2차적 자원	책	정보를 주는 책	• 『국기와 함께하는 지구촌 여행』(은하수미디어) • 『국기로 배우는 세계 상식』(계림출판사) • 『지도 따라 세계 속으로』(키다리출판사) • 『남아메리카』(주니어랜덤) • 『지구 반대쪽 세상을 보여주는 남아메리카 신화』(현문미디어) • 『열려라 세계지도』(시공주니어) • 『신나는 남아메리카 여행』(글사랑출판사) • 『어린이 아틀라스 세계지도책』(아이앤북) • 『세계 여러 나라 집 이야기』(육영회) • 『교과서에 나오는 세계 역사 탐구』(양재북하우스) • 『푸르넷 세계여행』(금성출판사) • 『세계의 역사』(이산출판사) • 『나의 첫 지도책』(대교베텔스만) • 『화폐로 배우는 세계의 문화』(가교출판사) • 『살아 있는 지구촌 문화유산 대탐험』(꿈이있는집) • 『꼬마 탐험가가 보는 지도책』(주니어랜덤) • 『세계 어린이 우리는 친구』(한림출판사) • 『캘버트 세계를 가다』(리베르스쿨)
2차적 자원	책	동화책	• 『나무늘보 쿨쿨이와 코코는 어느 날』(한솔수북) • 『게으름뱅이 나무늘보 우화』(파랑새 어린이) • 『미술관에 핀 해바라기』(크레용하우스) • 『동백꽃』(꿈소담이) • 『놀라운 이집트 비밀스러원 피라미드』(웅진주니어) • 『피라미드의 나라 고대 이집트』(시공주니어) • 『피라미드 식당』(미래아이) • 『이가 빠지면 지붕 위로 던져요』(북뱅크) • 『와! 신나는 세계여행』(중앙출판사)
2차적 자원	사진/그림 자료/음악/인터넷	사진 및 그림 자료	• 유적지, 유물의 모습 • 국화, 화폐, 국기 • 자연의 모습(산, 강, 동물) • 의상, 민속놀이, 풍습, 가옥, 음식, 물건 • 위인 소개, 관광지 소개, 각 나라의 언어 자료(인사법, 언어)
2차적 자원	사진/그림 자료/음악/인터넷	음악	• 대륙 노래 • 우린 그렇지 않아 • 전통음악 듣기

2차적 자원	사진/ 그림 자료/ 음악/ 인터넷	인터넷	• http://www.bok.or.kr (한국은행) • http://jmoa.jeju.go.kr (도립 미술관)
	비디오/ 녹음 테이프	비디오	• 갈라파고스 BBC 다큐 • 걸어서 세계 속으로 • 아마존 • 세계는 넓다
		녹음테이프	• 견학 시 녹음한 테이프

4) 유럽

1차적 자원	실 물	• 유물, 유적지, 전통악기, 의상 • 국화	• 화폐 • 지도
	사 람	• 박물관 관계자 • 각 나라 사람	• 유적지 관계자
	현장견학 장소	• 박물관: 테디베어뮤지엄, 하멜상선 전시관, 초콜릿 박물관, 세계자동차제주박물관, 소리섬 박물관 • 기타: 소인국 테마파크, 여미지 식물원, 스위스-제주올레우정의 길(10코스)	
2차적 자원	책	정보를 주는 책	• 『국기와 함께하는 지구촌 여행』(은하수미디어) • 『나의 첫 지도책』(대교베텔스만) • 『세계 어린이 우리는 친구』(한림출판사) • 『세계 여러 나라의 문자』(꿈터) • 『열려라 세계지도』(시공주니어) • 『어린이 아틀라스 세계지도책』(아이앤북) • 『why? 시리즈』(예림당) • 『교과서에 나오는 유네스코 세계문화유산』(시공주니어) • 『세계 명화 감상』(지경사) • 『만화 세계사 넓게 보기』(녹색지팡이) • 『마주보는 세계사 교실』(웅진주니어) • 『아빠와 떠나는 유럽 미술여행』(아트북스) • 『아이 러브 유럽』(교학사) • 『이원복 교수의 신 세상만사 신 유럽만사』(두산동아) • 『화폐로 배우는 세계 문화』(가교) • 『만화로 보는 재미있는 세계사』(계림닷컴) • 『뿌까의 신나는 세계 모험』(부즈펌) • 『세계 고대 문명』(기린원)

2차적 자원	책	동화책	• 『미술관에 간 윌리』(웅진주니어) • 『북유럽신화』(시공주니어) • 『세상에서 가장 유명한 미술관』(국민서관) • 『누가 산타에게 선물을 준 걸까?』(미래아이) • 『수잔네의 겨울-독일』(보림) • 『세계여행을 떠난 아기 곰 무크』(대교베텔스만) • 『우체부 아저씨와 크리스마스』(미래아이) • 『나이팅게일』(비룡소) • 『푸르넷 세계여행』(금성출판사)
	사진/ 그림 자료/ 음악/ 인터넷	사진 및 그림 자료	• 유적지, 유물의 모습 • 국화, 화폐, 국기 • 자연의 모습(산, 강, 동물) • 의상, 민속놀이, 풍습, 가옥, 음식, 물건 • 위인 소개, 관광지 소개, 각 나라의 언어 자료(인사법, 언어)
		음악	• 대륙 노래 • 우린 그렇지 않아 • 민속음악(샹송, 요들송, 스코틀랜드 민요…) • 클래식
		인터넷	• http://www.bok.or.kr (한국은행) • http://www.soingook.com (소인국 테마파크) • http://www.korean.visitkorea.or.kr (한국관광공사 하멜상선 전시관) • http://www.yeomigi.or.kr (여미지 식물원) • http://www.teddybearmuseum.co.kr (테디베어 뮤지엄) • http://www.koreaautomuseum.com (세계자동차 박물관) • http://www.sorisum.co.kr (소리섬 박물관) • http://www.jejuolle.org (제주 올레) • http://www.chocolatemuseum.org (초콜릿 박물관)
	비디오/ 녹음 테이프	비디오	• kbs 다큐 월드 • kbs 걸어서 세계 속으로 • kbs 세상은 넓다 • kbs 희망 릴레이 사랑 싣고 세계로 • kbs 로마제국의 탄생과 몰락
		녹음테이프	• 견학 시 녹음한 테이프

5) 오세아니아

<table>
<tr><td rowspan="3">1차적 자원</td><td colspan="2">실 물</td><td>• 유물, 유적지 • 화폐
• 국화 • 지도</td></tr>
<tr><td colspan="2">사 람</td><td>• 박물관 관계자</td></tr>
<tr><td colspan="2">현장견학 장소</td><td>• 박물관: 소리섬 박물관
• 기타: 소인국 테마파크, 여미지 식물원</td></tr>
<tr><td rowspan="7">2차적 자원</td><td rowspan="2">책</td><td>정보를 주는 책</td><td>• 『국기와 함께하는 지구촌 여행』(은하수미디어)
• 『국기로 배우는 세계 상식』(계림출판사)
• 『나의 첫 지도책』(대교베텔스만)
• 『뿌까와 신나는 세계 모험 18』(부즈펌)
• 『세계 여러 나라의 문자』(꿈터)
• 『어린이 아틀라스 세계지도책』(아이앤북)
• 『why? 시리즈』(예림당)
• 『교과서에 나오는 유네스코 세계문화유산』(시공주니어)
• 『세계 명화 감상』(지경사)</td></tr>
<tr><td>동화책</td><td>• 『앵무새 열 마리』(시공주니어)
• 『코알라와 꽃』(한솔수북)
• 『호주에서 보물찾기』(아이세움)
• 『아마존에서 사라진 아빠』(주니어 김영사)
• 『브라질에서 보물찾기』(아이세움)
• 『아마존 숲의 편지』(해솔)
• 『커다란 판야나무』(킨더랜드)
• 『엄마의 생일선물』(일과놀이)
• 『나도 호주, 뉴질랜드 간다』(대원문화사)
• 『오로라 공주와 다이아몬드 왕관』(예림당)
• 『축구선수 윌리』(시공주니어)
• 『우리 함께 축구해요』(해피북스)</td></tr>
<tr><td rowspan="3">사진/ 그림 자료/ 음악/ 인터넷</td><td>사진 및 그림 자료</td><td>• 유적지, 유물의 모습 • 국화, 화폐, 국기
• 자연의 모습(산, 강, 동물) • 의상, 민속놀이, 풍습, 가옥, 음식, 물건
• 위인 소개, 관광지 소개, 각 나라의 언어 자료(인사법, 언어)</td></tr>
<tr><td>음악</td><td>• 대륙 노래 • 우린 그렇지 않아
• 민속음악</td></tr>
<tr><td>인터넷</td><td>• http://www.yeomigi.or.kr (여미지 식물원)
• http://www.sorisum.co.kr (소리섬 박물관)
• http://www.bok.or.kr (한국은행)
• http://www.soingook.com (소인국 테마파크)</td></tr>
<tr><td rowspan="2">비디오/ 녹음 테이프</td><td>비디오</td><td>• 걸어서 세계 속으로 – Let' s go 배낭 메고 세계로
• 유네스코 세계유산 2
• 철도여행 – 기차 타고 지구 한 바퀴</td></tr>
<tr><td>녹음테이프</td><td>• 견학 시 녹음한 테이프</td></tr>
</table>

6) 아프리카

구분	항목	세부	내용
1차적 자원	실 물		• 유물, 유적지 • 화폐 • 국화 • 지도
	사 람		• 박물관 관계자
	현장견학 장소		• 박물관: 아프리카 박물관 • 기타: 소인국 테마파크
2차적 자원	책	정보를 주는 책	• 『국기와 함께하는 지구촌 여행』(은하수미디어) • 『국기로 배우는 세계 상식』(계림) • 『이집트』(금성출판사) • 『나이지리아』(금성출판사) • 『세계 명화 감상』(지경사) • 『아프리카 미술기행』(예담) • 『나의 첫 지도책』(대교베텔스만) • 『뿌까와 신나는 세계 모험 18』(부즈펌) • 『세계 여러 나라의 문자』(꿈터) • 『어린이 아틀라스 세계지도책』(아이앤북) • 『why? 시리즈』(예림당) • 『교과서에 나오는 유네스코 세계문화유산』(시공주니어)
		동화책	• 『아프리카여 안녕』(시공주니어) • 『아프리카에 간 드소토 선생님』(비룡소) • 『울타리 너머 아프리카』(비룡소) • 『아프리카에도 곰이 있을까요?』(크레용하우스) • 『아프리카에 눈이 내리면』(예림당) • 『아프리카 소년 샤카』(웅진주니어) • 『치타의 공격에서 지켜 낸 생명』(바다어린이) • 『아프리카에 사는 동물들』(대교출판) • 『누가족의 힘든 여행』(바다어린이) • 『만델라』(흙마당) • 『펭귄 토비아 아프리카에 가다』(아이터) • 『아프리카에 간 올가 할머니와 홀거』(토마토하우스) • 『아프리카의 거대한 동물』(중앙출판사) • 『아프리카 초원의 늙은 사자』(으뜸사랑) • 『아프리카 동물들의 숨바꼭질』(한국삐아제) • 『아프리카 탐험』(담터미디어) • 『아프리카 아프리카』(문공사) • 『엄마와 아기 코뿔소의 사랑』(바다어린이)
	사진/ 그림 자료/ 음악/ 인터넷	사진 및 그림 자료	• 유적지, 유물의 모습 • 국화, 화폐, 국기 • 자연의 모습(산, 강, 동물) • 의상, 민속놀이, 풍습, 가옥, 음식, 물건 • 위인 소개, 관광지 소개, 각 나라의 언어 자료(인사법, 언어)

2차적 자원	사진/ 그림 자료/ 음악/ 인터넷	음악	• 대륙 노래 • 민속음악
		인터넷	• http://www.africamuseum.hayan.com (아프리카 박물관) • http://www.soingook.com (소인국 테마파크) • http://www.아프리카.kr (아프리카 문화원) • http://www.numeronsmoney.com (세계 화폐 박물관)
	비디오/ 녹음 테이프	비디오	• kbs 다큐 월드 • kbs 걸어서 세계 속으로 • kbs 세상은 넓다 • kbs 세계 문화유산 • kbs 아프리카 최후의 전사 • kbs 과학 카페–착한 공학 이야기(소외된 90%를 위한 선물)
		녹음테이프	• 견학 시 녹음한 테이프

7) 남극

1차적 자원	실 물		• 유물, 유적지 • 화폐 • 국화 • 지도
	사 람		• 박물관 관계자
	현장견학 장소		• 소인국 테마파크
2차적 자원	책	정보를 주는 책	• 『국기와 함께하는 지구촌 여행』(은하수미디어) • 『국기로 배우는 세계 상식』(계림) • 『나의 첫 지도책』(대교베텔스만) • 『어린이 아틀라스 세계지도책』(아이앤북) • 『why? 시리즈』(예림당) • 『교과서에 나오는 유네스코 세계문화유산』(시공주니어) • 『가자! 신비한 남극과 북극을 찾아서』(교학사)
		동화책	• 『남극에서 살아남기』(아이세움) • 『북극과 남극』(애플비) • 『노빈손의 남극 어드벤처』(뜨인돌) • 『남극 갈까? 북극 갈까?』(글사랑) • 『야! 가자 남쪽으로』(창비) • 『남극에서 온 편지』(비룡소) • 『남극 지키기 대작전』(중앙출판사) • 『남극점 정복하기』(아이세움) • 『남극과 북극에 사는 동물들』(대교출판사) • 『에머딘의 남극 탐험기』(예꿈) • 『남극 기지 과학자들의 바다표범 구출기』(미세기) • 『남극 대륙』(작은책방) • 『북극곰 유리와 남극펭귄』(큰나)

구분	자료	종류	내용
2차적 자원	사진/ 그림 자료/ 음악/ 인터넷	사진 및 그림 자료	• 지명(남극 대륙의 지명, 빙하 모습) • 주민(사람들) • 국화, 화폐, 국기 • 자연의 모습(산, 바다, 동물) • 의상, 민속놀이, 풍습, 가옥, 음식, 물건 • 위인 소개(남극을 정복한 인물) • 남극에 있는 과학기지들 • 남극의 언어 자료(인사법, 언어)
		음악	• 대륙 노래
		인터넷	• http://www.bok.or.kr (한국은행) • http://www.soingook.com (소인국 테마파크) • http://www.antarctica.go.kr (외교통상부 남극) • http://www.polarland (폴라랜드 한국 극지 연구회) • http://www.kopri.re.kr (극지 연구소 세종 과학기지) • http://www. a308501.blog.me (스노우스토리) • http://www.oceanus.kmaritime.ac.kr (얼음의 바다 극지 공학)
	비디오/ 녹음 테이프	비디오	• kbs 다큐 월드 • kbs 걸어서 세계 속으로 • kbs 세상은 넓다 • kbs 과학 카페(제7대륙 남극은 미래다) • kbs 과학 카페(아라온, 남극시대를 열다) • kbs 과학 카페(과학의 미래, 남극) • kbs 일요 다큐 '산'(지구의 끝 남극과 파타고니아에 간다) • 아이맥스 미지의 땅(다우리 엔터테인먼트) • mbc 남극 보고(도전의 땅에 서서) • mbc 자연은 살아 있다(남극의 바다) • mbc 남극점을 가다
		녹음테이프	• 견학 시 녹음한 테이프

5. 가정통신문

1) 아시아

▣ 세계 여러 나라 '아시아' 프로젝트에 대한 가정 통신문

안녕하십니까?
세계 여러 나라 프로젝트를 진행하면서 세계에 있는 대륙에 대해 알아본 후 첫 번째 주제로
'아시아' 에 대해 알아보기로 했습니다.
이와 관련하여 부모님께 아래와 같이 알려드리오니 읽어 보신 후
프로젝트가 원활하게 진행될 수 있도록 협조 부탁드립니다.

주 제		세계 여러 나라 & 아시아
학습 예상 시기		6주
주제 선정 이유		우리가 살고 있는 세상은 아주 빠르게 변화하고 있습니다. 따라서 세계 여러 나라 사람들 간의 교류가 많아지고 각 나라의 다양한 문화가 유입되면서 다인종 사회로 급변하면서 세계 여러 나라의 문화를 아이들에게 알리고 직접 체험해 볼 수 있는 기회를 제공하기 위하여 이 프로젝트를 진행하게 되었습니다.
'아시아' 에 관한 중심 개념		• 아시아는 7대륙 중에 제일 큰 대륙이다. • 세계 인구 전체의 60% 정도가 아시아에 거주한다. • 아시아 사람들은 황인종이다. • 아시아 사람들의 주식은 쌀이다. • 아시아는 온대기후이다. • 아시아의 종교는 대부분 불교이다. • 아시아는 문명 발생지인 황하 강 중심으로 이루어져 있다. • 아시아는 벼농사를 주로 한다. • 아시아란 그리스어에서 나왔다. • 아시아는 동반구에 있다. • 아시아는 환태평양 지진대에 속해 있다. • 아시아는 태평양, 인도양이 있다. • 아시아는 북아시아, 서아시아, 남아시아, 동아시아로 나뉜다. • 아시아에는 31개 나라가 있다.
예상되는 학습 내용 및 활동		• 세계 여러 나라 '아시아' 프로젝트 활동 유형별 예상안과 교사 예상 주제망을 참고하시기 바랍니다. • 활동 내용은 아이들의 활동 진행 상황에 따라 조정되면서 이루어질 계획입니다.
가정에서 도와주세요	부모님과 유아들이 함께 하실 일	• 아시아에 있는 나라 이름을 찾아보도록 해 주세요. • 신문이나 잡지에서 아시아에 있는 나라와 관련된 기사를 수집해 볼 수 있도록 해 주세요. • 아시아에 있는 각 나라의 대표 음식, 놀이, 의상 등에 대해 알려주세요. • 우리나라의 전통 음식을 아이들과 함께 만들어 보세요. (김치, 송편 등) • 우리나라와 아시아에 있는 다른 나라와의 문화에서 비슷한 점은 무엇이고 다른 점은 무엇인지 이야기 나누어 보세요.
	자원 협조	• 부착된 자원 목록을 보시고 가지고 있으시면 연락 주세요. 이외에 '아시아' 에 관련된 어떤 자원도 환영합니다.
	전문가/자원봉사	• 우리나라의 문화유산과 관련된 일을 하시는 분은 연락 바랍니다. • 다문화 지원센터에서 일을 하시는 분은 연락 바랍니다.

2) 북아메리카

▣ 세계 여러 나라 '북아메리카' 프로젝트에 대한 가정 통신문

<table>
<tr><td colspan="3">안녕하십니까?
세계 여러 나라 프로젝트를 진행하면서 '북아메리카'에 대해 알아보기로 했습니다.
이와 관련하여 부모님께 아래와 같이 알려드리오니 읽어 보신 후
프로젝트가 원활하게 진행될 수 있도록 협조 부탁드립니다.</td></tr>
<tr><td>주 제</td><td colspan="2">북아메리카</td></tr>
<tr><td>학습 예상 시기</td><td colspan="2">5주</td></tr>
<tr><td>주제 선정 이유</td><td colspan="2">우리가 살아가면서 우리나라에서만 생활할 뿐 아니라 언제, 어디에서 어떤 일을 하며 살아갈지 아무도 모릅니다. 지금 우리 아이들에게 세계 여러 나라의 다양한 문화를 접할 수 있는 기회를 제공함으로써 앞으로 아이들이 어른이 되어서도 다양한 문화를 자연스럽게 받아들이며 살아갈 수 있도록 도와주기 위해 프로젝트를 진행하게 되었습니다.</td></tr>
<tr><td>'북아메리카'에 관한 중심 개념</td><td colspan="2">• 북아메리카는 밀농사를 주로 한다.
• 북아메리카는 파나마 지협을 경계로 남아메리카와 구분된다.
• 북아메리카는 기계적인 농업을 바탕으로 상업적 농업이 발달하였다.
• 북아메리카에는 세계 최대의 골짜기 그랜드캐니언이 있다
• 북아메리카에는 13개의 나라가 있다.
• 북아메리카에는 세계의 중심지인 미국이 있다.
• 북아메리카는 인디언이 원주민이다.
• 북아메리카는 다민족 국가이다.</td></tr>
<tr><td>예상되는 학습 내용 및 활동</td><td colspan="2">• 세계 여러 나라 '북아메리카' 프로젝트 활동 유형별 예상안과 교사 예상 주제망을 참고하시기 바랍니다.
• 활동 내용은 아이들의 활동 진행 상황에 따라 조정되면서 이루어질 계획입니다.</td></tr>
<tr><td rowspan="3">가정에서 도와주세요</td><td>부모님과 유아들이 함께 하실 일</td><td>• 북아메리카에 있는 나라 이름을 찾아보도록 해 주세요.
• 미국, 캐나다, 멕시코 등에 대해 궁금한 점을 아이들에게 물어보고 찾아볼 수 있도록 도와주세요.
• 북아메리카에 있는 각 나라의 대표 음식, 놀이, 의상 등에 대해 알려주세요.
• 북아메리카에 관련된 자료를 찾아서 아이들이 함께 보고 읽을 수 있도록 해 주세요.</td></tr>
<tr><td>자원 협조</td><td>• 부착된 자원 목록을 보시고 가지고 있으시면 연락 주세요. 이외에 '북아메리카'에 관련된 어떤 자원도 환영합니다.</td></tr>
<tr><td>전문가/자원봉사</td><td>• 북아메리카의 나라에 가 본 적이 있거나 소개해 주실 수 있는 분은 연락 바랍니다.</td></tr>
</table>

3) 남아메리카

▣ 세계 여러 나라 '남아메리카' 프로젝트에 대한 가정 통신문

<table>
<tr><td colspan="3">안녕하십니까?
세계 여러 나라 프로젝트를 진행하면서 '남아메리카'에 대해 알아보기로 했습니다.
이와 관련하여 부모님께 아래와 같이 알려드리오니 읽어 보신 후
프로젝트가 원활하게 진행될 수 있도록 협조 부탁드립니다.</td></tr>
<tr><td>주 제</td><td colspan="2">남아메리카</td></tr>
<tr><td>학습 예상 시기</td><td colspan="2">4주</td></tr>
<tr><td>주제 선정 이유</td><td colspan="2">우리가 살아가면서 우리나라에서만 생활할 뿐 아니라 언제, 어디에서 어떤 일을 하며 살아갈지 아무도 모릅니다. 지금 우리 아이들에게 세계 여러 나라의 다양한 문화를 접할 수 있는 기회를 제공함으로써 앞으로 아이들이 어른이 되어서도 다양한 문화를 자연스럽게 받아들이며 살아갈 수 있도록 도와주기 위해 프로젝트를 진행하게 되었습니다.</td></tr>
<tr><td>'남아메리카'에 관한 중심 개념</td><td colspan="2">• 남아메리카는 잉카문명이 발달되었다.
• 현재 남아메리카에는 12개 국가가 있다.
• 남아메리카는 파나마 지협을 경계로 북아메리카 대륙과 분리된다.
• 라틴 아메리카라고도 한다.
• 남아메리카는 남반구에 속해 있다.
• 남아메리카는 최초의 유럽인인 아메리고 베스푸치의 이름에서 나온 말이다.
• 남아메리카는 세계에서 5번째로 인구가 많다.
• 남아메리카는 주요 지하자원으로 금, 은, 구리, 철광석, 주석, 석유가 있다.
• 남아메리카는 생물 다양성이 뛰어난 대륙이다.
• 남아메리카에는 세계에서 가장 긴 산맥인 안데스 산맥이 있다.
• 남아메리카에는 세계에서 가장 긴 나라가 있다.
• 남아메리카에는 세계에서 가장 높은 폭포인 앙헬 폭포가 베네수엘라에 있다.
• 남아메리카에는 세계에서 가장 큰 강인 아마존 강이 있다.
• 남아메리카의 산업은 전 노동인구의 절반이 농업인구로서 농업국의 단계이다.
• 남아메리카의 농업은 특정 산물에 의존하는 단일경작이다.
• 남아메리카에는 세계 최강의 축구 강대국이 있다.
• 남아메리카에는 고지대 지역의 도시가 많다.</td></tr>
<tr><td>예상되는 학습 내용 및 활동</td><td colspan="2">• 세계 여러 나라 '남아메리카' 프로젝트 활동 유형별 예상안과 교사 예상 주제망을 참고하시기 바랍니다.
• 활동 내용은 아이들의 활동 진행 상황에 따라 조정되면서 이루어질 계획입니다.</td></tr>
<tr><td rowspan="3">가정에서 도와주세요</td><td>부모님과 유아들이 함께 하실 일</td><td>• 남아메리카에 있는 나라 이름을 찾아보도록 해 주세요.
• 남아메리카 국기를 소개해 주세요.
• 칠레, 페루, 브라질에 대해 궁금한 점을 아이들에게 물어보고 찾아볼 수 있도록 도와 주세요.
• 남아메리카에 있는 각 나라의 대표 음식, 놀이, 의상 등에 대해 알려주세요.
• 남아메리카에 관련된 자료를 찾아서 아이들이 함께 보고 읽을 수 있도록 해 주세요.</td></tr>
<tr><td>자원 협조</td><td>• 부착된 자원 목록을 보시고 가지고 있으시면 연락 주세요. 이외에 '남아메리카'에 관련된 어떤 자원도 환영합니다.</td></tr>
<tr><td>전문가/자원봉사</td><td>• 남아메리카의 나라에 가 본 적이 있거나 소개해 주실 수 있는 분은 연락 바랍니다.</td></tr>
</table>

4) 유럽

▣ 세계 여러 나라 '유럽' 프로젝트 가정 통신문

<table>
<tr><td colspan="3">안녕하십니까?
세계 여러 나라 프로젝트를 진행하면서 '유럽'에 대해 알아보기로 했습니다.
이와 관련하여 부모님께 아래와 같이 알려드리오니 읽어 보신 후
프로젝트가 원활하게 진행될 수 있도록 협조 부탁드립니다.</td></tr>
<tr><td>주 제</td><td colspan="2">유럽</td></tr>
<tr><td>학습 예상 시기</td><td colspan="2">4주</td></tr>
<tr><td>주제 선정 이유</td><td colspan="2">이제는 우리나라뿐만이 아니라 다른 나라에 대해 관심을 가져야 할 필요성이 증가되고 있습니다. 이에 아이들에게 다른 나라의 문화를 이해하고 존중할 줄 아는 자세를 심어 주며 지구촌 식구, 세계는 하나라는 공동체 의식을 길러 주고자 이 프로젝트를 진행하게 되었습니다.</td></tr>
<tr><td>'유럽'에 관한 중심 개념</td><td colspan="2">• 유럽은 세계에서 두 번째로 작은 대륙이다.
• 유럽의 명칭은 '서쪽의 땅', '해가 지는 곳'이란 뜻의 '에레브'에서 유래했다.
• 북쪽은 남극해, 서쪽은 대서양, 남쪽은 지중해로 되어 있다.
• 서부 유럽, 북부 유럽, 중부 유럽, 남부 유럽, 동부 유럽으로 구분한다.
• 아시아 대륙 다음으로 많은 인구가 거주하고 있다.
• 유럽은 곡물, 근채류, 식용유, 섬유, 과일 및 가축산품의 대생산지이다.
• 유럽은 산업이 발달되면서 교통로와 교통수단이 발달되었다.
• 유럽의 자원은 석탄이 풍부하다.
• 세계 호밀 생산량의 90% 이상을 차지한다.
• 유럽인의 절대 다수가 도시에 거주한다.
• 유럽에는 에펠탑, 베르사유 궁전, 타워브리지, 알프스 산맥 등이 유명하다.
• 여러 산맥으로 되어 있는 유럽은 산맥을 흘러오는 강들이 많고 눈 녹은 물, 강수량이 많아 강이 발달되었다.
• 낙농업(화훼 및 축산업)이 발달된 대륙이다.
• 유럽은 사회복지가 발달된 대륙이다.</td></tr>
<tr><td>예상되는 학습 내용 및 활동</td><td colspan="2">• 세계 여러 나라 '유럽' 프로젝트 활동 유형별 예상안과 교사 예상 주제망을 참고하시기 바랍니다.
• 활동 내용은 아이들의 활동 진행 상황에 따라 조정되면서 이루어질 계획입니다.</td></tr>
<tr><td rowspan="3">가정에서 도와주세요</td><td>부모님과 유아들이 함께 하실 일</td><td>• 유럽에 있는 나라 이름을 찾아보도록 해 주세요.
• 네덜란드, 프랑스, 이탈리아 등에 대해 궁금한 점을 아이들에게 물어보고 찾아볼 수 있게 해 주세요.
• 유럽에 있는 각 나라의 대표 음식, 놀이, 의상 등에 대해 알려주세요.
• 유럽에 관련된 자료를 찾아서 아이들과 함께 보고 읽을 수 있도록 해 주세요.</td></tr>
<tr><td>자원 협조</td><td>• 부착된 자원 목록을 보시고 가지고 있으시면 연락 주세요. 이외에 '유럽'과 관련된 어떤 자원도 환영합니다.</td></tr>
<tr><td>전문가/자원봉사</td><td>• 유럽의 나라에 가 본 적이 있거나 소개해 주실 수 있는 분은 연락 바랍니다.</td></tr>
</table>

5) 오세아니아

▣ 세계 여러 나라 '오세아니아' 프로젝트 가정 통신문

안녕하십니까?
수선화반 친구들과 함께 '오세아니아'에 대한 프로젝트를 진행하려고 합니다.
이와 관련하여 부모님께 아래와 같이 알려드리오니 읽어 보신 후
프로젝트가 원활하게 진행될 수 있도록 협조 부탁드립니다.

주 제	오세아니아
학습 예상 시기	3주
주제 선정 이유	여러 대륙을 알아보면서 지금까지 많이 접하지 못한 아시아와 아메리카 사이에 있는 작은 대륙, 오세아니아에 대해 관심을 갖게 되었습니다. 오세아니아에는 어떤 사람들이 살고 있고, 캥거루, 코알라, 오리너구리 등 여러 희귀한 동물들과 식물들이 서식하고 있는지 궁금해하는 아이들의 모습을 볼 수 있었습니다. 풍부한 자원과 아름다운 자연환경의 신비스러운 대륙, 오세아니아를 우리 아이들과 같이 살펴보고자 이 주제를 선정하였습니다.
'오세아니아'에 관한 중심 개념	• 오세아니아는 대양의 뜻을 가지고 있어 대양주라고도 하며 태평양 전역에 흩어져 있는 섬의 총체적 이름이다. • 오세아니아는 아시아와 아메리카 사이에 있다. • 오세아니아는 전통적으로 오스트랄라시아(오스트레일리아, 뉴질랜드), 멜라네시아, 미크로네시아, 폴리네시아 4부분으로 나뉜다. • 오세아니아에는 1만 개 이상의 크고 작은 섬이 있다. • 오세아니아 섬의 대부분은 화산섬과 산호초 섬이다. • 오세아니아는 유럽인들에 의해 발견되었다. • 오세아니아는 에스파냐, 네덜란드, 영국, 프랑스, 독일에 의해 점령되었다가 미국의 신탁통치령이 되었다. • 오세아니아는 열대기후에 속해 있다. • 오세아니아의 적도의 북쪽 지역은 북동무역풍, 남쪽 지역은 남동무역풍의 영향을 받아 강수량이 크게 차이가 난다. • 오세아니아에는 독특한 동물이 분포한다. • 오세아니아에는 캥거루, 코알라, 오리너구리가 서식한다. • 오세아니아에는 파충류가 서식하지 않는다. • 오세아니아에는 코코야자와 열대성 수목이 많다. • 오세아니아에는 특유의 식물로 빵나무(뽕나무과의 열대성 상록교목)가 있다. • 오세아니아의 주 산업은 목축업이다. • 오세아니아의 양 사육은 러시아에 이어 세계 2위이고 양모 생산은 세계 총생산의 1/4 이상을 차지해서 세계 1위이다. • 오세아니아는 양모 생산과 밀 재배가 주종 산업이다. • 오세아니아에는 사탕수수, 파인애플, 코코야자, 코프라 등 플랜테이션 농업이 이루어지고 있다. • 타로 감자, 고구마, 바나나, 코코야자 등은 오세아니아 원주민의 주식이다. • 오세아니아의 각 섬의 근해에는 다랑어, 게, 새우, 숭어 등이 풍부해서 해마다 어획량이 증가하고, 진주, 굴 등의 양식업도 증가한다.

'오세아니아'에 관한 중심 개념		• 오세아니아는 광물자원이 풍부해서 금, 납, 아연, 석탄 등이 개발되었다. • 오세아니아 원주민은 오스트레일리아 원주민, 파푸아인, 멜라네시아인, 미크로네시아인, 폴리네시아인 등 여러 종족이 있다. • 오세아니아 언어는 말레이-폴리네시아 어이다. • 오세아니아 언어는 남동부지방에서는 프랑스어, 그 밖의 지역에서는 영어가 공용어이다.
예상되는 학습 내용 및 활동		• '오세아니아' 프로젝트 활동 유형별 예상안과 교사 예상 주제망을 참고하시기 바랍니다. • 활동 내용은 아이들의 활동 진행 상황에 따라 조정되면서 이루어질 계획입니다.
가정에서 도와주세요	부모님과 유아들이 함께 하실 일	• 오세아니아에는 어떤 나라들이 있는지 알아보고, 그 나라에는 무엇이 유명한지 이야기 나누어 주세요. • 오세아니아에 살고 있는 동물들은 희귀종이라는 것을 말해 주세요. • 오세아니아에 살고 있는 동물들이 무엇인지 알아보고, 생김새와 특징에 대해 이야기 나누어 주세요. • 오세아니아에는 어떤 자원이 있는지 이야기 나누어 주세요. • 오세아니아에 대해 궁금한 점은 그 질문을 적어 보고 답을 직접 찾아볼 수 있도록 도와주세요. • 도서관이나 주변에서 오세아니아와 관련된 동화책, 사진 등 여러 가지 자료를 찾을 수 있도록 도와주세요.
	자원 협조	• 부착된 자원 목록을 보시고 가지고 있으시면 연락 주세요. 이외에 '오세아니아'와 관련된 어떤 자원도 환영합니다.
	전문가/자원봉사	• 수의사나 동물에 대해 잘 아는 전문가를 초대합니다. • 오세아니아에 대해 책을 낸 작가나 오세아니아에 여행을 다녀오신 분은 협조 부탁드립니다.

6) 아프리카

▣ 세계 여러 나라 '아프리카' 프로젝트 가정 통신문

안녕하십니까? 수선화반 친구들과 함께 '아프리카'에 대한 프로젝트를 진행하려고 합니다. 이와 관련하여 부모님께 아래와 같이 알려드리오니 읽어 보신 후 프로젝트가 원활하게 진행될 수 있도록 협조 부탁드립니다.	
주 제	아프리카
학습 예상 시기	3주
주제 선정 이유	오세아니아에 대하여 알아보면서 아프리카에도 오세아니아처럼 다양한 동물들이 살고 있으며 그것을 계기로 아이들이 아프리카 대륙에 관심을 갖게 되었습니다. 그래서 아프리카를 우리 아이들과 같이 살펴보고자 이 주제를 선정하였습니다.

<table>
<tr><td>'아프리카' 에 관한 중심 개념</td><td colspan="2">• 동반구의 남서부에 있으며 남북 양반구에 걸친 세계 제2의 대륙이다.
• 면적 약 3,036만㎢, 인구 약 6억 8천 명(1994), 인구밀도 22.5인/㎢이다.
• 대륙으로서 아프리카라는 이름으로 불린 것은 16 · 17세기 네덜란드의 항해자들이 이곳이 독립된 대륙이라는 사실을 알고 난 뒤부터이다. 아프리카의 어원은 고대 그리스인들이 리비아라고 부른 지중해 남안에서 원주민이 사용한 지명에서 비롯되었다.
• 아프리카는 아시아 다음으로 면적이 넓고 인구가 많은 대륙이다.
• 아프리카 대륙 주변으로 북쪽에는 지중해, 북동쪽에는 수에즈 운하와 홍해, 남동쪽에는 인도양, 서쪽에는 대서양이 있다.
• 아프리카인의 80%가 사하라 사막의 남쪽에 거주한다.
• 사하라 남쪽의 아프리카인들 사이에는 폭넓은 신체적 특성 차이가 존재한다. 그중 가장 차이나는 것은 큰 키로 알려진 마사이족과 세계에서 가장 키가 작은 것으로 알려진 피그미인들이다.
• 아프리카에는 천 개가 넘는 언어가 존재한다.
• 아프리카에는 천연 자원이 풍부하지만 세계에서 가장 가난한 저개발 지역이다.
• 아프리카 중 특히 동아프리카는 초기 인류와 그 조상이 발견되었으며, 약 200,000여 년 전 에티오피아에서 발견된 초기 호모 사피엔스 등의 많은 유인원들도 발견되었다.
• 지리적으로 아프리카는 아라비아 반도, 이란의 자그로스 산맥, 터키의 아나톨리아 고원을 포함하며, 유라시아판과 충돌하는 아프리카 판을 이룬다.
• 아프리카 북부 지역은 건조하거나 사막이며, 중부와 남부 지역에는 사바나 초원과 울창한 밀림(열대우림)이 있다.
• 아프리카는 세계에서 야생동물의 수와 종류, 영역, 분포 밀도에서 가장 높은 곳으로 보이며, 큰 육식동물과 초식동물이 자유로이 살고 있다.
• 아프리카의 종교는 크게 이슬람교·그리스도교·전통 종교로 나뉜다.
• 수운은 콩고 강, 나일 강, 니제르 강, 잠베지 강 등이 하천 교통으로 이용되고 있으며, 해안지방의 도시인들은 국제적인 무역항이 많다. 특히 수에즈 운하는 유럽과 아시아의 지름길 역할을 한다.</td></tr>
<tr><td>예상되는 학습 내용 및 활동</td><td colspan="2">• '아프리카' 프로젝트 활동 유형별 예상안과 교사 예상 주제망을 참고하시기 바랍니다.
• 활동 내용은 아이들의 활동 진행 상황에 따라 조정되면서 이루어질 계획입니다.</td></tr>
<tr><td rowspan="3">가정에서 도와주세요</td><td>부모님과 유아들이 함께 하실 일</td><td>• 아프리카에는 어떤 나라들이 있는지 알아보고, 그 나라에는 무엇이 유명한지 이야기 나누어 주세요.
• 아프리카에 살고 있는 동물들이 무엇인지 알아보고, 생김새와 특징에 대해 이야기 나누어 주세요.
• 아프리카에는 어떤 자원이 있는지 이야기 나누어 주세요.
• 아프리카에 대해 궁금한 점은 그 질문을 적어 보고 답을 직접 찾아볼 수 있도록 도와주세요.
• 도서관이나 주변에서 아프리카와 관련된 동화책, 사진 등 여러 가지 자료를 찾을 수 있도록 도와주세요.</td></tr>
<tr><td>자원 협조</td><td>• 부착된 자원 목록을 보시고 가지고 있으시면 연락 주세요. 이외에 '아프리카'와 관련된 어떤 자원도 환영합니다.</td></tr>
<tr><td>전문가/자원봉사</td><td>• 수의사나 동물에 대해 잘 아는 전문가를 초대합니다.
• 아프리카에 대한 책을 낸 작가나, 아프리카에 여행을 다녀오신 분은 협조 부탁드립니다.</td></tr>
</table>

7) 남극

▣ 세계 여러 나라 '남극' 프로젝트 가정 통신문

안녕하십니까?
수선화반 친구들과 함께 '남극'에 대한 프로젝트를 진행하려고 합니다.
이와 관련하여 부모님께 아래와 같이 알려드리오니 읽어 보신 후
프로젝트가 원활하게 진행될 수 있도록 협조 부탁드립니다.

주 제	남극	
학습 예상 시기	2주	
주제 선정 이유	세계 여러 대륙 중에서 마지막으로 남극에 대해 알아보기로 하였습니다. 남극 하면 추운 날씨가 가장 먼저 떠오르기 마련인데 현재 급변하는 날씨의 변화로 남극의 빙하가 점점 녹고 있는 중이라고 합니다. 그래서 우리 아이들과 함께 남극에 살고 있는 동물들과 급변하는 날씨의 원인에 대하여 알고 어떻게 하면 남극 대륙을 보호하고 프로젝트를 마무리하면서 우리가 그동안 알아보았던 세계 여러 대륙에 대하여 다시 한 번 생각해 보는 시간을 갖기 위하여 이 주지를 선정하였습니다.	
'남극'에 관한 중심 개념	• 지구의 최남단에 있는 대륙이다. • 다섯 번째로 큰 대륙이다. • 남극의 약 98%가 얼음으로 덮여 있다. • 지구상에서 가장 춥고 건조하며 바람도 가장 많이 부는 대륙이다. • 인간이 정착한 거주지는 없으며, 다만 한 해에 1,000명에서 5,000명 정도의 사람이 이 대륙에 산재한 연구 기지에서 생활하고 있다. • 추위에 적응한 동식물만이 남극에 사는데 여기에는 펭귄, 물개, 지의류의 식물, 그리고 여러 종류의 조류가 있다. • 남극의 영어 명칭인 Antarctic는 '북극의 반대쪽'을 뜻하는 고대 그리스어 합성어 안타르크티코스의 여성형인 안타르크티케에서 비롯되었다. • 인간이 남극을 처음으로 확실하게 본 것은 1820년 미하일 라자레프와 파비안 고틀리프 폰 벨링스하우젠의 러시아 탐험대이다. • 남극 조약은 1959년 12개국이 처음 체결하였고 지금까지 46개국이 서명하였다. • 남극에는 어떤 국가의 주권도 미치지 않으며 아르헨티나의 부에노스 아이레스에 있는 남극조약사무국에서 관리하고 있다. • 지구 온난화로 인해 남극의 상당 부분이 이미 녹았거나 현재 녹고 있다. • 1988년 2월 한국도 킹조지 섬에 세종(世宗) 기지를 건설하여 극지 연구는 물론, 남극 대륙 진출의 전진기지를 구축하였다.	
예상되는 학습 내용 및 활동	• '남극' 프로젝트 활동 유형별 예상안과 교사 예상 주제망을 참고하시기 바랍니다. • 활동 내용은 아이들의 활동 진행 상황에 따라 조정되면서 이루어질 계획입니다.	
가정에서 도와주세요	부모님과 유아들이 함께 하실 일	• 남극의 날씨 변화에 대하여 이야기 나누면서 지구 온난화가 심각해졌다는 것을 이야기 나누어 주세요. • 남극에 살고 있는 동물들이 무엇인지 알아보고, 생김새와 특징에 대해 이야기 나누어 주세요.

<table>
<tr><td rowspan="3">가정에서 도와주세요</td><td>부모님과 유아들이 함께 하실 일</td><td>• 남극에는 어떤 자원이 있는지 이야기 나누어 주세요.
• 남극에 대해 궁금한 점은 그 질문을 적어 보고 답을 직접 찾아볼 수 있도록 도와주세요.
• 도서관이나 주변에서 남극과 관련된 동화책, 사진 등 여러 가지 자료를 찾을 수 있도록 도와주세요.</td></tr>
<tr><td>자원 협조</td><td>• 부착된 자원 목록을 보시고 가지고 있으시면 연락 주세요. 이외에 '남극'과 관련된 어떤 자원도 환영합니다.</td></tr>
<tr><td>전문가/자원봉사</td><td>• 수의사나 동물에 대해 잘 아는 전문가를 초대합니다.
• 남극에 대한 관련 서적을 갖고 계신 분이나 남극에 대하여 알고 있는 것들을 알려주실 수 있는 분들은 협조 부탁드립니다.</td></tr>
</table>

6. 세계 여러 나라 교구활동

1) 아시아

교구명	사 진	교구명	사 진
세계 여러 나라 국기와 의상 짝 맞추기		수만큼 꼽기	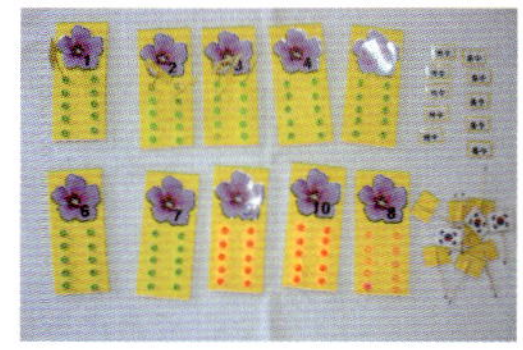
세계 여러 나라 국기와 국기 짝 맞추기		크기 비교하기	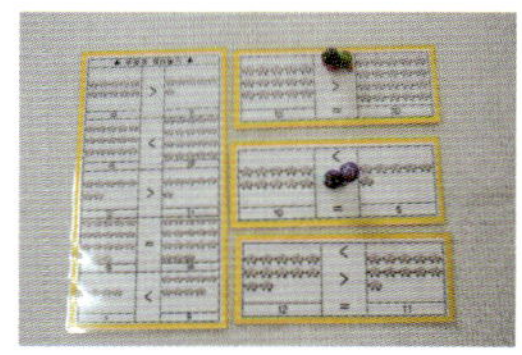
세계 여러 나라 관광지 소개		수만큼 올려놓기	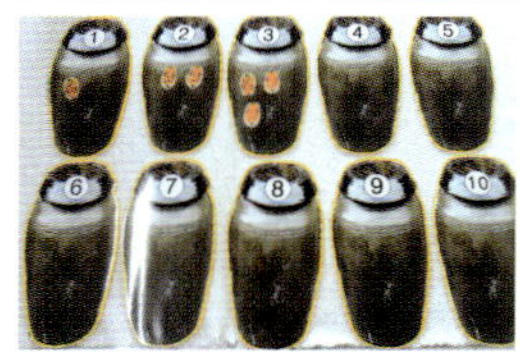
세계 여러 나라의 인사말	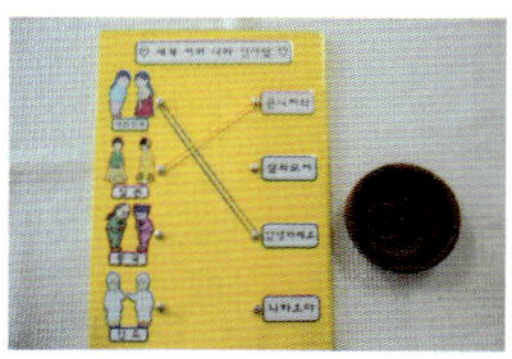	연속 수	
대륙별 촉각판		우리나라와 관계 있는 것 찾기	
수수께끼		기억력 게임	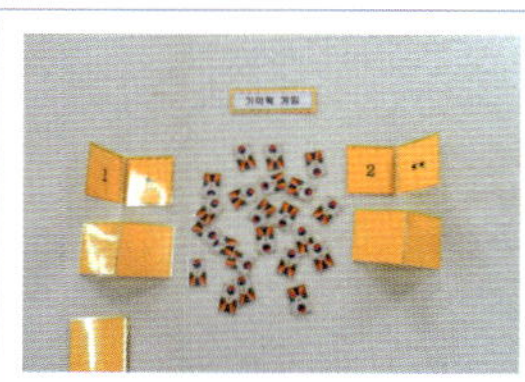
관계 있는 것 찾기		글자 친구를 찾아주세요	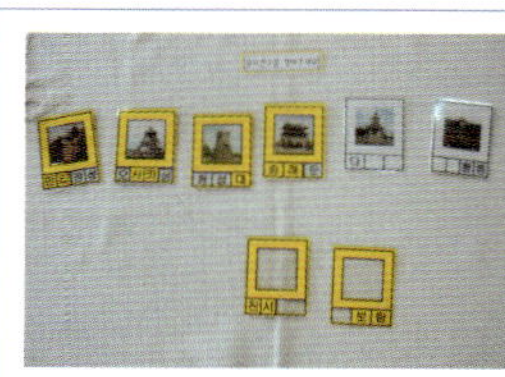

교구명	사 진	교구명	사 진
우리나라 상징물 핀 찍기	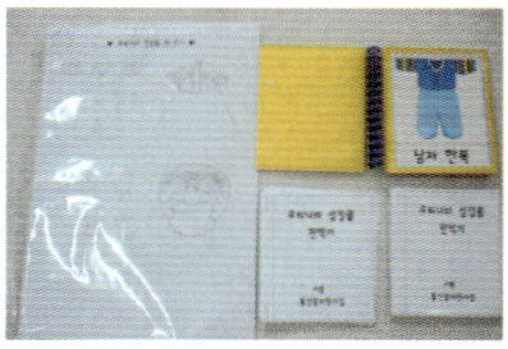	대한민국 작은 책	
전통 의상 옷 입히기	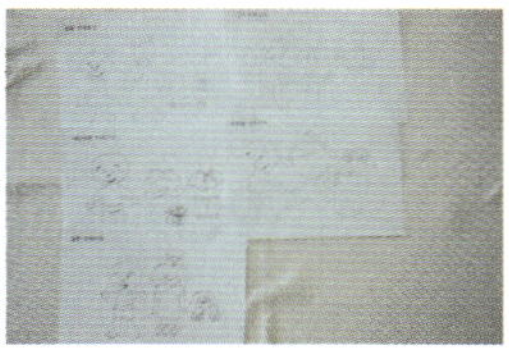	태극기 완성하기	
무궁화 부분 명칭		첨성대 그림 카드를 이용하여 더하기 놀이	
북한말과 우리나라 말이 달라요		중국의 발명품 작은 책	
중국 수수께끼		베트남 음식 작은 책	
베트남 작은 책		중국 같은 패턴 놓기	
일본 수수께끼		일본의 상징물 본뜨기	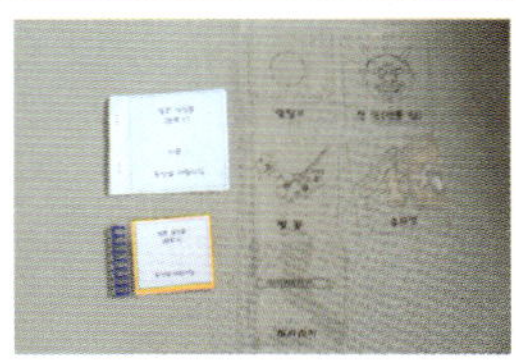
중국어로 숫자 카드 짝 맞추기		중국 퍼즐 맞추기	

교구명	사 진	교구명	사 진
일본 숫자 촉감	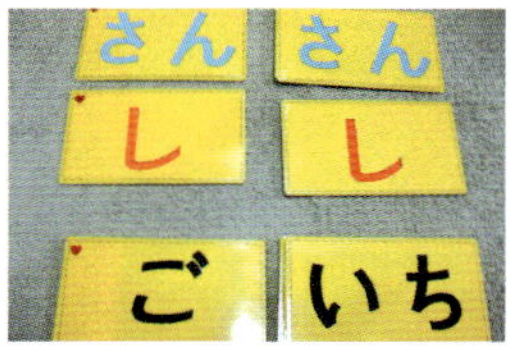	중국 패턴 놓기	
일본 여행하기	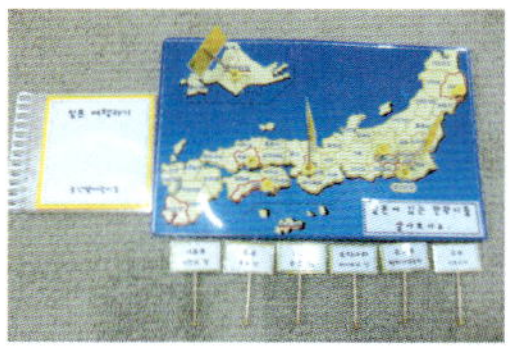	중국의 호구탑 크기 나열하기	
중국 음식 그림과 이름 짝 맞추기		베트남 퍼즐	
베트남 그림과 이름		가게 놀이	
베트남 연속 수 올려놓기		우리나라 그림과 이름	
우리나라 산 소개 책	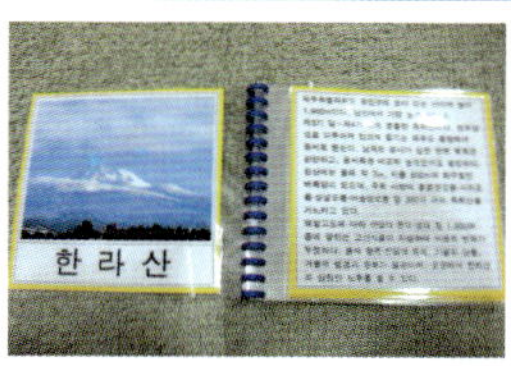	베트남 그림과 이름	
중국의 발명품 작은 책	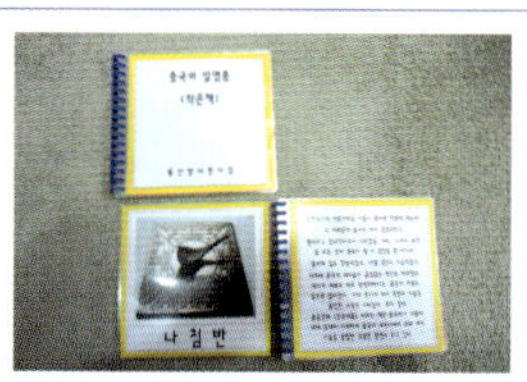	일본 퍼즐	
아시아 의상 3단 카드		가게 놀이	

교구명	사 진	교구명	사 진
같은 글자 올려놓기		우리나라 화폐 소개 책	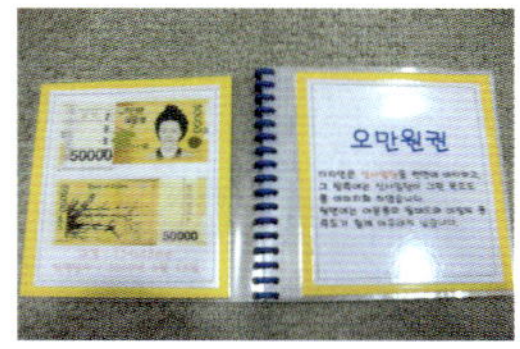
우리나라 문화재 소개 책		우리나라 음식 소개 책	
우리나라 명절	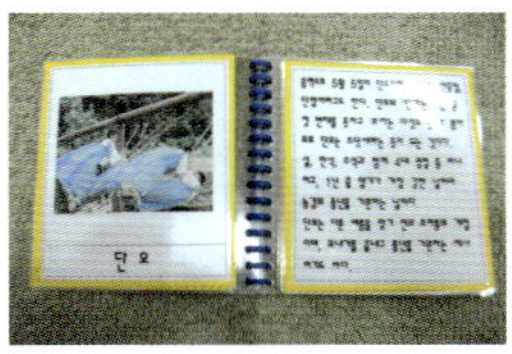	우리나라 탈 소개 책	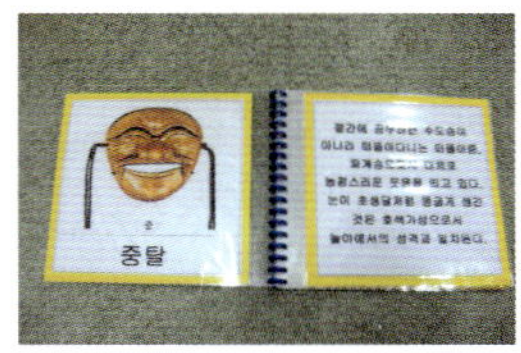
우리나라 위인 소개 책		우리나라 전통 악기 책	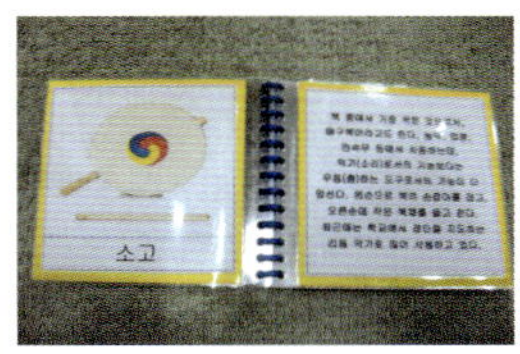

2) 북아메리카

교구명	사 진	교구명	사 진
캐나다 작은 책		기하입체 만들기	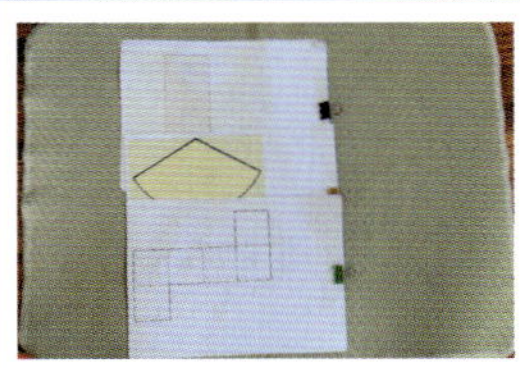
자유의 여신상 크기 나열하기		자유의 여신상 퍼즐 맞추기	
캐나다 퍼즐 맞추기		북아메리카의 전통악기 작은 책	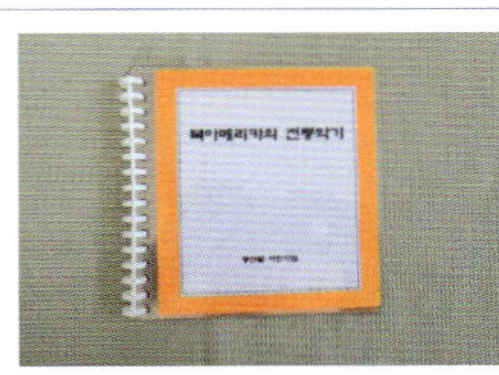

교구명	사 진	교구명	사 진
미국의 음식 3단 카드		미국 작은 책	
나라, 국기, 수도 찾기		같은 글자 올려놓기	
관계 있는 숫자 찾기	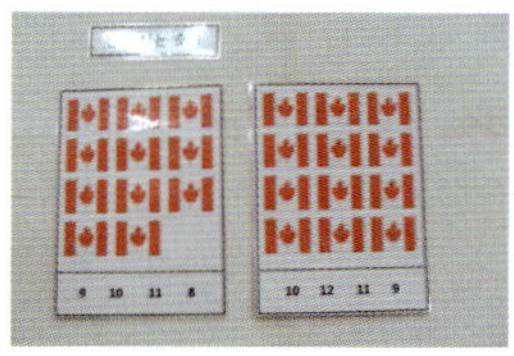	연속 수	
폭포, 산맥, 강 분류하기		북아메리카 위인 소개 작은 책	
북아메리카의 유명한 것 부교재		우리나라와 미국의 시간 비교하기	
캐나다(퀘백)을 소개합니다		미국의 위인들 작은 책	
멕시코 작은 책	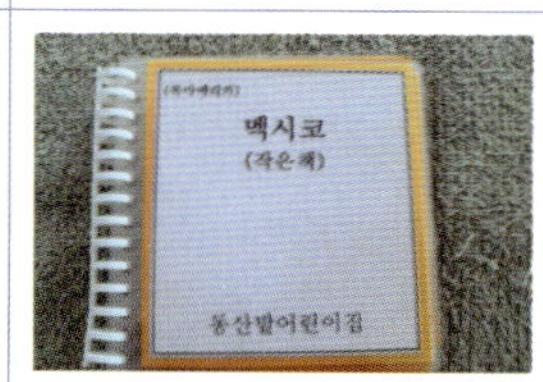	멕시코 축제	
미국의 화폐		미국의 건축물	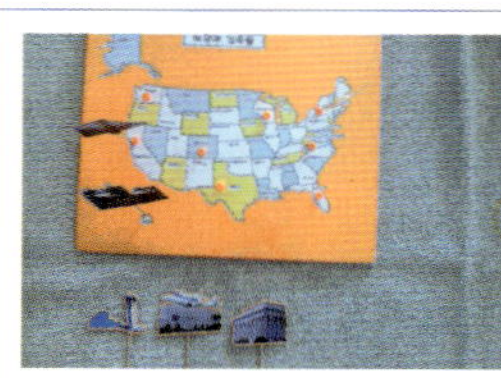

교구명	사 진	교구명	사 진
캐나다의 10주를 소개합니다		캐나다의 역사	
멕시코 전통 음식 작은 책		북아메리카의 관광지	
북아메리카의 스포츠		미국 퍼즐	
캐나다 퍼즐		북아메리카 전통 의상	
도미노 게임		멕시코의 음식	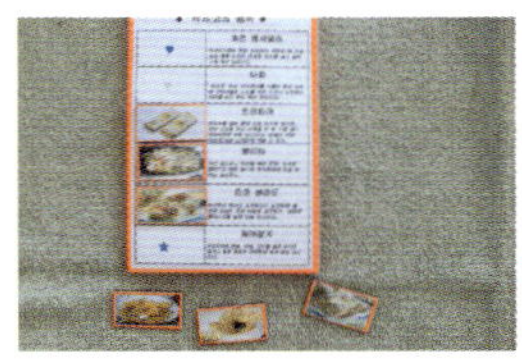

3) 남아메리카

교구명	사 진	교구명	사 진
크기 나열하기		퍼즐 맞추기	
칠레 조각 그림 맞추기		프랑스, 이탈리아, 네덜란드 분류하기	

교구명	사 진	교구명	사 진
남아메리카 작은 책	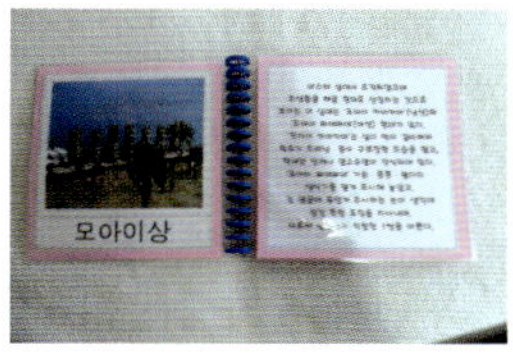	아마존 강 꾸미기	
페루 작은 책		브라질 수수께끼	
모아이상 그림 카드를 이용한 더하기 놀이	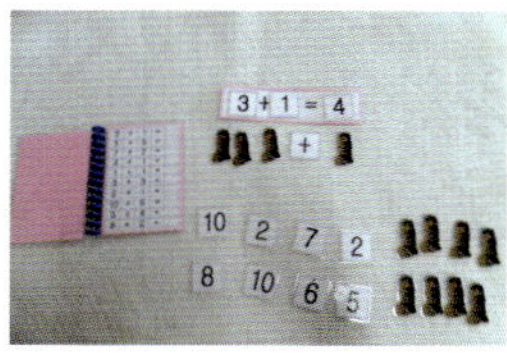	남아메리카 유명한 것 올려놓기	
페루 제한된 상자		촉각판 짝 맞추기	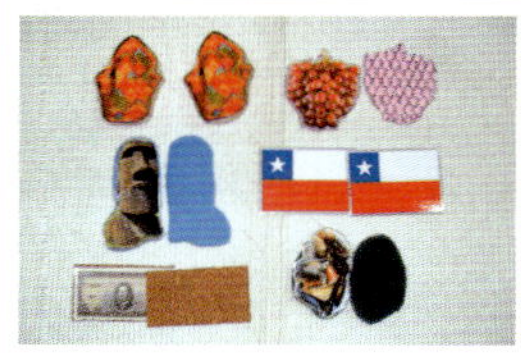
숫자 카드 짝 맞추기	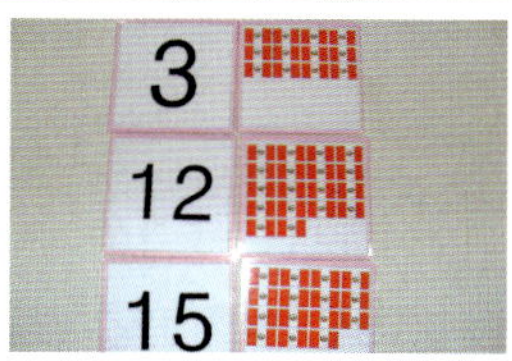	수만큼 올려놓기	
국기 직조 짜기		브라질 국기 연속 수	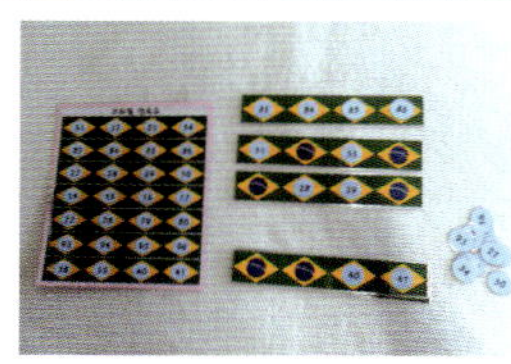
남아메리카 가게 놀이		같은 패턴 놓기	
아마존 강 (브라질)	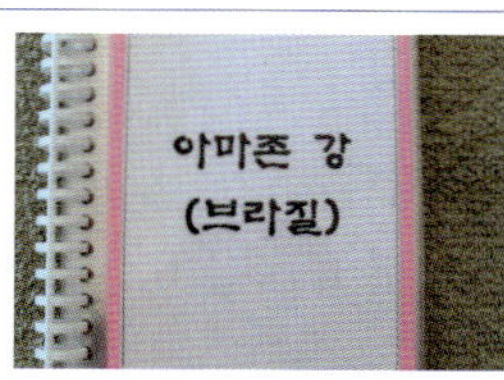	칠레의 동물들 작은 책	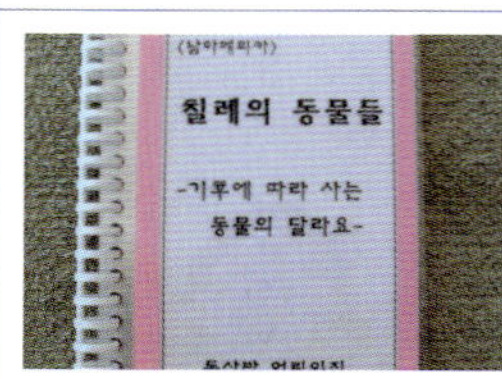

교구명	사 진	교구명	사 진
칠레 작은 책		남아메리카 국기와 지도 그리기	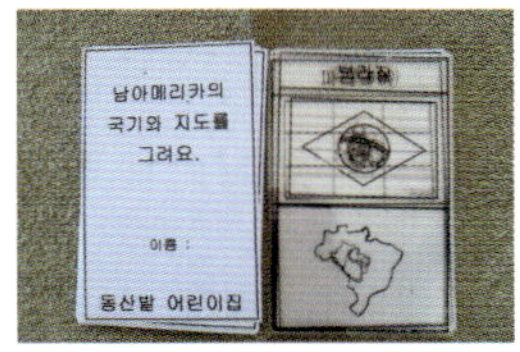
브라질 작은 책			

4) 유럽

교구명	사 진	교구명	사 진
프랑스 작은 책		100판	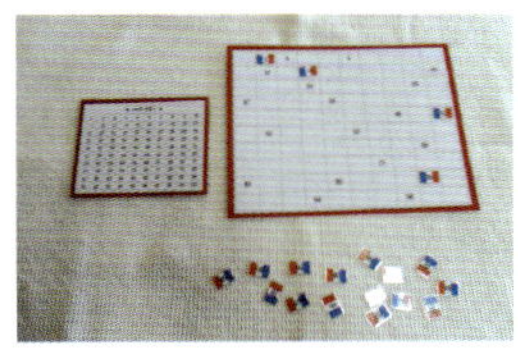
방향에 맞게 올려놓기		한국어 프랑스어 짝 맞추기	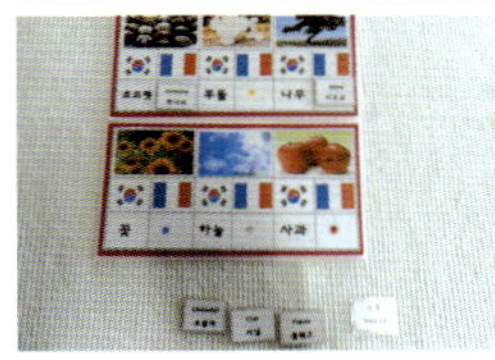
프랑스 단어 찾기		색 혼합하기	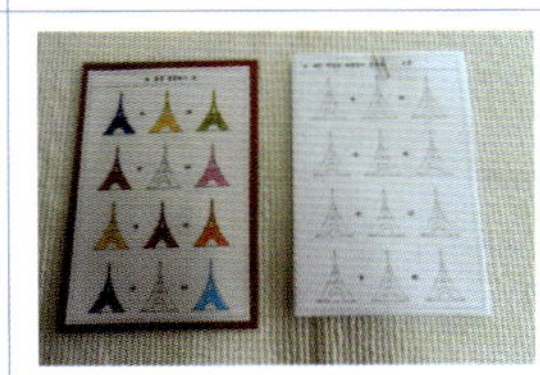
퍼즐 맞추기		피자 조각 나누기	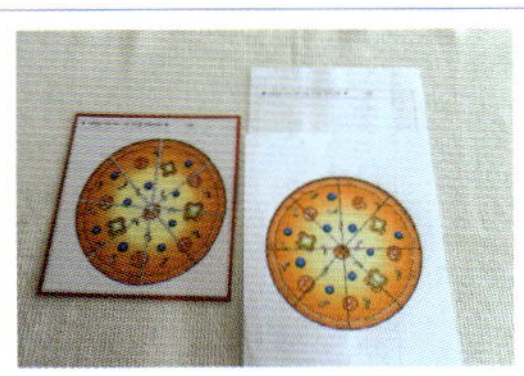
튤립 수만큼 비즈 세기	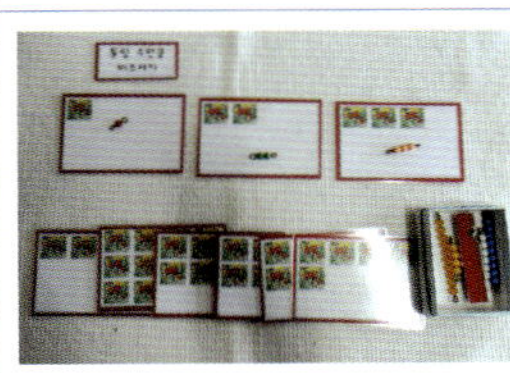	퍼즐 맞추기	

교구명	사 진	교구명	사 진
흑백 그림 맞추기		촉각판 짝 맞추기	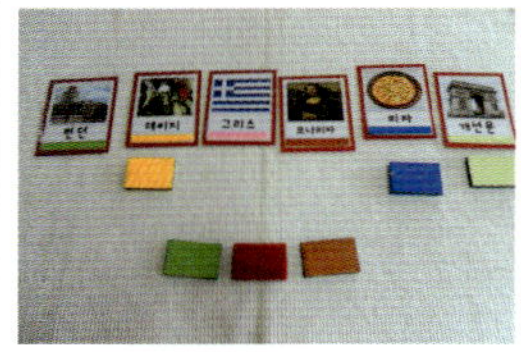
유럽 건축물 바느질하기		옷감 상자	
이탈리아 관광지 여행하기	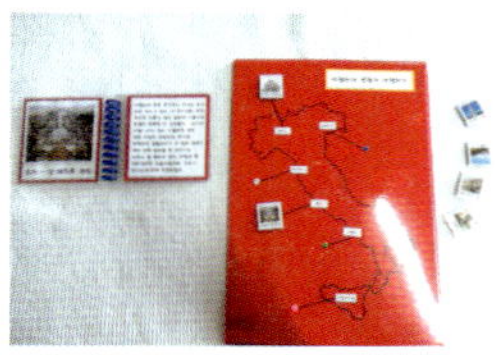	반쪽 그림 완성하기	
유럽 의상 3단 카드		러시아 작은 책	
유럽 건축물 3단 카드		노르웨이 작은 책	
이탈리아 작은 책		유럽 유명한 곳 여행하기	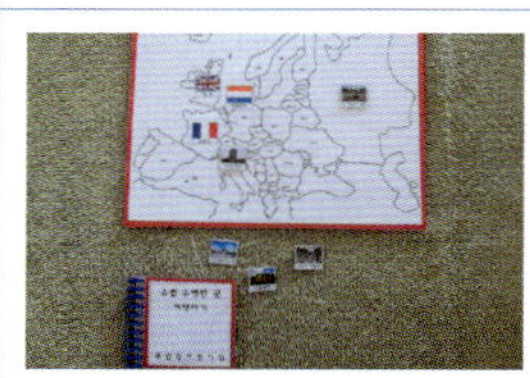
유럽 같은 패턴 놓기		유럽 숫자 나열하기	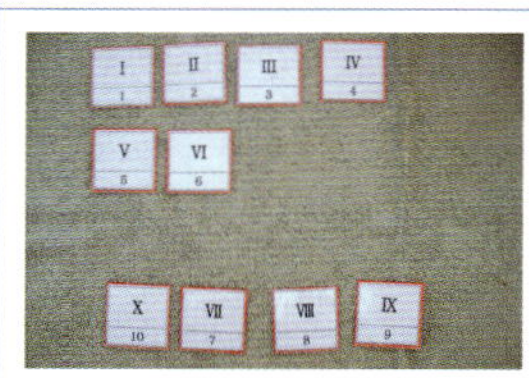
네덜란드 작은 책			

5) 오세아니아

교구명	사 진	교구명	사 진
뉴질랜드 퍼즐 맞추기		같은 글자 올려놓기	
ㄱ~ㅎ으로 시작하는 국가		연속 수	
오세아니아 퍼즐 맞추기		크기 나열하기	
기억력 게임		오스트레일리아 수수께끼 퍼즐	
호주 퍼즐		파푸아뉴기니 퍼즐	
뉴질랜드 관광지 여행		뉴질랜드 작은 책	
오스트레일리아 작은 책		오스트레일리아의 관광도시를 소개합니다 (작은 책)	
오세아니아 작은 책		오세아니아의 축제를 소개합니다 (작은 책)	

6) 아프리카

교구명	사 진	교구명	사 진
이집트 작은 책		아프리카 특산물 지도에 올려놓기	
나이지리아 퍼즐 맞추기		아프리카 전통 의상 작은 책	
나이지리아 작은 책		이집트 퍼즐 맞추기	
아프리카의 친구 작은 책		동물과 자원 분류하기	
아프리카 전통 의상 카드		이집트의 건축물 소개	
연속 수 부교재		아프리카 전통악기 책	
케냐 작은 책		이집트 벽화 책	
국기와 색판 매칭하기		아프리카 관광지 3단 카드	

교구명	사 진	교구명	사 진
기억력 게임	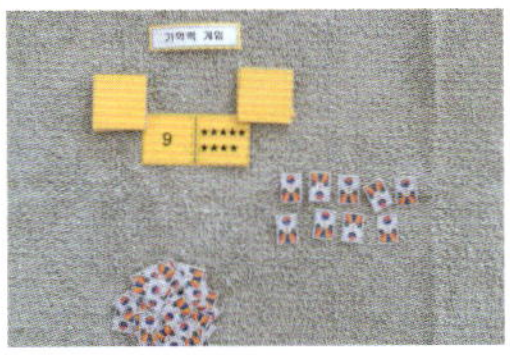	케냐 상징물 퍼즐	
아프리카 같은 패턴 놓기			

7) 남극

교구명	사 진	교구명	사 진
남극 작은 책		수수께끼	

신문 보도 자료

"피부색과 말투 달라도 우린 하나"

5개 어린이집 23일부터 '다문화대축제'

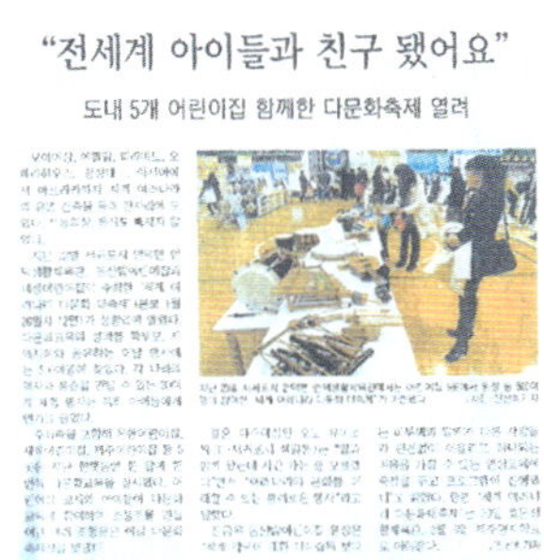

"전세계 아이들과 친구 됐어요"

도내 5개 어린이집 함께한 다문화축제 열려

"피부색 달라도 사이좋게 지내요"

동산발·대청어린이집 '세계 여러나라 다문화 대축제' 개최

다문화 대축제

Ⅳ

프로젝트 진행 과정

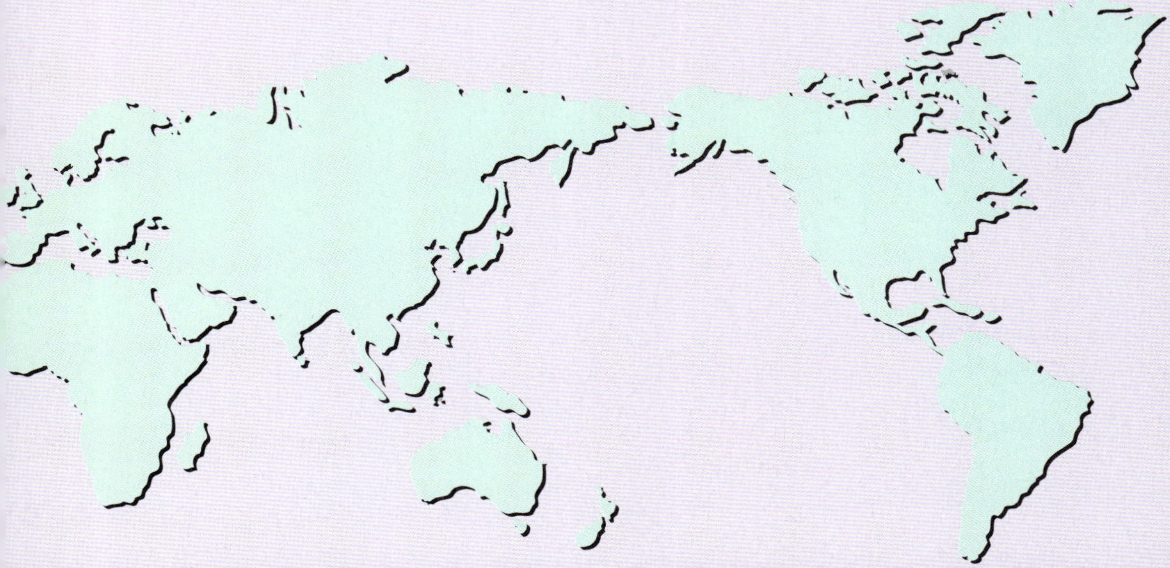

도 입

활동 1 세계에는 어떤 나라들이 있을까요?

※ 세계에는 여러 나라가 있다는 것을 알고, 유아들이 알고 있는 나라에 대하여 알아보기로 하였다.

교사 우리가 살고 있는 지구에는 여러 나라들이 있어요.
세계에는 어떤 나라들이 있을까요?

유아 대한민국이요.

유아 중국도 있어요.

유아 프랑스요.

유아 영국도 있어요.

교사 그래요. 또 어떤 나라가 있을까요?

유아 미국이랑 브라질도 있어요.

교사 그러면 우리 친구들이 생각한 나라에 대해 생각나는 것을 그림과 글로 표현해 보도록 해요.

→ 유아들이 그동안 교구 작업 시간에 문화 영역에 있는 여러 나라와 관련된 교구들을 많이 선택해서 활동을 해 보았기 때문에 여러 나라의 이름을 씩씩하게 이야기하는 모습을 볼 수 있었다.

교실에 세계 여러 나라 국기를 걸었어요.

대한민국과 스위스가 있어요.

지구에는 여러 나라 사람들이 있어요.

활동 2 세계에는 여러 대륙이 있어요

※ 세계에 있는 여러 나라들이 대륙에 속해 있다는 것을 알고, 여러 나라를 대륙별로 나누어 주제망을 그리기로 했다.

교사 세계에는 어떤 나라가 있는지 이야기 나누어 보았는데 오늘은 그 나라들을 종이에 쓰고 같은 친구끼리 묶어서 유목화해 보기로 해요.
유아 네.
교사 그러면 대한민국, 일본, 중국 등을 같은 것으로 유목화할 수 있는데 무엇으로 유목화될까요?
유아 모두 아시아에 있어요.
유아 맞아요.
유아 그러면 다른 나라들도 같은 대륙끼리 분류하면 되요.
교사 이번에는 북아메리카에 있는 나라들을 찾아볼까요?
유아 미국이요.
유아 캐나다도 있어요.
교사 그러면 이렇게 대륙별로 나누어진 나라를 주제망으로 그려 보기로 해요.

→ 유아들이 이야기한 나라들을 같은 대륙끼리 모아서 분류하는 유목화 작업을 하였다. 유아들이 추후에 더 생각난 나라들도 종이에 써서 붙일 수 있도록 하였다. 그리고 유목화한 내용을 가지고 주제망을 그렸다. NIE 활동으로 세계 여러 나라 대륙을 신문과 잡지책을 이용하여 모자이크하는 활동을 해 보았다.

여러 나라에 대한 생각 모으기 종이에 쓰고 있어요.

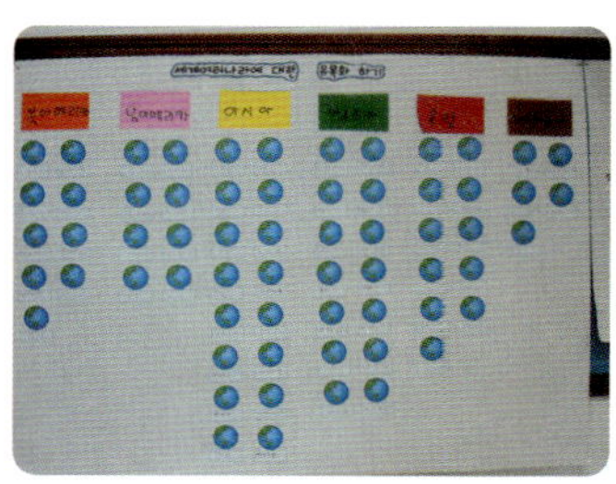
대륙별로 나라를 유목화해요.

세계 여러 나라 주제망 그리기

NIE 활동 대륙 모자이크하기

점토를 이용하여 지구본 만들기

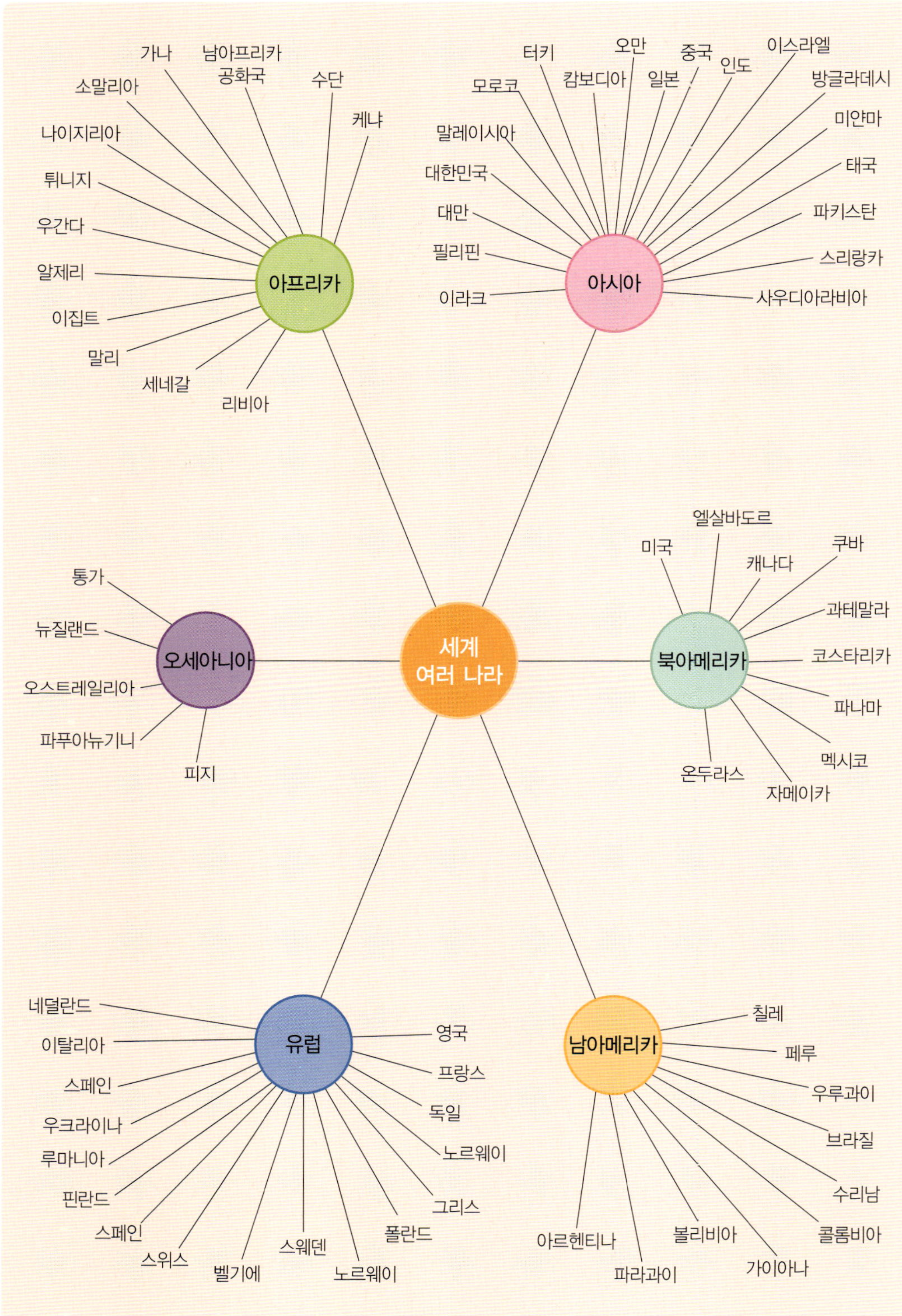

| 세계 여러 나라 주제망 그리기 |

활동 3 우리가 살고 있는 대륙은 어디일까요?

우리가 살고 있는 대륙은 어디인지 알아보기로 하였다.

교사 세계 여러 나라를 대륙별로 유목화해서 주제망을 그려 보았지요?

유아 네.

교사 그러면 우리나라는 어떤 대륙 있나요?

유아 아시아에 있어요.

교사 우리 교실에 있는 대륙 퍼즐 지도에서 아시아를 찾아볼까요?

유아 선생님, 저기 노란색 대륙이 아시아예요.

교사 그래요. 그러면 우리가 살고 있는 아시아 대륙부터 어떤 나라들이 있는지 알아보고 그 나라의 특징에 대하여 알아보면 어떨까요?

유아 좋아요.

→ 세계 여러 나라 대륙 중에서 우리가 살고 있는 아시아 대륙에 대하여 먼저 알아보기로 했다.

"아시아 대륙은 노란색이에요."

"우리는 아시아에 살아요."

"아시아 대륙은 넓어요!"

아시아 대륙 지도 색칠하기

전 개

1. 아시아

활동 1-1

아시아에 대한 이전 경험 이야기 나누기

❀ 아시아에 대하여 보고, 듣고, 경험한 것을 이야기 나누었다.

교사 아시아에는 어떤 나라들이 있을까요?

유아 인도요.

유아 우리나라 대한민국이요.

유아 일본도 있어요.

교사 그러면 우리 친구들이 아시아에 있는 나라에 대하여 경험한 것을 이야기해 보도록 해요. 그 나라에 직접 가 보았거나, 들었던 이야기 또는 보았던 것을 이야기해 볼까요?

유아 저는 엄마랑 비행기를 타고 중국에 갔어요.

유아 나도 비행기 타고 서울에 가 봤어.

교사 그랬구나. 또 아시아에 있는 나라를 경험한 것에 대해 이야기할 수 있나요?

유아 마트에 갔을 때 인도 사람들을 본 적이 있어요.

유아 텔레비전에서 일본 사람들을 봤어요.

→ 아시아에 속한 나라들에 대하여 경험한 것을 이야기 나누었다. 부모님 중에 한 분이 다른 나라 사람인 유아는 직접 그 나라를 방문하여 먹어 보았던 음식과 관광을 하며 보았던 이야기를 하기도 했다. 대부분 텔레비전이나 책, 그리고 우리가 살고 있는 곳이 관광지여서 외국인 관광객들을 보았던 경험에 대하여 이야기를 했다.

엄마랑 비행기를 타고 중국에 갔다.

인도의 음식 카레를 먹어 봤다.

활동 1-2

아시아에는 어떤 나라들이 있을까요?

아시아에는 어떤 나라들이 있는지 다시 한 번 이야기를 나누었다.

교사 세계 여러 나라 주제망을 그릴 때 아시아에 있는 나라들을 알아보았는데, 다시 한 번 아시아에는 어떤 나라들이 있는지 이야기할 수 있나요?

유아 대한민국이요.

유아 인도네시아요.

유아 중국과 일본도 있어요.

유아 터키도 아시아에 있어요.

유아 또 어떤 나라들이 아시아에 있을까요?

유아 말레이시아도 있어요.

유아 이라크도 아시아에 있어요.

아시아에 있는 나라들을 이야기해 보고 그 나라에 대하여 그림과 글로 표현해 볼 수 있도록 하였다. 대부분 국기 또는 사람들의 모습을 많이 그리는 것을 볼 수 있었다. 그리고 NIE 활동으로 아시아에 있는 나라 글자 찾기를 했다.

터키와 이라크가 있어요.

NIE 활동 아시아에 있는 나라 찾기

활동 1-3 아시아에 대한 생각 모으기 및 유목화하기

※ 아시아 하면 생각나는 것에 대하여 이야기를 나누고 생각 모으기 활동을 한 후 같은 것끼리 유목화하는 활동을 하였다.

교사 오늘은 아시아 하면 무엇이 생각나는지 종이에 쓰고 같은 친구끼리 찾아서 유목화해 보기로 해요.
유아 아시아에는 대한민국, 이스라엘, 중국 여러 나라가 있어요.
유아 나라마다 옷도 달라요.
교사 그러면 우리나라의 전통 옷은 무엇인가요?
유아 한복이요.
유아 일본의 옷은 기모노예요.
교사 와~ 잘 알고 있네요. 그러면 다른 나라의 옷 외에도 음식이나 대표하는 것들을 이야기해 볼까요?
유아 대한민국은 김치, 송편 음식이 유명해요.
유아 일본은 초밥이 있어요.
유아 중국에 만리장성이 있어요.
유아 우리나라에는 첨성대가 있어요.
(생각 모으기가 끝난 후 유목화 활동을 했다.)
교사 이렇게 친구들이 아시아에 대하여 생각 모으기를 해 보았는데 이것을 가지고 같은 것끼리 분류해 보기로 해요. 우선 여기 일본, 중국, 대한민국은 나라가 되겠지요?
유아 네.
유아 그러면 말레이시아랑 태국도 나라에 붙어요.
교사 그래요. 그럼 여기 송편, 김치, 초밥은 무엇이 될까요?
유아 먹는 거예요.
유아 음식이에요.

→ 아시아에 대하여 생각 모으기를 하면서 각 나라의 음식, 유명한 곳, 전통 의상 등에 대한 이야기를 많

이 하였고 생각 모으기를 하고 난 후 같은 것끼리 유목화하였다.

"아시아 하면 나라들이 생각나."
"인도, 대한민국…"(생각 모으기)

"서울은 수도니까 여기 붙여야지."
(유목화 활동)

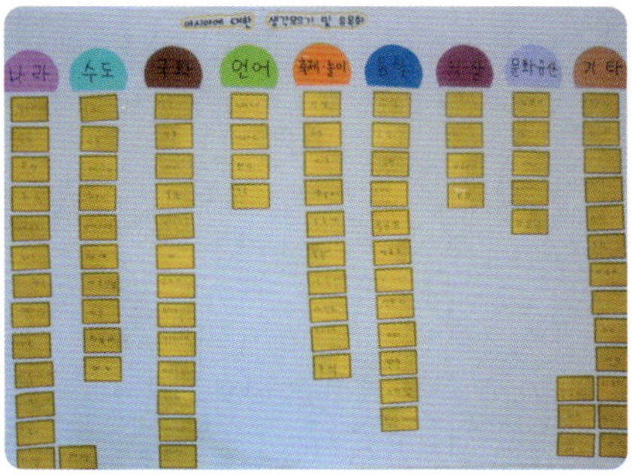

나라	수도	국화	언어	축제 놀이	음식	의상	문화유산	기타
일본 중국 터키 이라크 대한민국 …	도쿄 서울 베이징 …	무궁화 벚꽃 매화 …	한국어 중국어 일본어 …	벚꽃축제	송편 초밥 딤섬 고이 꾸온 …	치파오 아오자이 한복	호구탑 호치민영묘 다보탑 경복궁 …	사막 태극기 낙타 판다 …

| 아시아에 대한 생각 모으기 활동 후 유목화하기 |

활동 1-4 아시아 유아 주제망 그리기

⚘ 유아들이 아시아에 대하여 유목화한 내용을 가지고 유아 주제망을 그리기로 했다.

교사 오늘은 친구들이 유목화했던 아시아에 대한 생각 모으기를 가지고 아시아에 대하여 주제망을 그려 보기로 해요. 가족별로 작은 주제망을 그리고 난 후 합쳐서 커다란 아시아 주제망을 완성하기로 해요.

유아 네.

➔ 가족별로 작은 주제망을 그리고 난 후 큰 종이에 옮겨서 유아 아시아 주제망을 완성하였다.

가족별로 작은 주제망을 그려요.

작은 주제망을 합쳐서
큰 주제망을 완성해요.

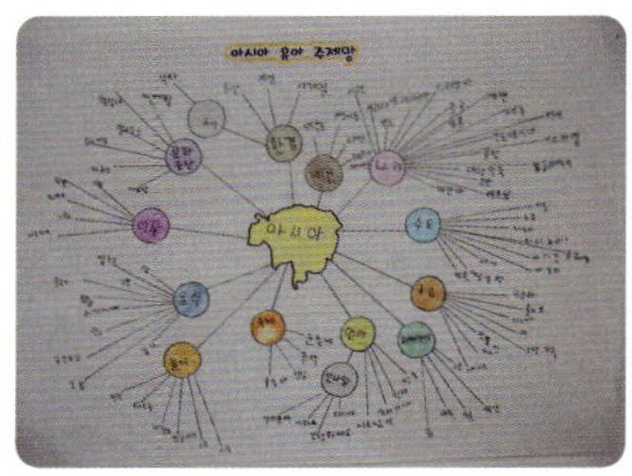

아시아 유아 주제망

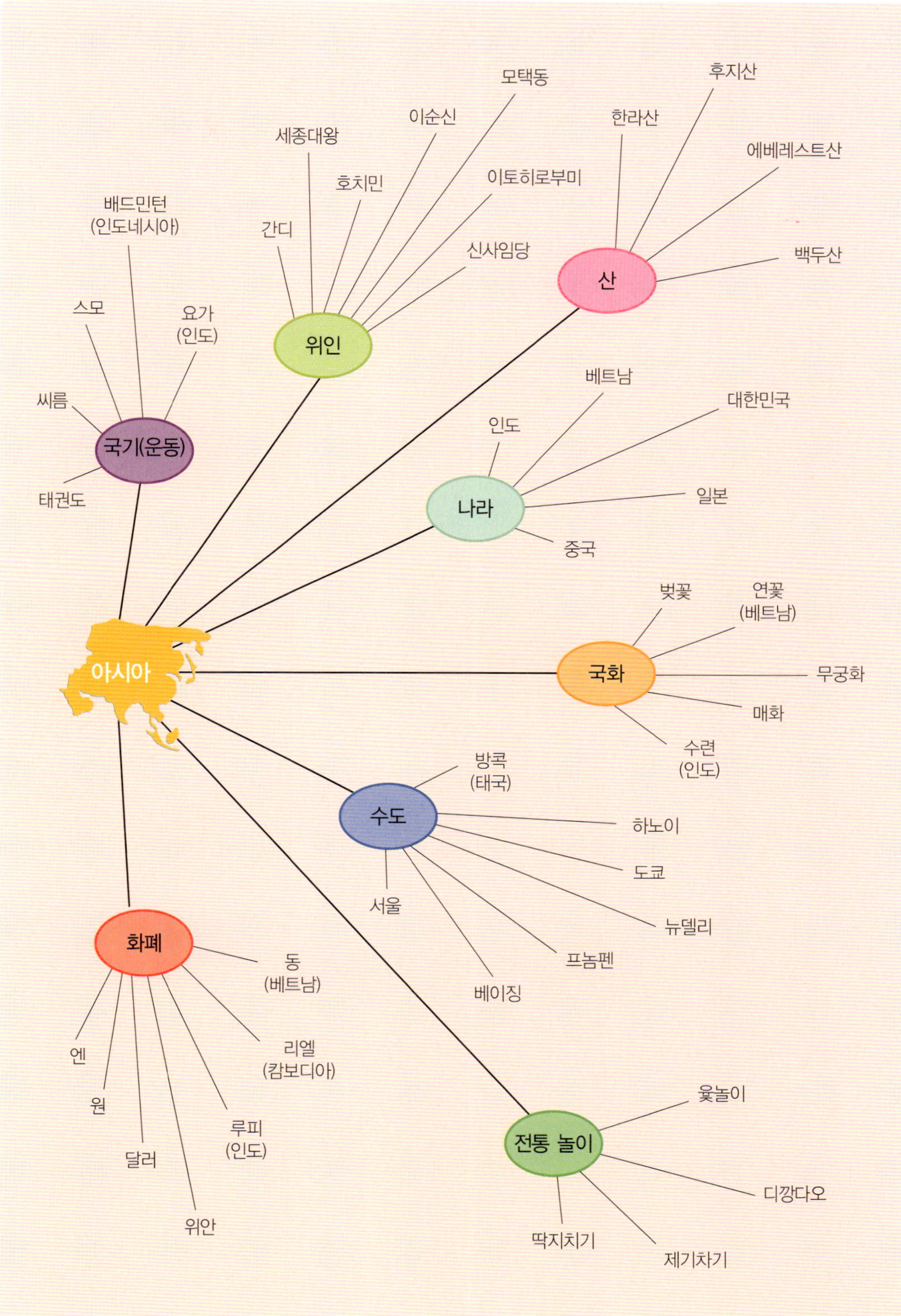

아시아
국기(운동)
배드민턴
(인도네시아)
스모
요가
(인도)
씨름
태권도
위인
세종대왕
이순신
모택동
호치민
이토히로부미
간디
신사임당
산
한라산
후지산
에베레스트산
백두산
나라
베트남
대한민국
인도
일본
중국
국화
벚꽃
연꽃
(베트남)
무궁화
매화
수련
(인도)
수도
방콕
(태국)
하노이
도쿄
뉴델리
서울
프놈펜
베이징
화폐
동
(베트남)
리엘
(캄보디아)
엔
원
달러
루피
(인도)
위안
전통 놀이
윷놀이
디깡다오
딱지치기
제기차기

| 아시아 유아 주제망 1 |

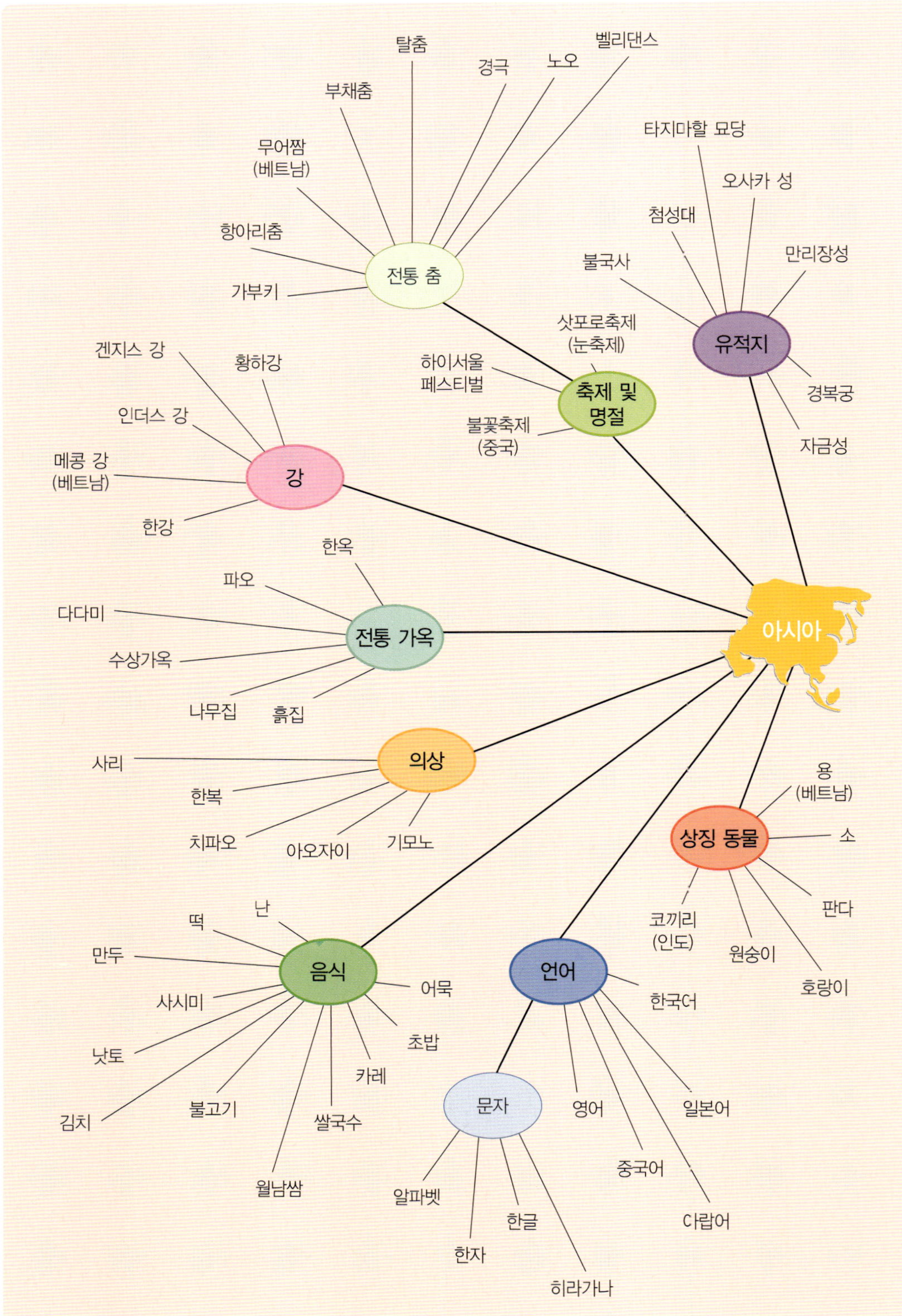
아시아
전통 춤
탈춤
경극
노오
벨리댄스
부채춤
무어짬
(베트남)
항아리춤
가부키
유적지
타지마할 묘당
오사카 성
첨성대
불국사
만리장성
경복궁
자금성
축제 및
명절
삿포로축제
(눈축제)
하이서울
페스티벌
불꽃축제
(중국)
강
겐지스 강
황하강
인더스 강
메콩 강
(베트남)
한강
전통 가옥
한옥
파오
다다미
수상가옥
나무집
흙집
의상
사리
한복
치파오
아오자이
기모노
상징 동물
용
(베트남)
소
코끼리
(인도)
원숭이
판다
호랑이
음식
난
떡
만두
사시미
낫토
김치
불고기
쌀국수
월남쌈
카레
초밥
어묵
언어
한국어
영어
일본어
중국어
다랍어
문자
알파벳
한자
한글
히라가나

| 아시아 유아 주제망 2 |

활동 1-5 아시아에 대한 유아·교사 공동 주제망 그리기

유아 주제망과 교사 주제망을 살펴보면서 공동 주제망을 그리기로 했다.

교사 우리 친구들이 완성한 아시아 주제망과 선생님이 그려 온 주제망을 비교해 보면서 아시아에 대한 공동 주제망을 그려 보기로 해요.

유아 네.

교사 그러면 선생님이 그린 주제망을 먼저 살펴볼까요?

유아 와~ 정말 많아요.

유아 우리랑 같은 생각도 있어요.

교사 그렇군요.

→ 유아 주제망과 교사 주제망을 보면서 유아들과 함께 비교해 본 후 유아와 교사의 공동 주제망을 완성했다. 그리고 공동 주제망을 통해 유아들에게 흥미롭고 즐거운 활동을 제공할 수 있도록 해야겠다는 생각을 했다.

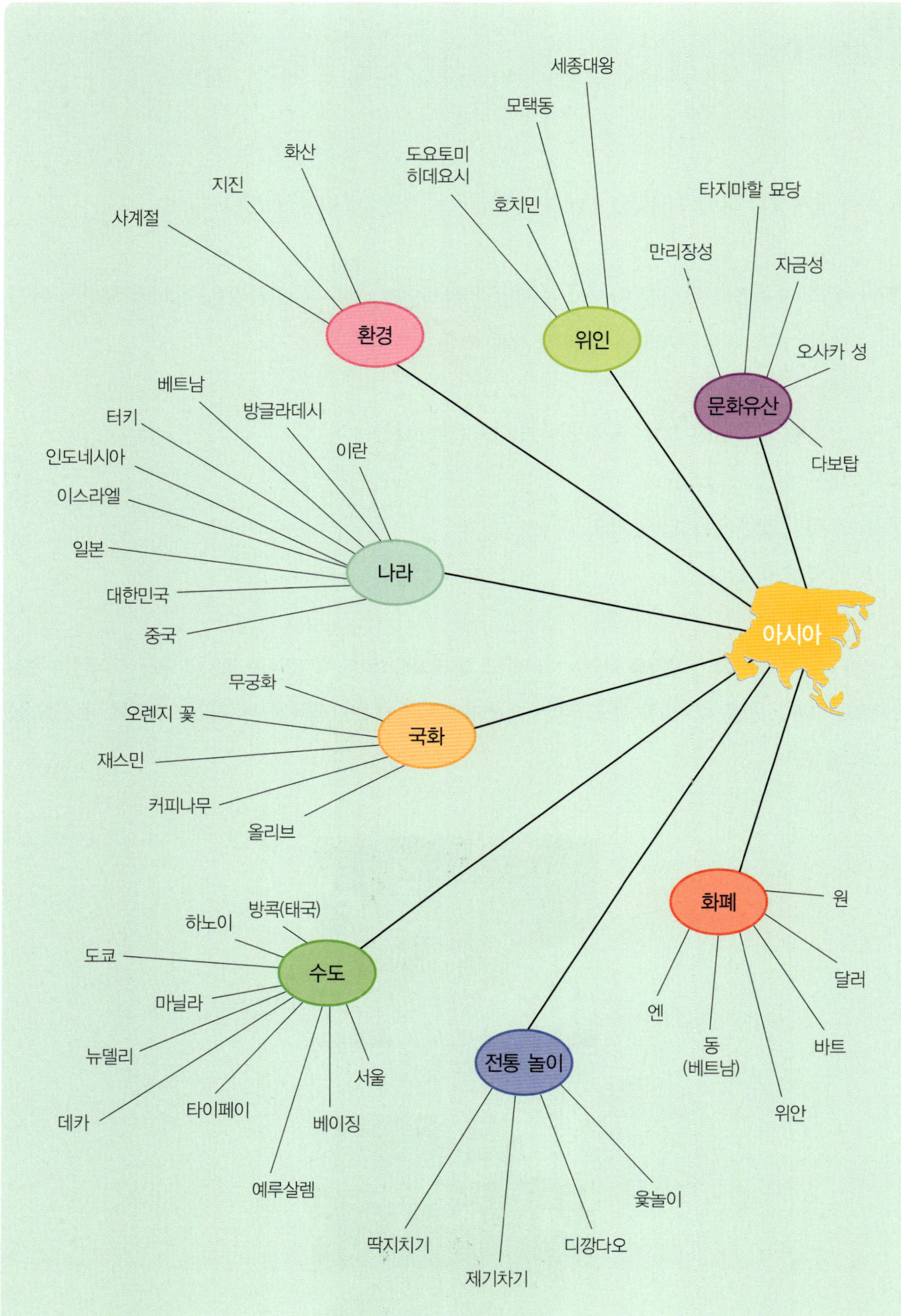

| 아시아 유아 · 교사 공동 주제망 1 |

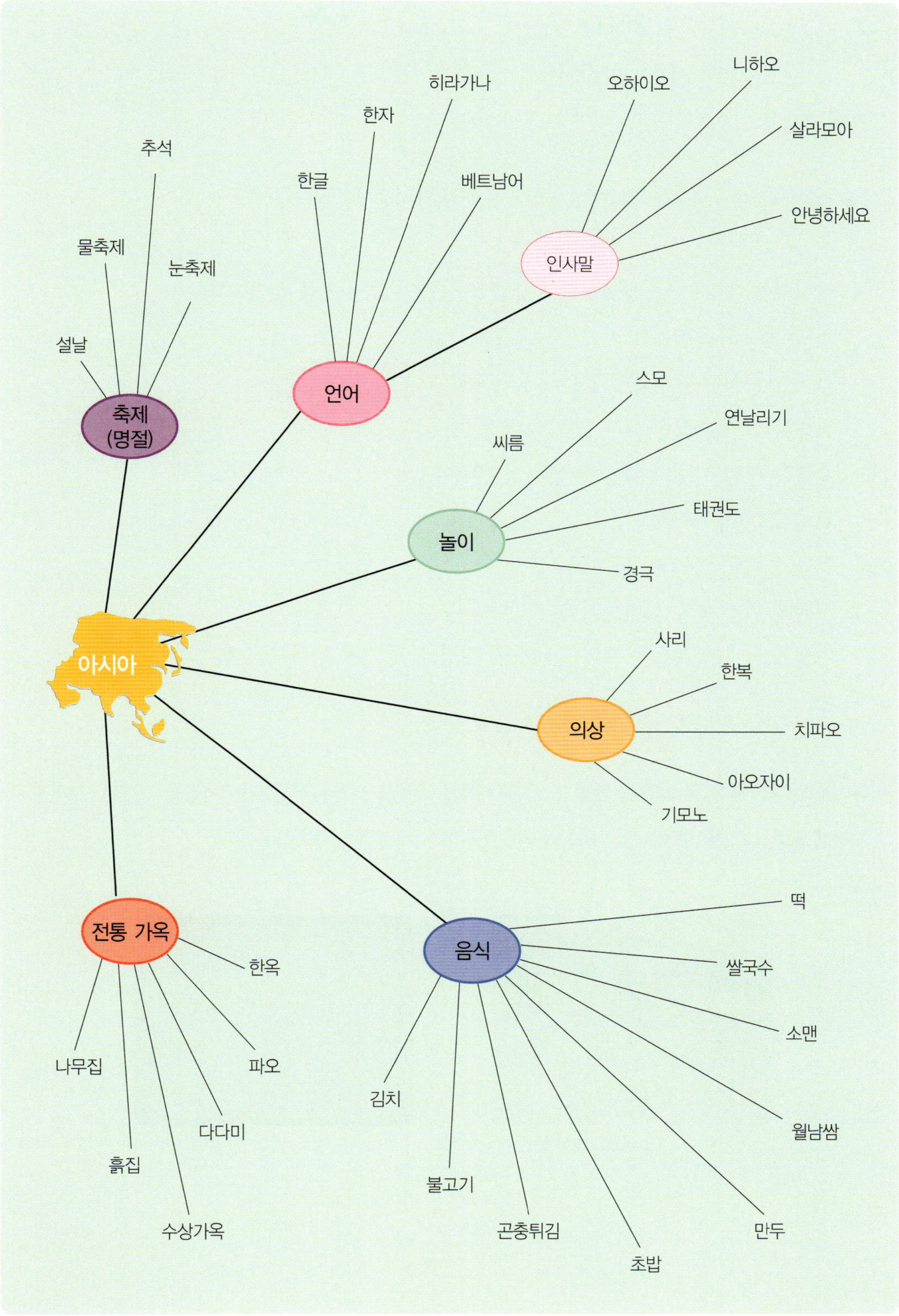

| 아시아 유아 · 교사 공동 주제망 2 |

활동 1-6 아시아에 대하여 궁금한 점이 있어요

⊛ 아시아에 대하여 궁금한 점들을 생각해 보고 발표하는 시간을 가졌다.

교사 아시아에 대하여 알아 나가면서 궁금한 점들이 많이 있을 것 같아요.
어떤 점이 궁금한가요?
유아 아시아에 어떤 나라들이 있는지 궁금해요.
유아 사람들이 가장 많이 살고 있는 나라가 어디인지 궁금해요.
유아 유명한 사람이 누가 있는지 알고 싶어요.
교사 또 궁금한 점이 있나요?
유아 어떤 음식을 먹는지 궁금해요.
유아 옛날에 어떤 옷을 입었는지 알고 싶어요.
교사 이렇게 궁금한 점들을 우리 친구들이 직접 집에 가서 알아보고 오기로 해요.
유아 네.

➜ 유아들이 궁금한 질문 목록을 만들고 집에서 직접 조사하고 와서 발표하는 시간을 가졌다. 그리고 아시아에 있는 나라들 중에서 몇 개의 나라에 대하여 자세하게 알아보기로 했다.

궁금한 점에 대하여 발표해요.

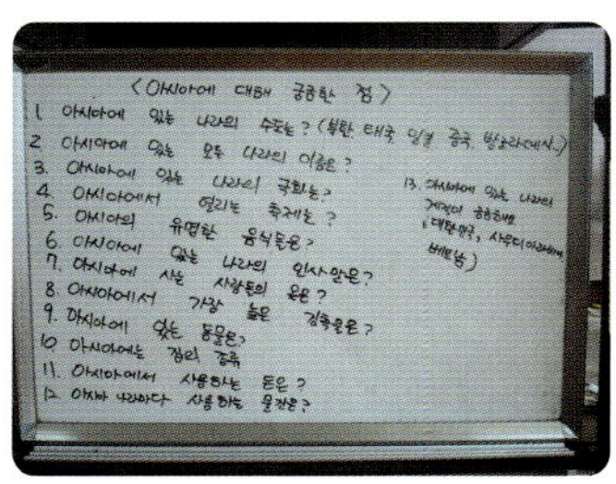

아시아에 대하여 궁금한 점

조사한 내용을 발표해요.

궁금한 점을 찾았어요.

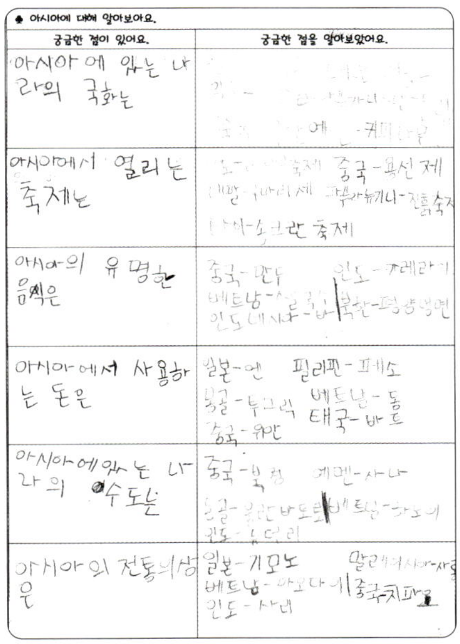

♠ 아시아에 대해 알아보아요.

궁금한 점이 있어요.	궁금한 점을 알아보았어요.
아시아에 있는 나라의 국화는	[illegible]
아시아에서 열리는 축제는	[illegible] 축제 중국-용선제 네팔-[illegible]제 파푸아뉴기니-전통축제 [illegible]-송크란 축제
아시아의 유명한 음식은	중국-만두 인도-카레라이[illegible] 베트남-쌀국수 북한-평양냉면 인도네시아-나[illegible]
아시아에서 사용하는 돈은	일본-엔 필리핀-페소 몽골-투그릭 베트남-동 태국-바트 중국-위안
아시아에 있는 나라의 수도는	중국-북경 예멘-사나 몽골-울란바토르 베트남-하노이 인도-뉴델리
아시아의 전통의상은	일본-기모노 말레이시아-사롱 베트남-아오다이 중국-치파오 인도-사리

아시아에 대하여 궁금한 점을 조사했어요.

활동 1-7

우리나라의 국기, 국화, 언어, 국가에 대하여 알아보아요

아시아에 있는 나라 중에서 첫 번째로 우리나라에 대하여 알아보기로 하고 국기, 국화, 언어, 국가에 대하여 알아보기로 하였다.

교사 오늘은 우리나라를 대표하는 국기와 국화, 언어 그리고 국가를 알아보기로 해요. 우선 우리나라의 국기는 무엇일까요?

유아 태극기요!

교사 태극기 가운데에는 이렇게 태극 문양과 양쪽의 네 괘에 건, 곤, 감, 리가 그려져 있어요. 그러면 우리나라의 국화는 무엇일까요?

유아 무궁화요!

교사 그래요. 그럼 우리가 사용하는 언어는 무엇일까요?

유아 한글이요.

교사 우리가 사용하는 언어는 바로 한국어예요. 그러면 한글을 누가 만들었는지 알고 있나요?

유아 세종대왕이 만들었어요.

교사 와~ 우리 친구들이 잘 알고 있네요. 그러면 우리나라의 국가는 무엇일까요?

유아 애국가예요.

교사 애국가를 불러 본 적이 있나요?

유아 네.

교사 우리 다 같이 애국가를 불러 보아요.

→ 우리나라를 대표하는 국기, 국화, 언어를 직접 색칠해 보고 글로 표현해 보았고 직접 애국가도 불러 보며 우리나라에 대하여 유아들이 관심을 갖고 활동에 참여하는 모습을 보았다.

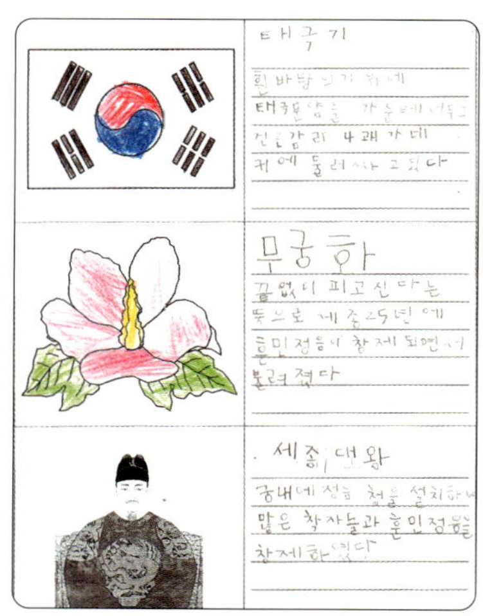

활동 1-8 우리나라의 각 도에 대하여 알아보아요

❀ 우리나라는 각 도로 나뉘어 있음을 알고 각 도의 이름에 대하여 알아보기로 했다.

교사 우리나라는 여러 개의 도로 나뉘어져 있어요. 그래서 오늘 우리나라의 각 도의 이름도 알아보고 각 도의 특징도 알아보기로 해요. 우선, 우리가 살고 있는 곳은 어디일까요?

유아 제주도예요.

교사 맞아요. 그러면 우리나라의 수도는 어디일까요?

유아 서울이요.

교사 서울이 있는 곳은 어느 도인지 알아요?

유아 저기 경기도예요.

교사 잘 알고 있네요. 그러면 다른 도의 이름들도 이야기해 볼까요? 여기는 어디일까요?

유아 충청남도요.

유아 충청북도도 있어요.

교사 그리고 우리나라는 남한이라고도 해요. 우리나라 위에 있는 이곳은 어떤 나라인가요?

유아 북한이요.

교사 여기 북한도 도로 나누어져 있는데 어떤 곳이 있나요?

유아 평안남도랑 평안북도가 있어요.

유아 자강도요.

➔ 우리나라의 각 도에 대하여 알아보면서 북한이라는 나라에 대하여도 유아들이 관심을 보였고 추후 활동으로 우리나라 지도에 각 도의 이름을 써 볼 수 있도록 했다.

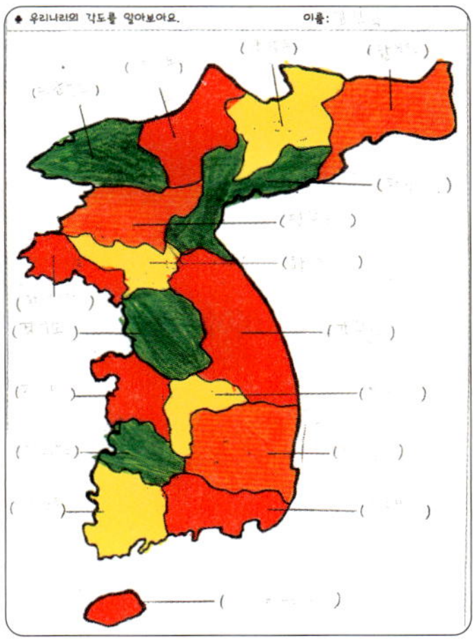

활동 1-9

우리나라의 의식주를 알아보아요

우리나라의 전통 의상과 음식, 그리고 살았던 집에 대하여 알아보기로 하였다.

교사 우리나라 사람들은 옛날에 어떤 음식과 옷을 입었고 어떤 집에서 생활했는지 알아보기로 해요. 우선 우리나라 사람들이 입었던 옷은 무엇일까요?

유아 한복을 입었어요.

유아 저도 설날에 입어 봤어요.

교사 그렇군요. 그러면 우리나라의 전통 음식에는 무엇이 있나요?

유아 떡도 먹고 김치도 옛날부터 먹었어요.

교사 선생님이 더 많은 음식을 보여 주려고 여기 그림으로 여러 가지 가지고 왔어요.

유아 와~ 떡볶이다.

교사 우리 친구들도 떡볶이를 먹어 본 적이 있지요? 이것은 왕들이 먹었던 궁중떡볶이예요.

유아 채소를 싸서 먹는 것 같아요.

교사 이것은 구절판이라는 건데요. 여기 있는 재료들을 동그란 밀전병 위에 올려놓고 싸서 먹었던 음식이에요.
자, 이번에는 우리나라 사람들이 옛날에 살았던 집은 어떤 모습인지 알아요?

유아 궁전이요!

교사 궁전같이 생겼어요? 이렇게 생긴 곳인데 기와집이에요.
우리 제주도에서는 초가집에도 많이 살았어요.
그리고 옛날 왕이 살았던 곳이 경복궁이에요.

➔ 우리나라의 전통 의식주에 대해 이야기 나누면서 유아들이 직접 경험하지 못했던 것들도 있어서 그림으로 보여 주었더니 좋아했다. 옛날에 먹었던 음식 중에 우리가 지금까지 자주 먹는 음식들도 있어서 신기하다고 이야기하는 유아들도 있었다. 그리고 유아들이 우리나라 전통 음식 신문 만들기 활동을 해 보았다.

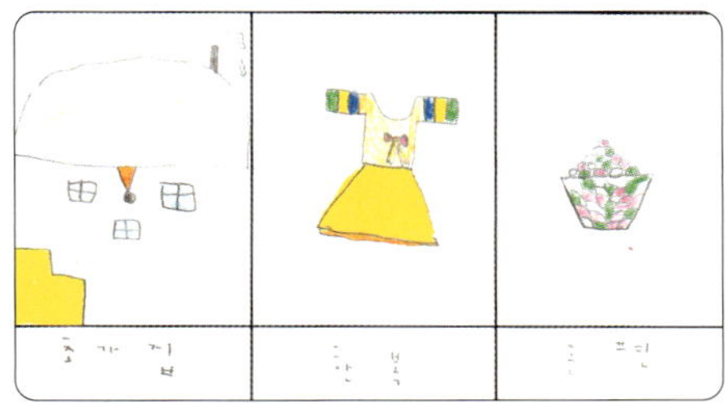

우리나라의 의식주를 그림과 글로 표현했어요.

활동 1-10 우리나라의 위인에 대하여 알아보아요

※ 우리나라의 위인들에 대하여 이야기를 나누면서 위인들에게서 본받을 점을 생각해 볼 수 있도록 하였다.

교사 오늘은 우리나라를 위해서 열심히 일하고 훌륭한 일을 하셨던 위인들에 대하여 알아보기로 해요.

유아 이순신 장군이 거북선을 만들고 전쟁에서 승리했어요.

교사 맞아요.
또 어떤 위인들이 있는지 아는 친구 있나요?

유아 우리의 한글을 만든 세종대왕도 있어요.

교사 그렇군요.

유아 책에서 보았는데요 우리나라를 일본에 빼앗겨서 힘들 때 안중근도 우리나라를 위해서 열심히 일했어요.

유아 유관순도 있어요.

교사 우리나라에 이런 위인들이 없었다면 어떻게 되었을까요?

유아 글을 잘 몰랐을 것 같아요.

유아 우리나라를 다른 나라에 계속 빼앗겨서 속상할 것 같아요.

교사 그래요.
그러면 우리는 우리나라의 위인들을 항상 생각하면서 친구들도 멋진 사람이 될 수 있도록 배려하고, 힘든 일도 즐겁게 할 줄 알고, 건강하게 잘 자라면 좋을 것 같아요.

유아 네.

➔ 유아들에게 우리나라의 위인들에 대하여 미리 조사해 보고 발표할 수 있도록 하였는데 적극적인 자세로 참여하였고 위인들을 한 명 한 명 알게 되면서 너무나 훌륭하고 우리나라를 위해서 열심히 일을 했다고 표현하였다. 그리고 우리나라의 위인들에게 감사하는 마음을 갖고 우리도 훌륭한 사람이 되어야겠다고 표현하는 유아들을 보며 흐뭇했다.

추후 활동으로 위인을 직접 그림으로 그려 보고 글을 쓰면서 어떤 일을 하신 분인지 다시 한 번 생각해 볼 수 있도록 했다.

이순신 장군이 우리나라를 지켜 주었다.

김정호가 우리나라 지도를 만들었다.

활동 1-11 우리나라의 관광지를 알아보아요

※ 우리나라에 있는 아름다운 관광지를 유아들에게 소개해 주고 관심을 가질 수 있도록 했다.

교사 우리나라에는 관광지가 많이 있어요. 어떤 관광지가 있는지 살펴보기로 해요.

유아 우리가 살고 있는 제주도에 많은 관광지가 있는데 가 본 적이 있나요?

유아 천지연 폭포에 가서 운동을 했어요.

유아 저도 가 봤어요.

유아 저는 한라산에 아빠랑 갔다 왔어요.

교사 우리가 사는 제주도 말고도 강원도, 경기도 등에도 유명한 관광지가 많이 있어요. 알고 있는 관광지가 있나요?

유아 엄마랑 서울에 갔을 때 경복궁에 가 봤어요.

교사 그랬군요. 또 다른 관광지를 가 보았거나 이야기를 들어 본 친구들 있나요?

유아 텔레비전에서 설악산을 봤어요.

유아 저는 다른 곳에는 못 가봤어요.

교사 그러면 선생님이 가지고 온 그림을 보면서 어떤 곳에 어떤 관광지가 있는지 살펴보아요.

→ 유아들이 대부분 우리가 살고 있는 제주도 관광지에 대하여는 잘 알고 있었지만 다른 지역은 직접 갔던 경험이 부족해서 그림 자료를 이용하여 어떤 지역에 어떤 관광지가 있는지를 알려주었더니 무척 좋아했다.

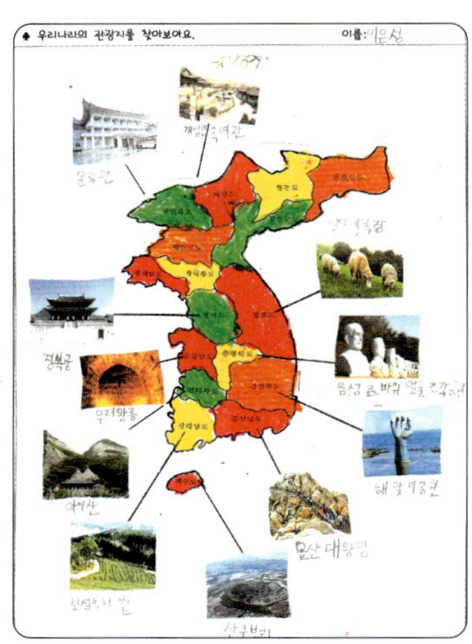

활동 1-12

우리나라의 축제(명절)를 알아보아요

우리나라에 있는 축제와 명절에 대하여 이야기를 나누었다.

교사 우리나라에는 다양한 명절이 있어요. 명절에는 어떤 것들이 있나요?

유아 설날이요.

유아 설날에는 세배를 해요.

유아 추석도 있어요.

유아 팥죽을 먹는 날도 있어요.

교사 와~ 팥죽 먹는 날이 있는 것도 알고 있네요. 바로 동짓날이에요.

교사 우리 친구들 혹시 땅콩이나 호두를 먹는 날도 알아요?

유아 잘 모르겠어요.

유아 어, 나도 호두 먹어 봤어요. 그리고 소원도 빌었어요.

교사 그날은 정월 대보름날이에요. 보름달 보면서 소원도 빌었지요?

유아 네.

→ 유아들이 직접 경험했던 설날, 추석 등에 대하여 이야기를 하면서 자연스럽게 명절에 먹었던 음식이나 놀이 등에 대하여 이야기를 하는 모습을 볼 수 있었다. 그래서 다음에는 우리나라의 전통 놀이를 좀 더 자세히 알아보기로 하였다.

"우리나라에는 설날이 있어요."

"추석 때 송편을 만들었어요."

활동 1-13 우리나라의 전통 놀이를 알아보아요

우리나라의 전통 놀이에 대하여 이야기 나누고 직접 체험해 보기로 하였다.

교사 우리나라의 전통 놀이에는 어떤 것이 있을까요?

유아 윷놀이요.

유아 제기차기요.

유아 딱지치기도 있어요.

교사 그러면 오늘은 선생님이랑 여러 가지 전통 놀이 중에서 몇 가지 놀이를 할 거예요. 놀이를 마치고 느낀 점을 이야기 나누어 보도록 해요.

(제기차기, 탈춤놀이 활동 후)

교사 직접 우리나라의 전통 놀이를 해 보니까 어땠어요?

유아 재미있었어요.

유아 친구랑 함께 하니까 즐거웠어요.

교사 이렇게 재미있는 우리나라의 전통 놀이를 잊어버리면 어떨까요?

유아 속상할 것 같아요.

유아 그러면 우리가 우리나라 놀이를 매일 하면 좋을 것 같아요.

➔ 우리나라의 전통 놀이를 경험해 보면서 유아들이 너무나 즐거워하고 재미있어 하였다. 그리고 앞으로 우리의 전통 놀이를 소중히 생각하겠다는 유아들의 이야기도 들을 수 있어서 뜻 깊은 시간이 되었던 것 같다.

전통 놀이 체험 활동(제기차기, 탈춤)

활동 1-14 일본의 국기, 국화, 언어, 수도에 대해 알아보아요

유아들과 아시아의 나라 중에서 일본에 대하여 알아보기로 정하고 국기, 국화, 언어, 수도에 대하여 이야기를 나누었다.

교사 이제까지 우리나라에 대하여 알아보았는데 아시아에 있는 나라 중에서 우리나라와 가까이에 있는 일본에 대해서 이야기를 나누려고 해요. 오늘은 일본을 대표하는 국기와 국화, 언어 그리고 수도에 대하여 알아보기로 해요.

유아 일본의 국기는 가운데에 빨간 원이 있어요.

유아 일장기예요.

교사 잘 알고 있네요. 흰색은 하늘을 뜻하고 빨간 원은 해님을 뜻한대요. 그럼 일본의 언어는 무엇일까요?

유아 한자처럼 생겼어요.

교사 바로 히라가나라는 일본의 글자예요.

유아 히라가나요?

교사 네, 그리고 일본의 수도는 어디일까요?

유아 도쿄가 수도예요.

➔ 유아들이 집에서 가져온 책, 그림 자료 등을 통해 일본의 국기, 국화, 언어, 수도를 쉽게 이해할 수 있었다. 그리고 자료를 통하여 이해한 것을 발표하면서 일본에 관심을 가지고 참여하였다.

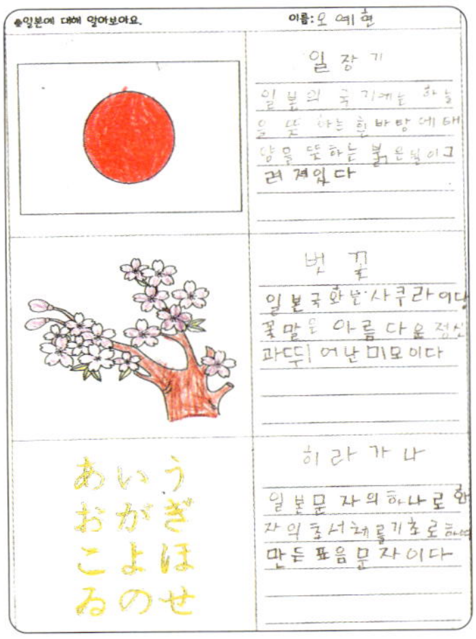

활동 1-15

일본의 전통 의상과 음식에 대하여 알아보아요

⊛ 일본의 옛날 사람들은 어떤 옷을 입었고 전통 음식에는 어떤 것들이 있는지 알아보았다.

교사 오늘은 일본의 전통 옷과 음식에 대하여 알아보기로 해요.

유아 일본에서는 기모노가 전통 옷이에요.

교사 어떻게 생겼는지 이야기할 수 있겠어요?

유아 치마처럼 길어요.

유아 색깔도 여러 가지가 있어요.

교사 그래요. 그러면 일본 사람들이 신었던 신발도 알아요?

유아 게다예요.

교사 일본의 음식에는 무엇이 있나요?

유아 아빠가 일본 음식에는 초밥이 있다고 했어요.

유아 튀김도 있어요.

➔ 일본의 전통 의상인 기모노 그림을 보여 주었더니 "예뻐요!"라고 말하며 좋아하는 모습을 보았다. 그리고 전통 음식을 알아보면서 직접 먹어 본 경험을 이야기하기도 했다.

"일본 음식에는 라면도 있어."

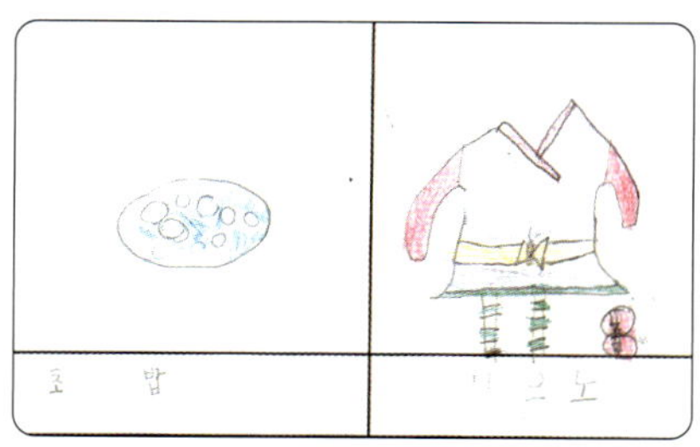

음식–초밥, 옷–기모노

활동 1-16 일본 지형의 특색을 알아보아요

❀ 일본의 지형 특색과 관련하여 어떻게 전통 집을 짓고 살았는지에 대하여 알아보았다.

교사 우리 친구들은 지진이 무엇인지 알아요?

유아 땅이 이렇게 흔들리는 거예요.

유아 사람들이 다치는 것을 뉴스에서 봤어요.

교사 그렇군요. 그런데 이러한 지진이 일본에서 자주 일어나요. 그래서 일본 사람들은 옛날부터 집을 지을 때 지진으로부터 피해를 덜 받기 위한 방법을 생각해서 지었어요. 어떤 집을 지었을 것 같아요?

유아 튼튼하게 벽돌로 지었을 것 같아요.

유아 선생님, 책에서 일본 사람들이 나무로 지은 집을 봤어요.

교사 그래요. 바로 목조 건물이라고 하는데요, 나무로 집을 지을 때 높이를 낮게 짓고 집 안에는 다다미라는 것을 깔아서 일본의 전통 가옥을 만들어서 살았어요.

➔ **일본의 지형 특성상 지진이 자주 일어난다는 것을 알고 지진의 위험을 대비하기 위하여 목조 건물로 전통 집을 지었다는 사실을 알고 흥미로워하는 유아들의 모습을 보았다.**

지진이 일어날 때 다치지 않게
나무로 튼튼하게 만들었다.

활동 1-17 일본의 축제와 놀이에 대하여 알아보아요

※ 유아들과 일본에서 열리는 축제와 놀이에 대하여 알아보고, 관심을 가질 수 있도록 하였다.

교사 오늘은 일본에서 열리는 축제와 놀이에 대해 이야기를 나누려고 해요.
일본에는 어떤 축제들이 있는지 선생님이 가지고 온 그림을 보면서 이야기해 볼까요?

유아 네.

교사 자, 이 축제는 어떤 축제 같아요?

유아 눈으로 만들기를 했어요.

유아 눈 축제요.

교사 네, 바로 삿포로에서 열리는 눈꽃 축제라고 해요. 또 이것은 어떤 축제 같아요?

유아 도깨비 축제 같아요.

교사 이것은 도깨비 탈을 쓰고 팥을 던지는 축제인데 이렇게 하면 안 좋은 일은 떠나가고 좋은 일만 생긴다고 해요. 그러면 일본의 놀이에는 무엇이 있는지 살펴볼까요?

유아 와~ 종이접기다.

교사 일본에서는 오리가미라고 해요. 이것은 어떤 놀이 같아요?

유아 실뜨기 같아요.

교사 우리나라의 실뜨기와 많이 비슷하지요. 이것은 아야토리라고 해요.

➔ 유아들이 그림을 보면서 축제와 놀이에 대하여 좀 더 자세히 알 수 있어서 좋아했다.

놀이-오하지키, 축제-쎄쓰분

축제-하나 마쓰리, 놀이-켄다마

활동 1-18 중국의 국기, 국화, 언어, 수도에 대하여 알아보아요

※ 아시아에 있는 나라 중에서 중국에 대하여 알고 싶어 하여 중국에 대하여 알아보기로 하였다.

교사 오늘은 중국에 대해 알아보려고 해요. 중국의 국기는 어떻게 생겼나요?

유아 빨간 바탕에 별이 그려져 있어요.

유아 별이 5개예요.

교사 그래요. 별이 다섯 개 있어서 오성기라고도 해요.
그럼 중국의 국화는 무엇인지 알아요?

유아 매화예요.

교사 잘 알고 있네요. 그러면 중국에서는 어떤 글자를 사용할까요?

유아 한자요.

유아 우리나라에도 한자 있어요.

교사 우리나라도 한자를 사용하지만 중국은 이렇게 한자를 많이 사용하고 있어요.
그리고 중국의 수도는 어디일까요?

유아 베이징이요.

유아 북경이에요.

교사 중국어로 북경이 베이징이에요.

➔ 유아들과 중국에 대하여 첫 이야기를 나누었는데 적극적으로 이야기에 참여하고 중국에 대하여 알아보고 좋아하는 모습을 볼 수 있었다. 그리고 도서 영역에서 중국과 관련된 책을 많이 선택해서 읽기도 하였다.

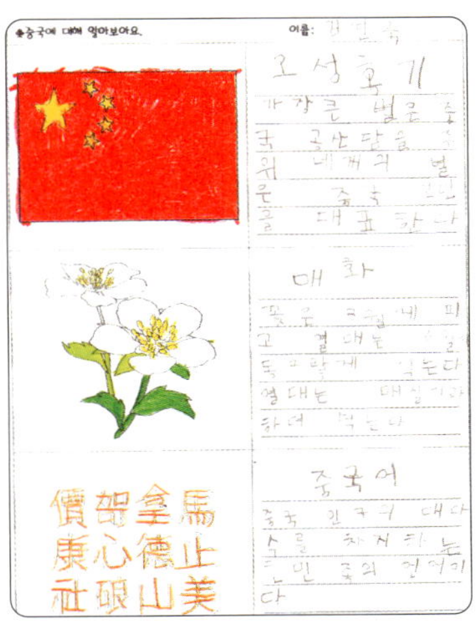

활동 1-19

중국의 전통 의상과 음식에 대하여 알아보아요

⊛ 중국 사람들이 입었던 전통 옷과 음식에 대하여 이야기를 나누기로 했다.

교사 중국의 전통 옷은 무엇일까요?
유아 치파오예요.
유아 텔레비전에서 본 적이 있어요.
유아 나는 책에서 치파오를 보았는데 정말 예뻤어요.
교사 그랬군요. 그러면 중국의 음식에는 무엇이 있을까요?
유아 딤섬이요.
유아 곤충 튀김도 있다고 했어요.

→ 유아들이 직접 보지는 않았지만 책이나 텔레비전을 통하여 경험한 것을 발표하기도 하고 중국에는 신기한 음식이 많다며 놀라워하기도 했다.

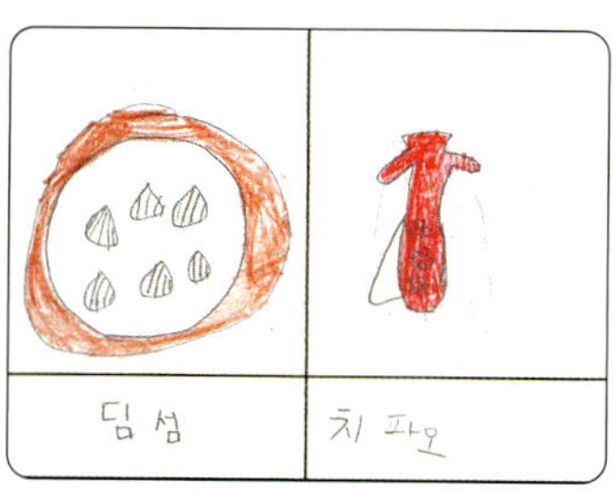

옷-치파오, 음식-딤섬, 북경오리

활동 1-20

중국의 기후 특색을 알아보아요

중국은 땅이 넓기 때문에 지역마다의 기후가 특징적이고 그에 따라 전통 집을 짓는 방법도 다양함을 이야기 나누었다.

교사 오늘은 중국의 날씨의 특징을 알아보면서 중국 사람들은 옛날에 어떤 집에서 살았는지 살펴보기로 해요.

유아 왕은 자금성에서 살았어요.

교사 그래요. 그러면 중국은 아주 땅이 넓다고 했는데 사막지역과 비슷한 땅도 있고 바다와 가까워서 농사를 짓는 곳도 있어요. 선생님이 가지고 온 그림을 보면서 이야기해 보도록 해요. 자, 여기를 보세요.

유아 사람들이 동물들을 키워요.

유아 천 같은 집을 지어서 살고 있어요.

교사 바로 천막 집이에요. 중국 사람들은 동물들을 키우면서 이동을 하며 살아야 하기 때문에 이동이 가능한 천막집에서 살았어요.

중국의 전통 집-토루

교사 이것은 토루라는 집이에요.

유아 지붕이 동그랗게 생겼어요.

교사 이 안에는 몇 백 명이 함께 살아갈 수 있는 집이 있다고 해요.

유아 와~ 그렇게 많은 사람들이 살 수 있어요?

교사 네. 이 집은 집단으로 살기 위해서 만들어진 것인데 다른 지역에서 온 사람들이 지방민의 텃세를 피하려고 이렇게 모여서 살 수 있도록 집을 지었다고 해요.

중국의 지형 특색에 따라서 다양한 집을 짓고 살았다는 것을 유아들이 알게 되어 좋아했고 책에나 그림 자료를 통해서 다시 생각해 볼 수 있도록 준비해 주었다.

중국의 전통 집 – 동굴집, 토루, 사합원

활동 1-21

중국의 위인에 대하여 알아보아요

중국에는 우리나라에도 알려진 많은 위인들이 있는데 그중에서도 꼭 알아야 할 위인에 대하여 이야기를 나누었다.

교사 중국에는 우리나라에도 알려진 훌륭한 사람이 많이 있어요. 여기 선생님이 가지고 온 책을 보면서 알아볼까요?

유아 네.

교사 우선 이분은 공자라고 해요. 유교 사상을 알리고 욕심을 부리면 안 된다는 가르침을 주셨어요.

유아 욕심을 부리면 안 좋아요.

교사 그래요. 또 이분은 제갈공명이라는 사람인데 전쟁 때 뛰어난 전략을 생각해서 나라에 큰 도움을 주었어요.

유아 와~ 정말 대단한 것 같아요.

➔ 중국의 위인들이 훌륭하고 대단한 것 같다며 이야기하는 유아들의 모습을 볼 수 있었다. 그리고 나중에 커서 어른이 되면 중국 위인들처럼 우리나라를 위하여 훌륭한 일을 하겠다고 다짐하기도 했다.

노자는 욕심을 버리라고 했다.

활동 1-22 중국의 유명한 곳을 알아보아요

세계 여러 나라 사람들에게 알려진 중국의 유명한 곳들을 살펴보기로 하였다.

교사 오늘은 중국에서 유명한 곳들을 알아보기로 해요. 선생님이 가지고 온 그림을 보면서 어느 곳인지 알아볼까요?

유아 와~ 만리장성이에요.

교사 그래요. 만리장성은 다른 나라 사람들이 쳐들어오지 못하도록 만든 거예요. 자 이곳은 어디일까요?

유아 자금성이에요.

유아 왕이 살았던 곳이지요?

교사 잘 알고 있네요. 이곳은 무덤인데요, 어떤 왕의 무덤인지 알아요?

유아 진시황이요! 책에서 본 적이 있어요.

유아 군인들도 보여요.

교사 이렇게 왕의 무덤 주변을 지키기 위해서 흙으로 군인 모형을 만들어서 세워 놓았는데 이 군인들은 키가 아주 커요.

→ 유아들이 잘 알고 있는 만리장성과 책이나 텔레비전을 통해 경험한 것들을 토대로 유명한 곳들을 알아보았는데 직접 가서 보고 싶다고 표현하는 유아들도 있었다.

자금성은 아주 넓고 왕이 살았던 곳이다.

만리장성은 아주 길다.

활동 1-23 중국의 축제와 놀이를 알아보아요

⁂ 중국에서 열리는 축제와 전통 놀이에 대하여 알아보기로 하였다.

교사 오늘은 중국에서 열리는 축제와 전통 놀이에 대하여 알아보아요.
자, 여기 그림을 볼까요?

유아 얼음으로 만든 거예요.

유아 와~ 시원하겠다.

교사 이것은 바로 빙등 축제라고 하는데요, 얼음을 이용해서 이렇게 여러 가지 모양도 조각하고 사람들이 이렇게 축제를 즐기고 있어요.

유아 저건 불꽃놀이다!

교사 맞아요. 중국에서 옛날에 처음으로 화약을 발명했다고 했지요?

유아 네.

교사 그래서 중국에서는 폭죽놀이를 이용한 축제도 크게 열려요.

➔ 중국에서 열리는 여러 축제와 다양한 놀이를 알아보면서 좋아하고 중국에 대하여 알아보는 동안 알지 못했던 것들을 유아들이 보고 느낄 수 있는 시간이 되어 좋아했다. 그리고 중국의 놀이에서 우리나라와 비슷한 제기차기를 보고 흥미 있어 했다.

축제-용춤, 놀이-제기차기

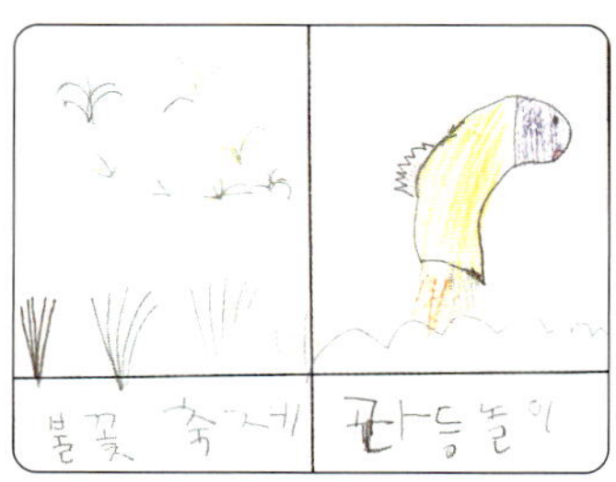

축제-불꽃축제, 놀이-관등놀이

활동 1-24 베트남의 국기, 국화, 언어, 수도에 대해 알아보아요

※ 베트남에 대하여 유아들이 관심을 갖게 되어서 아시아에 있는 나라 중에서 마지막으로 베트남에 대하여 알아보기로 했다.

교사 오늘은 베트남에 대하여 알아보려고 해요.
먼저 베트남의 국기는 어떻게 생겼을까요?

유아 빨간 바탕에 노란색 별이 있어요.

교사 그러면 베트남의 꽃은 무엇일까요?

유아 연못에 있는 꽃이에요.

유아 연꽃이에요.

교사 베트남의 수도는 어디인지 알고 있나요?

유아 하노이예요.

→ 베트남에 대하여 처음으로 국기, 국화, 언어, 수도에 대하여 알아보면서 베트남이라는 나라에 대하여 조금씩 관심을 갖고 참여하는 유아들의 모습을 볼 수 있었다.

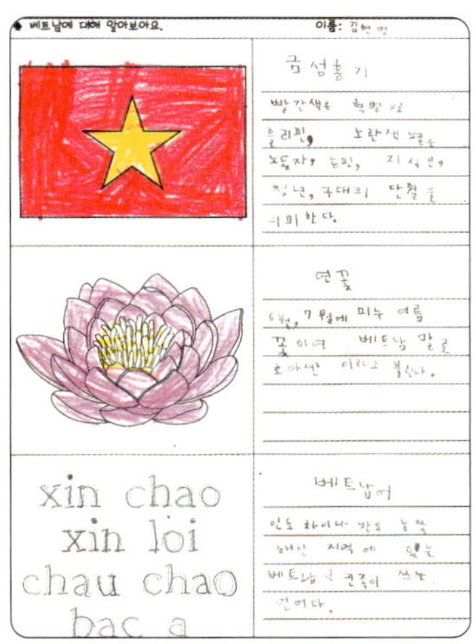

활동 1-25

베트남의 전통 의상과 음식에 대하여 알아보아요

베트남 사람들의 전통 의상과 음식들에 대하여 알아보았다.

교사 베트남에서는 어떤 음식을 많이 만들어서 먹을까요?

유아 쌀이요.

유아 쌀로 만든 음식이 많아요.

교사 그래요. 베트남은 쌀을 많이 생산하고 쌀이 주식이어서 쌀로 만든 여러 가지 음식이 많아요. 선생님이 가져온 그림을 보면서 이야기해 보아요.

유아 와~ 맛있겠다.

교사 이것은 월남쌈이라고 해요. 여기 베트남어로는 무엇이라고 되어 있나요?

유아 고이꾸온?

교사 맞아요.

➔ 그림을 보면서 전통 의상과 음식을 알고 좋아했고 유아들이 그림과 글로 표현할 수 있도록 하였다. 그리고 미술 활동으로 유아들과 베트남의 전통 모자인 논을 만들어 보았다.

옷-아오자이, 음식-짜조, 고이꾸온

미술 활동-베트남의 모자 논 만들기

활동 1-26

베트남의 지형 특색을 알아보아요

베트남의 지형적인 특색을 이해하고 전통 집을 어떻게 짓고 살았는지에 대하여 알아보았다.

교사 오늘은 베트남의 지형 특색을 알아보면서 전통 가옥에 대하여 알아보기로 해요. 베트남은 위치가 높은 지대를 빼고는 일 년 동안의 날씨가 대부분 더워요. 그래서 물과 가까이에서 생활을 하고 있어요.

유아 책에서 수상가옥에 사는 것을 봤어요.

유아 수상가옥이 뭐예요?

교사 수상가옥이 어떤 집인지 알고 있는 친구 있나요?

유아 물에 있는 집이요!

교사 그래요. 바로 베트남 사람들은 물 위에서 집을 짓고 살아요. 그래서 수상가옥이라고 해요. 물 위에 집을 짓고 살고 있는 베트남 사람들의 마음은 어떨까요?

유아 시원할 것 같아요.

유아 매일 매일 수영도 하고 재미있을 것 같아요.

교사 그렇게 생각할 수도 있겠네요.

→ 베트남 사람들이 물 가까이에서 사는 것과 전통 가옥인 수상가옥에 대하여 알고 재미있어 하고 신기해 하는 유아들의 모습을 볼 수 있었다.

베트남 사람들은
물 위에서 사니까 좋은 것 같다.

베트남의 집은 물 위에 있어서
신기해요.

활동 1-27 베트남의 유명한 곳을 알아보아요

※ 베트남에서 유명한 곳들을 알아보면서 베트남에 대하여 좀 더 알아 나갈 수 있도록 하였다.

교사 오늘은 베트남에서 유명한 곳들을 알아보기로 해요. 베트남은 어디에 집을 짓고 산다고 했나요?

유아 물 위에요.

유아 수상가옥이에요.

교사 그래요. 베트남은 물과 가깝게 살고 있는데요, 그래서 물건을 살 수 있는 곳도 바로 물 위에 있어요. 여기 선생님이 가지고 온 그림을 볼까요?

유아 와~ 배 위에 과일이 있어요.

유아 물 위에서 과일을 팔면 재미있을 것 같아요.

교사 이렇게 배 위에 물건을 싣고 다니면서 파는 곳을 수상시장이라고 해요.
자, 이번에는 또 어떤 곳인지 살펴볼까요?

유아 궁전처럼 생겼어요.

교사 이곳은 베트남에서 훌륭한 일을 하신 호치민의 무덤이에요. '호치민 영묘' 라고 불리는 곳인데 베트남 사람들이 이곳에 와서 기도를 드려요.

→ 그림 자료를 통해 유아들과 베트남의 유명한 곳들을 살펴보았는데 전에 알고 있었던 베트남의 전통 집인 수상가옥을 알고 있어서 수상시장을 보고 좋아했다. 그리고 직접 수상시장에서 시장을 보면 재미있을 것 같다고 이야기하기도 했다.

베트남의 유명한 곳 그림 자료

호치민 영묘입니다.

활동 1-28

베트남의 축제와 놀이에 대하여 알아보아요

❀ 베트남에 대한 마지막 주제로 축제와 놀이를 알아보기로 했다.

교사 베트남에서 열리는 축제와 그곳의 놀이를 알아보기로 해요. 어떤 축제를 하는 것 같나요?

유아 기도를 하고 있어요.

유아 사람들이 많이 모여 있어요.

교사 '지어또 홍브엉' 이라는 축제날이라고 해요. 베트남에서는 아주 큰 행사로 베트남을 세운 사람들에게 제사를 지내고 소원도 빌어요. 이것은 어떤 동물 같아요?

유아 소예요.

교사 바로 물소인데요. 이렇게 물소 싸움을 하는 축제도 있어요. 이번에는 어떤 놀이가 있는지 살펴볼까요?

유아 나무를 던져서 하는 놀이 같아요.

교사 디깡다오라는 베트남의 전통 놀이예요. 여러 사람이 함께 할 수 있는 것인데 우리나라의 공기놀이와 비슷한 놀이예요.

유아 와~ 대나무를 왔다 갔다 하는 것 같아요.

교사 바로 대나무를 이용해서 춤을 추듯이 왔다 갔다 하는 놀이예요.

유아 재미있을 것 같아요.

➔ 베트남의 이색적인 축제와 놀이를 보면서 재미있어 하고 베트남 놀이 중에서 대나무를 이용해서 하는 놀이를 유아들이 직접 표현해 보는 시간도 가졌는데 유아들이 너무나 즐거워했다.

물소싸움 축제와 디깡다오

연날리기 축제와 대나무 놀이

활동 1-29

아시아 사람들의 같은 점과 다른 점이 있어요

※ 아시아 대륙에 대하여 알아보면서 아시아 사람들의 같은 점과 다른 점을 알아보며 비교해 보는 시간을 갖기로 했다.

교사 오늘은 이제까지 알아본 아시아에 대하여 같은 점과 다른 점을 이야기해 보기로 해요. 우선 아시아에 살고 있는 나라들의 같은 점에는 무엇이 있을까요?

유아 머리카락 색깔이 검정색이에요.

유아 얼굴색이 비슷해요.

교사 어떤 색인 것 같아요?

유아 황색이요.

유아 황인종이에요.

교사 그래요. 잘 알고 있네요. 아시아 사람들은 대부분 황인종이에요. 또 어떤 같은 점이 있을까요?

유아 우리나라 제기차기랑 중국에서의 놀이도 비슷했어요.

유아 베트남에서 디깡다오 놀이랑 우리나라 공기놀이와도 비슷해요.

교사 그러면 다른 점은 어떤 것들이 있었나요?

유아 국기가 달라요.

유아 나라마다 꽃이 달랐어요.

유아 사람들이 살았던 집이 달라요.

교사 또 어떤 다른 점이 있었나요?

유아 왕이 살았던 궁이 달라요.

유아 음식이 달라요.

→ 그동안 아시아에 대하여 알아보면서 유아들의 느꼈던 아시아 나라들의 같은 점과 다른 점들에 대하여 발표하는 모습을 볼 수 있었다. 그리고 같은 점보다는 나라마다의 특징적인 것들이 많아서 다른 점에 대하여 더 많은 이야기를 하는 모습도 보았다.

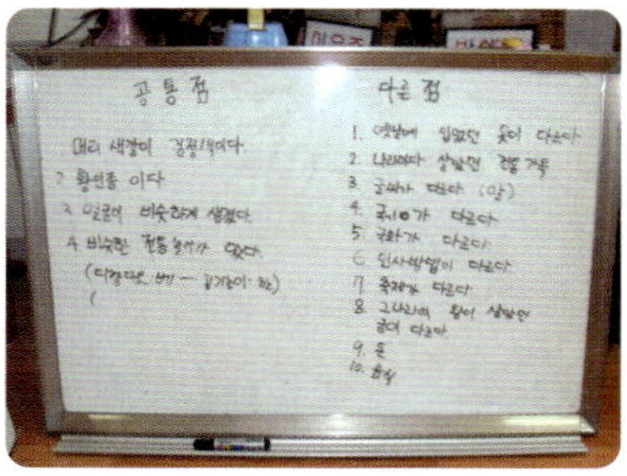

아시아 사람들의 같은 점과
다른 점에 대한 유아들의 의견

같은 점	다른 점
머리 색깔이 검정색이다. 황인종이다. 얼굴이 비슷하게 생겼다. 전통 놀이가 비슷하다.	나라마다 입었던 옷이 다르다. 나라마다 살았던 전통 집이 다르다. 글씨가 다르다. 인사 방법이 다르다. …

같은 점–머리 색깔이 검정색이다.
다른 점–국기가 다르다.

공통 점–얼굴색이 비슷하다.
다른 점–나라마다 음식이 다르다.

활동 1-30 아시아로 알려지는 우리나라의 문화

한류 열풍으로 우리나라의 문화가 아시아로 뻗어 나가는 것을 알고 이야기를 나누었다.

교사 아시아에 있는 나라들 중에서 우리나라를 알고 있는 곳들이 많이 있어요. 이렇게 우리나라에 대하여 어떻게 알게 되었을까요?

유아 우리나라에 놀러 와서 알게 된 것 같아요.

유아 우리나라 사람들이 다른 나라에 가서 알려준 것 같아요.

교사 그러면 어떤 방법으로 우리나라를 다른 나라에 알릴 수 있었는지 선생님이 가지고 온 그림을 보면서 이야기해 보기로 해요. 자, 노래를 부르고 있는 모습이지요?

유아 네.

유아 가수예요.

교사 그래요. 우리나라의 가수인데요, 일본에 가서 열심히 노래를 부르고 일본 사람들의 사랑을 많이 받으면서 유명해졌어요.
여기는 어디 같아요?

유아 식당이에요.

교사 그런데 이 식당은 한국어로 씌어 있지만 우리나라에 있는 것이 아니라 중국, 일본 등에 가서 우리나라 사람들이 직접 장사를 하고 있어요. 그리고 그 나라 사람들이 직접 우리나라의 음식을 맛보기 위해서 이곳에 가는 거예요.

→ 유아들이 우리나라의 가수나 드라마에 나오는 배우 등이 아시아 곳곳에서 인정받고 좋아하고 있다는 것을 알고 놀라워하면서도 기뻐하는 것 같았다.

일본에 우리나라 식당이 있어요.

우리나라 가수를
아시아 사람들도 좋아해요.

활동 1-31 우리나라로 건너온 아시아 사람들

❀ 우리나라에는 아시아 다른 나라에서 온 사람들과 함께 어울려 살아가고 있음을 알고 이야기를 나누었다.

교사 우리나라에는 대한민국 사람들만 사는 것이 아니라 다양한 외국인들이 함께 살아가고 있어요. 그러면 이러한 외국인들 중에서 아시아에 살고 있는 다른 나라 사람들이 우리나라로 와서 어떻게 살게 되었는지 이야기해 봐요.

유아 우리나라에 여행을 온 것 같아요.

유아 우리나라가 좋아서 살고 싶어서 왔어요.

유아 아시아 사람들이 우리나라 사람과 결혼을 해서 대한민국에 왔어요.

교사 그래요. 우리 반에도 예림이 어머님이 바로 일본 분이신데 예림이 아빠랑 결혼을 하게 되어서 우리나라인 제주도에서 살고 있어요. 또 아시아에 살고 있는 사람들이 우리나라에 어떻게 해서 오게 되었을까요?

유아 우리나라의 맛있는 음식을 먹으려고 왔어요.

유아 우리나라에서 일도 하고 돈을 벌어요.

➔ 유아들이 우리나라에는 다양한 아시아 사람들이 함께 살아가고 있고 있다는 것을 알고 우리나라에 와서 살아가는 아시아 사람들이 왜 우리나라로 오게 되었는지를 이해하면서 많은 아시아 사람들이 함께 어울려 살고 있음을 느꼈다.

우리나라 사람과 결혼을 해서 왔다.

터키 사람이 우리나라에서 공부를 해요.

활동 1-32 서로 함께 살아요

아시아에는 우리나라뿐만 아니라 여러 나라들이 함께 살아가고 있다는 것을 알고 함께 살아가기 위해 어떻게 해야 할지 이야기를 나누었다.

교사 아시아에는 어떤 나라들이 있다고 했나요?
유아 대한민국이요.
유아 일본이랑 베트남도 있어요.
유아 중국이요.
유아 태국이요.
교사 그래요. 많은 나라들이 아시아라는 대륙에서 살아가고 있지요?
유아 네.
교사 그러면 이렇게 많은 나라들이 서로 함께 살아가면서 어떻게 지내야 할지 생각해 봐요.
유아 서로 도와주면서 지내요.
유아 아시아에 사는 사람들이 우리나라로 오면 친절하게 대해 주어요.
유아 어려운 나라를 도와줄 수 있어야 해요.
유아 서로 서로 사이좋게 지내요.

아시아 사람들이 서로 함께 살아가기 위해서는 서로 돕고 이해하며 사이좋게 지내야 한다고 말하는 유아들의 이야기를 듣고 흐뭇함을 느꼈다. 그리고 아시아라는 대륙에 대하여 이야기를 나누면서 유아들이 세계 여러 나라 프로젝트 활동에 많은 관심을 가지고 참여해 나가는 모습을 볼 수 있었다. 그리고 유아들과 그 다음 대륙으로 북아메리카에 대하여 알아보기로 이야기 나누었다.

서로 양보하면서 지내요.

아시아 사람들이 함께 일을 하면서 행복하게 살아요.

2. 북아메리카

활동 2-1 북아메리카에 대한 이전 경험 이야기 나누기

북아메리카에 대하여 보고, 듣고, 느낀 것에 대하여 이야기하기로 했다.

교사 오늘은 북아메리카에 대하여 너희들이 보고, 듣고, 느낀 것들을 이야기해 보도록 해요. 북아메리카를 직접 가 보았거나 북아메리카의 나라들을 본 적이 있나요?
유아 저는 교구작업 시간에 북아메리카 지도 퍼즐 맞추기를 했어요.
유아 저도 교구 할 때 북아메리카 지도 위에 국기를 올려놓았어요.
유아 텔레비전에서 미국에 대하여 나오는 것을 봤어요.
유아 미국 국기를 본 적이 있어요.
유아 캐나다 국기도 보았어요.
유아 저도 본 적이 있어요.
교사 그렇구나. 또 북아메리카에 대하여 경험한 것을 이야기해 볼 친구 있나요?
유아 저는 인디언에 대한 동화책을 읽었어요.

➔ 프로젝트를 진행하면서 유아들이 교구 작업 시간에 문화 영역에 있는 북아메리카와 관련된 활동 등을 많이 접해 봐서 북아메리카에 대한 이전 경험 이야기를 풍부하게 표출했다. 그리고 발표한 내용을 그림과 글로 표현할 수 있도록 하였다.

햄버거를 먹었다.

북아메리카 지도 퍼즐 맞추기를 했다.

NIE 활동 –북아메리카 지도 모자이크하기

활동 2-2

북아메리카에는 어떤 나라들이 있을까요?

※ 북아메리카에는 어떤 나라들이 있는지 이야기 나누기로 했다.

교사 오늘은 북아메리카에 어떤 나라들이 있는지 알아보기로 해요.

유아 캐나다가 있어요.

유아 멕시코도 북아메리카에 있는 나라예요.

교사 또 어떤 나라가 북아메리카 대륙에 있지요?

유아 쿠바가 있어요.

유아 자메이카도 있어요.

유아 온두라스도 있어요.

교사 와~ 우리 바다반 친구들이 북아메리카에 있는 나라를 정말 잘 알고 있네요. 친구들이 이야기한 나라들을 선생님이 이렇게 국기 그림으로 가지고 왔어요.

유아 와~ 정말 북아메리카에 있는 국기다!

유아 선생님! 북아메리카 국기를 만들어요!

교사 좋은 생각이네요. 그러면 다 같이 북아메리카 국기를 색칠해서 만들어 보기로 해요. 그리고 선생님이 가지고 온 북아메리카 지도 위에 직접 국기를 붙여 보기로 해요.

→ 북아메리카에 어떤 나라들이 있는지 알아보고 유아들이 직접 국기를 색칠해서 북아메리카 지도에 붙여 보면서 각 나라가 어느 위치에 있는지도 살펴보았다. 그리고 미술 활동으로 국기 모자이크 활동도 해 보면서 북아메리카에 있는 나라들을 다시 한 번 생각해 볼 수 있도록 했다.

북아메리카 지도에서 나라 찾기

북아메리카 지도에 국기 붙이기

미술 활동-국기 모자이크

활동 2-3

북아메리카에 대한 생각 모으기 및 유목화하기

❀ 북아메리카에 대하여 생각 모으기를 한 후 같은 것끼리 찾아서 분류하는 유목화 활동을 하기로 했다.

교사 오늘은 북아메리카에 대하여 생각 모으기 활동을 할 거예요.
북아메리카 하면 무엇이 생각나나요?

유아 여러 나라가 있어요. 미국이랑 캐나다요.

유아 온두라스랑 자메이카도 있어요.

교사 또 북아메리카 하면 나라 말고 어떤 것을 생각할 수 있을까요?

유아 인디언 옷이요.

유아 카우보이 옷도 있어요.

유아 미국의 수도는 워싱턴 디시예요.

교사 와~ 수도도 생각이 나는군요. 또 어떤 것이 생각나요?

➔ 생각 모으기를 할 때 다양하게 이야기하는 것을 볼 수 있었다. 그리고 유목화 활동을 할 때도 유아들이 "미국이랑 캐나다는 나라에 붙어요."라고 말하면서 적극적으로 활동에 참여하였다. 완성된 유목화 내용을 보고 "우리가 생각한 것이 정말 많다."라며 뿌듯해하기도 했다.

북아메리카에 대한 생각 모으기

유목화 활동

활동 2-4 북아메리카 유아 주제망 그리기

❀ 북아메리카에 대하여 유목화한 것을 가지고 유아 주제망을 그리기로 했다.

교사 우리 친구들이 북아메리카에 대하여 유목화한 것을 가지고 주제망을 그려 보기로 해요. 선생님이 미리 작은 주제망을 나눠서 이렇게 종이에 붙여 왔어요.

유아 와~ 저기 나라도 있고 수도도 있다.

유아 국화도 있어.

교사 그래요. 친구들이 여기 주제망에 들어갈 내용들을 선생님이 나누어 주는 작은 종이에다가 쓰고 여기 앞에 나와서 붙여 주기로 해요.

유아 네.

→ 북아메리카 유아 주제망을 완성하고 나서 북아메리카에 있는 것을 한눈에 볼 수 있어서 유아들이 좋아했다. 그리고 직접 주제망을 그려서 더욱 뿌듯해하는 모습도 보았다.

주제망을 그리기 위해 종이에 내용을 써요.

"자메이카도 나라에 붙어야지."

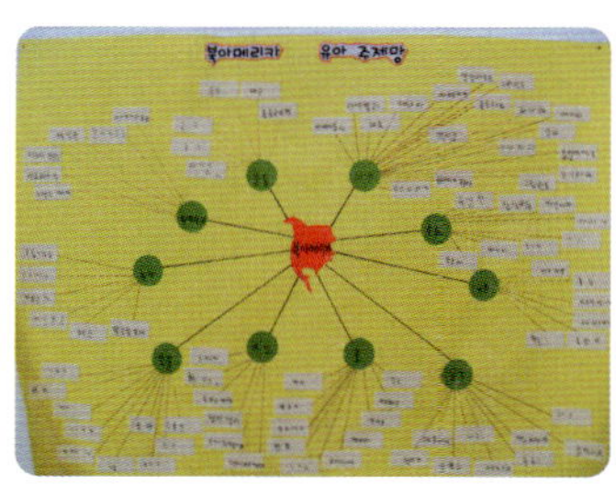

북아메리카 유아 주제망

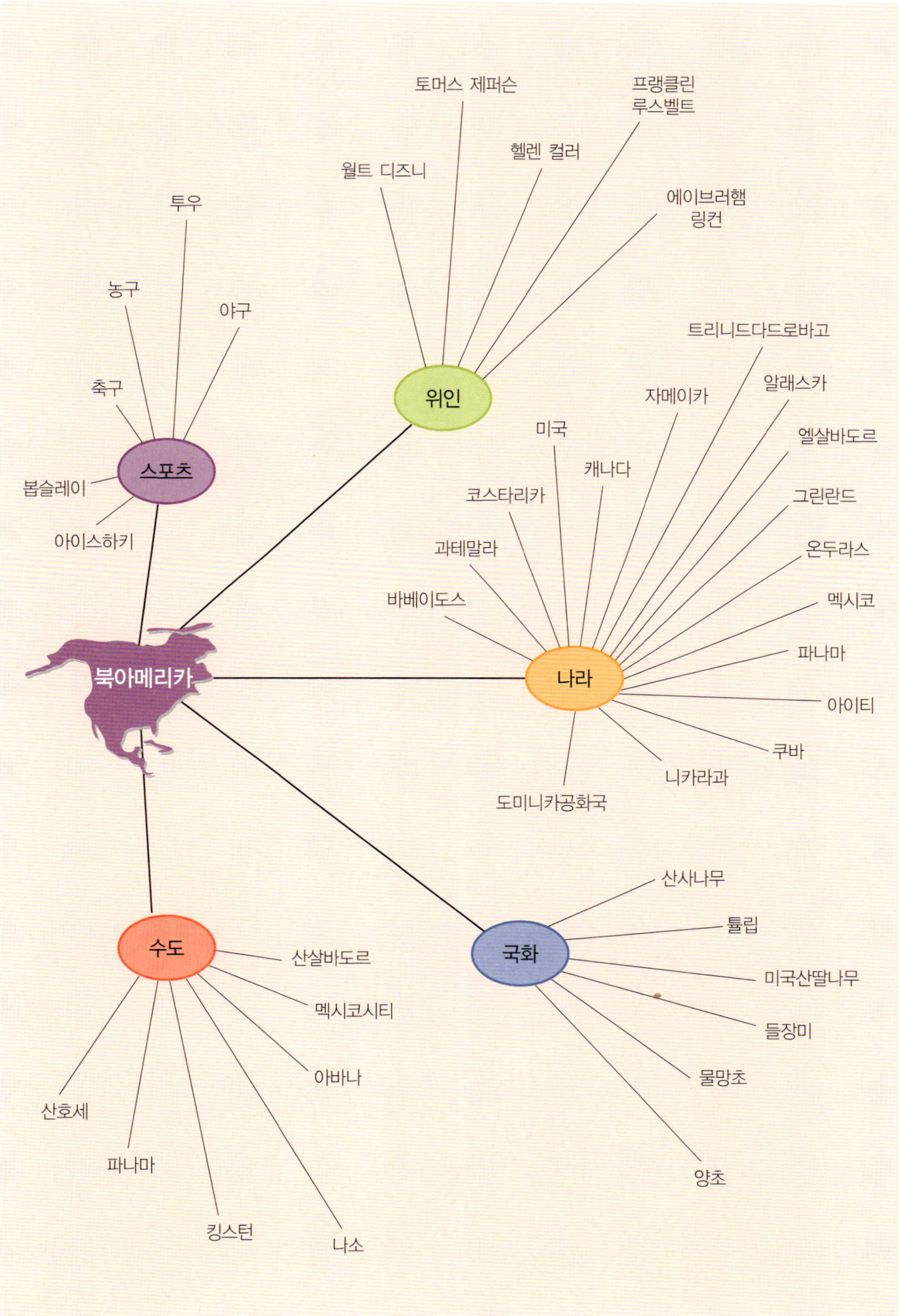

| 북아메리카 유아 주제망 1 |

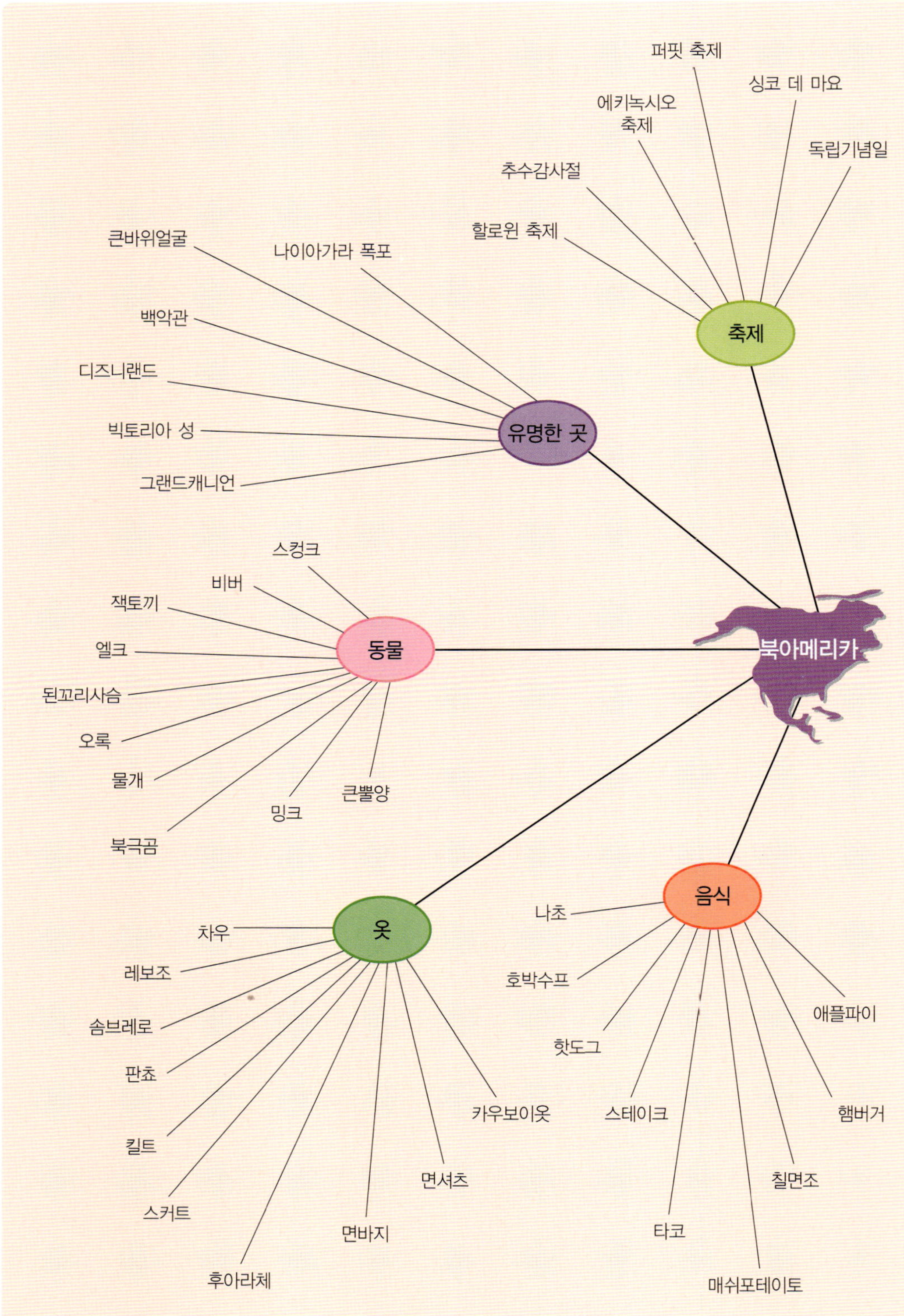

| 북아메리카 유아 주제망 2 |

활동 2-5

북아메리카 유아·교사 공동 주제망 그리기

유아 주제망과 교사 주제망을 비교해 본 후 공동 주제망을 그리기로 하였다.

교사 선생님이 그린 주제망과 친구들이 완성한 북아메리카 주제망을 살펴보면서 같은 것은 무엇이 있고 다른 것은 어떤 것이 있는지 알아볼까요?

유아 네.

유아 선생님 주제망에도 나라가 있고 우리 주제망에도 나라가 있어요.

교사 그렇군요.

유아 우리 주제망에 없는 것도 선생님 주제망에 있어요.

교사 그러면 우리 같이 북아메리카의 공동 주제망을 그려 보기로 해요.

→ 유아들이 선생님이 그린 주제망을 보면서 놀라워하기도 하고 흥미를 가지고 참여하는 모습을 볼 수 있었다. 그리고 공동 주제망을 완성하여 앞으로 북아메리카에 대하여 알아보기로 하였다.

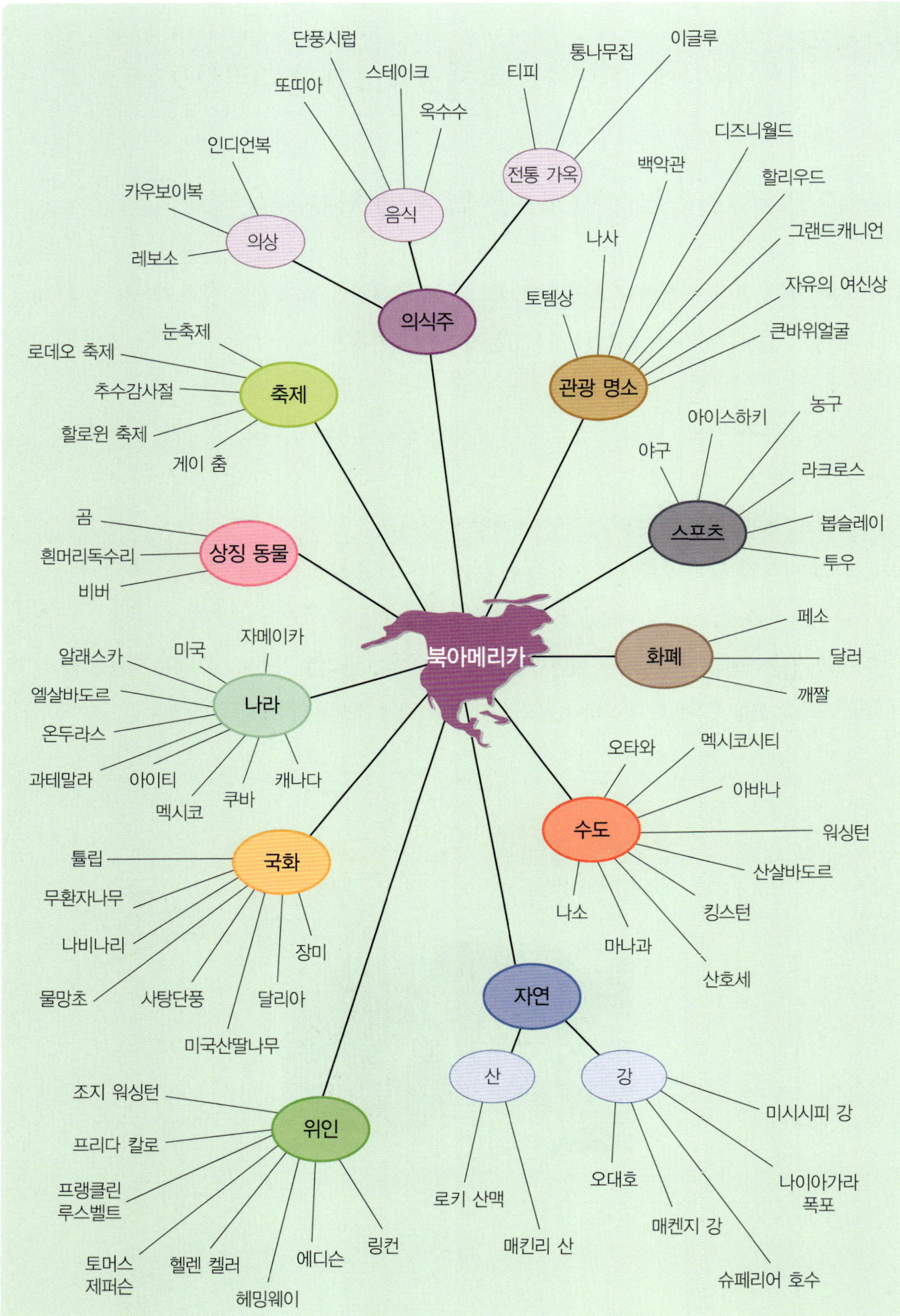

| 북아메리카 유아 · 교사 공동 주제망 1 |

활동 2-6

북아메리카에 대하여 궁금한 점이 있어요

북아메리카에 대하여 알아보면서 궁금한 점들이 생기기 시작하여 유아들과 궁금한 점들을 알아보고 조사해 보기로 했다.

교사 북아메리카에 대하여 이야기를 나누면서 궁금한 점이나 꼭 알아보고 싶은 것이 있나요?

유아 북아메리카에 있는 나라들은 어떤 옷을 입었는지 알고 싶어요.

유아 저는 어떤 음식들이 있는지 궁금해요.

유아 북아메리카 중에서 어떤 나라가 가장 넓은지 궁금해요.

유아 나라마다 유명한 곳이 어딘지 알고 싶어요.

교사 궁금한 점들이 많이 있네요.
그러면 친구들이 궁금하다고 이야기한 것을 선생님이 이렇게 써 보았는데 어떻게 조사하면 좋을까요?

유아 집에서 엄마, 아빠랑 찾고 싶어요.

유아 선생님이랑 같이 알아보고 싶어요.

교사 그러면 선생님이 종이를 나눠 주면 친구들이 직접 집에서 조사하고 싶은 내용을 쓰고 집에 가서 엄마, 아빠와 함께 찾아보고 오기로 해요.
그리고 선생님도 함께 조사해 볼게요.

유아 네.

→ 북아메리카에 대하여 궁금한 점을 이야기 나눈 후 집에 가서 직접 조사해 오기로 하였다. 그리고 조사해 온 내용을 친구들 앞에서 발표하는 시간을 갖고 북아메리카에 대하여 많은 것을 알게 되었다며 유아들이 좋아했다.

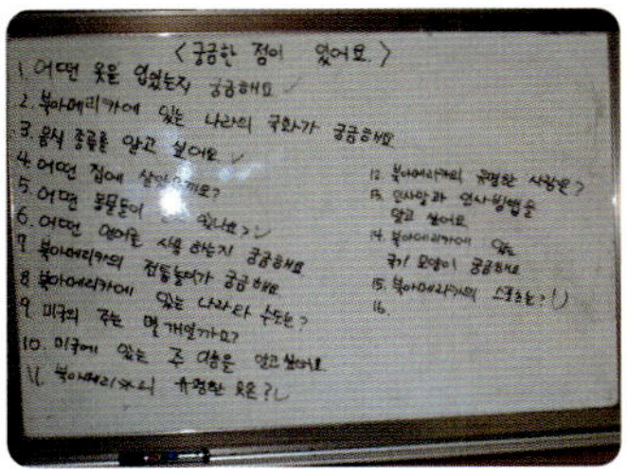

북아메리카에 대하여 궁금한 점

조사하고 싶은 것을 쓰고 있어요.

북아메리카의
수도를
조사했어요.

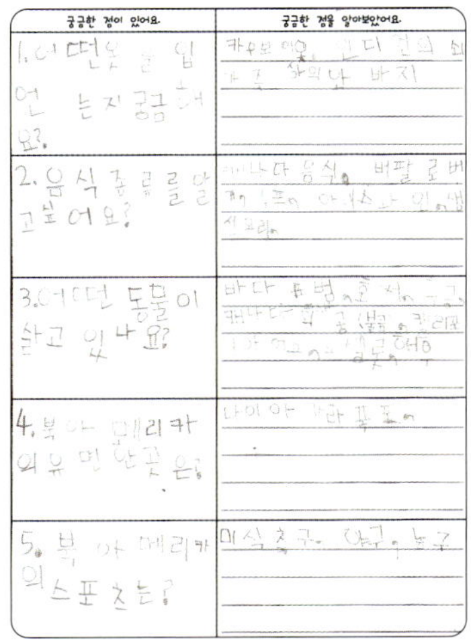

집에서 궁금한 점을 찾아보았어요.

활동 2-7 미국의 국기, 국화, 언어, 수도에 대하여 알아보아요

북아메리카 나라 중에서 미국에 대하여 알아보기로 하였다.

교사 자 여기 무엇이 보이나요?

유아 미국의 국기예요.

교사 미국의 국기는 어떻게 생겼나요?

유아 빨간 줄과 흰 줄이 있어요.

유아 파란색도 들어가 있어요.

유아 별이 많이 있어요.

교사 그래요. 그런데 여기에 별이 왜 이렇게 많은 걸까요?

유아 별을 좋아해서 그린 것 같아요.

교사 우리가 살고 있는 대한민국에는 제주도, 경기도 등 여러 도가 있는데 미국에서는 주가 있어요. 그런데 그 주의 수가 바로 50개여서 미국의 국기에 주의 수만큼 별이 그려져 있는 거예요. 그래서 미국의 국기를 성조기라고 불러요.

유아 와~ 별이 정말 많아요!

교사 이번에는 미국의 꽃인 국화를 알아볼까요?
미국에는 50개의 주가 있다고 했는데 그 주를 상징하는 꽃이 있다고 해요.
우선 인디애나 주는 튤립, 버지니아 주는 미국산딸나무, 캘리포니아 주는 캘리포니아포비, 하와이 주는 하이비스커스, 미주리 주는 산사나무가 주화예요. 그러면 미국은 어떤 언어를 사용할까요?

유아 영어요.

교사 우리 친구들도 영어를 사용해 본 적이 있지요?

유아 네.

유아 영어 노래도 불러 봤어요.

유아 영어로 이야기도 해요.

교사 그렇군요. 바로 미국 사람들은 영어를 사용해요. 그럼 미국의 수도는 어디일까요?

유아 워싱턴이요.

교사 우리 친구들이 잘 알고 있네요.

➔ 유아들이 처음에는 미국의 국화를 장미로 알고 있었는데 50개의 주마다 주화가 있다는 것을 알고 놀라워했다. 그리고 영어는 유아들이 많이 접해 보아서인지 직접 영어로 인사도 나누어 보았다.

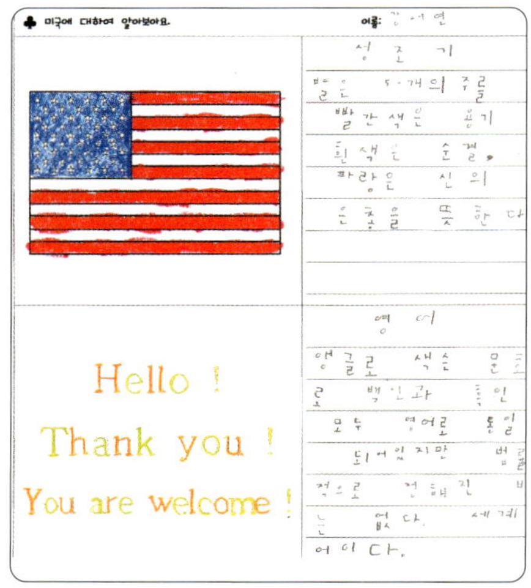

미국의 국기와 언어

미국의 국화 중 인디애나 주-튤립, 하와이 주-비스커스

활동 2-8 미국의 전통 의상, 음식에 대하여 알아보아요

미국 사람들은 전통 의상으로 어떤 것을 입었고 무슨 음식을 주로 먹었는지 이야기 나누었다.

교사 오늘은 미국의 전통 의상과 음식을 알아보기로 해요. 우선 전통 의상으로 미국 사람들은 어떤 옷을 입었을까요?

유아 옛날에는 인디언들이 많았으니까 인디언들처럼 옷을 입었을 것 같아요.

교사 인디언 옷은 어떻게 생겼을까요?

유아 깃털을 꽂고 있어요.

유아 천으로 된 옷을 입고 있어요.

유아 얼굴에 이렇게 색칠도 해요.

교사 와~ 우리 친구들이 잘 알고 있네요. 그러면 미국 사람들은 어떤 음식을 먹었을까요?

유아 햄버거요.

유아 핫도그요.

유아 집에서 핫도그를 먹어 봤어요.

유아 저는 햄버거 먹어 봤어요.

→ 유아들에게 그림으로 전통 옷을 보여 주었더니 "멋있다."라고 이야기하기도 했고 직접 전통 음식 중에서 햄버거를 만들어 보는 활동도 해 보았다.

책을 보면서 의상과 음식을 알아보아요.

의상–카우보이, 음식–햄버거

의상–인디언, 음식–스테이크

활동 2-9 미국의 유명한 곳을 알아보아요

❀ 미국에서 유명한 곳들을 알아보면서 미국에 대하여 관심을 가질 수 있도록 하였다.

교사 미국에는 유명한 곳들이 많이 있는데 어떤 곳이 있는지 선생님이 가지고 온 그림을 보면서 이야기해 볼까요?

유아 네.

유아 와~ 자유의 여신상이다.

교사 맞아요. 이 자유의 여신상은 프랑스에서 미국의 독립 100주년을 기념하는 선물로 만들어 준 거예요. 자, 이것은 무엇일까요?

유아 미키 마우스예요.

유아 텔레비전에서 봤어요.

교사 이곳은 바로 월트 디즈니 랜드라는 놀이 동산이에요. 친구들이 이야기한 것처럼 우리에게 많이 알려진 미키 마우스 인형이 여기에서 만들어진 거예요. 여기는 어디일까요?

유아 미국 대통령이 있는 곳이에요.

교사 그래요. 바로 백악관이라는 곳이에요.

➔ 유명한 곳들을 그림 자료를 통해 알아보면서 직접 가 보고 싶다고 말하는 유아들도 있었다. 그리고 그림과 글로 표현해 보는 활동을 하였다.

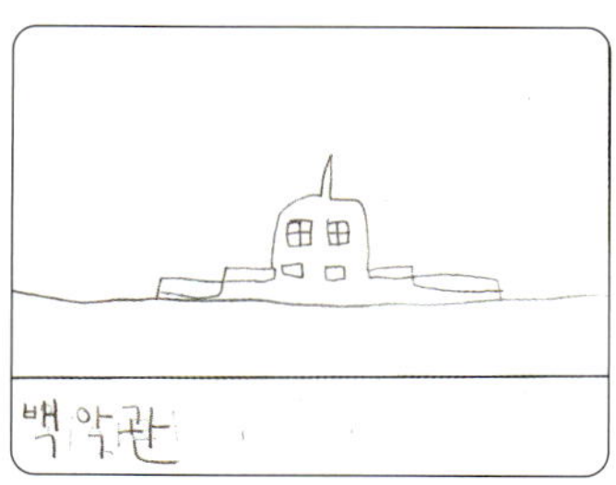

활동 2-10

미국의 위인에 대하여 알아보아요

미국의 위인들에 대하여 알아보면서 어떤 일들을 하였는지 알아보기로 하였다.

교사 오늘은 미국의 유명한 위인들에 대하여 알아보기로 해요.
선생님이 가지고 온 그림을 살펴볼까요?

유아 에디슨이다!

교사 와~ 잘 알고 있네요. 에디슨은 어떤 사람이에요?

유아 발명가예요.

교사 또 이분은 미국에서 제일 처음으로 대통령을 한 분이세요.

유아 헬렌 켈러예요. 책에서 봤어요.

교사 그렇군요. 헬렌 켈러는 앞이 보이지 않는 시각 장애인이었어요. 하지만 자신보다도 더 어려운 사람들을 위해서 많은 봉사를 하고 도움을 주었어요.

→ 미국의 위인들을 알아보면서 위인들이 훌륭한 일을 많이 했다는 것을 알고 유아들이 놀라워하였다. 그리고 직접 위인의 얼굴을 그림으로 묘사해 보는 활동을 했다.

조지 워싱턴

헬렌 켈러

활동 2-11 미국의 축제에 대하여 알아보아요

⊛ 미국의 유명한 축제들을 알아보면서 축제 때 하는 것들에 대해서도 알아보았다.

교사 미국에서는 어떤 축제들이 열리는지 알아보기로 해요.
미국의 축제를 알고 있는 친구 있나요?

유아 할로윈 축제요!

유아 호박으로 유령처럼 꾸며요.

교사 그래요. 할로윈 축제는 미국의 어린 유아들이 변장을 하고 집집마다 돌아다니면서 "과자를 주지 않으면 장난을 치겠다."라고 말하면서 사탕이나 초콜릿을 받는 날이에요.

유아 재미있을 것 같아요.

교사 자, 이번에는 또 다른 축제를 살펴볼까요?
이것은 무엇일까요?

유아 아저씨예요.

교사 바로 콜럼버스라는 사람이에요. 미국을 처음으로 발견한 사람이에요. 그래서 콜럼버스의 날이라고 해서 축제를 열어요.

→ 미국의 유명한 축제를 알아보면서 특히 할로윈 축제에 유아들이 관심 있어 하였다. 그래서 직접 유령 모습을 흉내 내 보기도 하고 "Trick or treat!" 하고 직접 영어로 말해 보면서 즐거워했다.

할로윈 축제

추수 감사절

활동 2-12 캐나다의 국기, 국화, 언어, 수도에 대하여 알아보아요

북아메리카 중에서 두 번째로 캐나다에 대하여 이야기를 나누었다.

교사 오늘부터 캐나다에 대하여 알아볼 거예요. 먼저 캐나다의 국기를 살펴볼까요?

유아 와~ 캐나다 국기다.

유아 선생님, 가운데 단풍나무 잎이에요.

교사 단풍잎같이 보이지요? 캐나다의 국화가 뭐예요?

유아 단풍나무요.

교사 잎이 이렇게 생긴 단풍나무를 사탕단풍나무라고 해요. 그래서 캐나다의 국기에는 이렇게 사탕단풍나무의 잎이 그려져 있어요. 그러면 캐나다의 수도가 어디인지 알고 있나요?

유아 오타와예요.

교사 와~ 우리 친구들이 너무나 잘 알고 있네요.
그러면 캐나다에서는 어떤 말을 사용하고 있을까요?

유아 미국처럼 영어를 써요.

교사 그래요. 영어를 사용하기도 하고 또 프랑스어를 같이 사용하고 있다고 해요.

➔ 캐나다의 국기, 국화, 언어를 알아보면서 유아들이 이전에 책이나 다른 정보 자료를 통해 이미 알고 있는 부분이 많이 있었다. 앞으로 캐나다의 많은 것들을 유아들과 알아보기로 하였다.

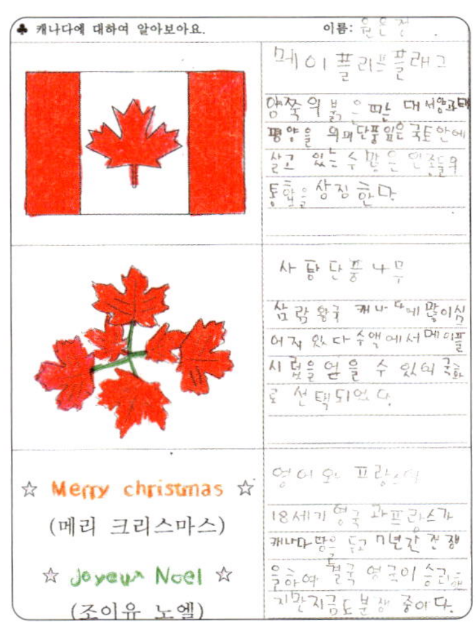

캐나다의 국기, 국화, 언어

활동 2-13 캐나다의 전통 의상과 음식에 대하여 알아보아요

❀ 캐나다의 전통 의상과 전통 음식에 대하여 이야기 나누었다.

교사 캐나다는 영국과 스코틀랜드라는 나라의 영향을 많이 받은 나라예요.
그래서 옛날 사람들이 입던 옷도 그 나라들과 비슷한 것을 입었는데 남자의 경우 킬트라는 치마처럼 된 옷을 입었고 여자들도 이러한 옷을 입었어요.

유아 그러면 남자도 여자도 같은 옷이네요?

교사 그리고 또 우리 친구들 드레스 알지요?

유아 네.

유아 동화책에서 봤어요.

유아 저는 텔레비전에서 봤어요.

교사 그렇군요. 캐나다 사람들은 그러한 드레스 종류의 옷도 입었어요.
그러면 어떤 음식을 먹었는지 알아볼까요?

유아 와~ 큰 새우다!

교사 바로 바닷가재예요. 이곳은 해산물이 풍부해서 이러한 바닷가재로 랍스터라는 요리를 만들어서 먹어요.
그리고 캐나다의 국화는 무엇이라고 했나요?

유아 사탕단풍나무요.

교사 맞아요. 사탕단풍나무에서는 맛있는 메이플 시럽이라는 것을 얻을 수 있어요. 나무에서 수액을 뽑는 것인데요, 그것이 바로 메이플 시럽이라는 거예요.
우리가 빵이나 과자에 잼 등을 발라 먹는 것처럼 캐나다에서는 이 시럽을 이용해서 많은 음식을 만들어서 먹어요.

유아 맛있을 것 같아요.

유아 달콤할 것 같아요.

➔ 전통 의상을 보고 남자가 치마도 입었다고 이야기하며 재미있어 하였고, 캐나다의 음식 중에서도 사탕단풍나무에서 뽑는 수액으로 메이플 시럽이라는 것을 만들어서 먹을 수 있다는 이야기에 놀라워하며

맛있을 것 같다고 유아들이 이야기하였다.

의상-이누이트 옷, 음식-푸틴

의상-드레스 옷, 음식-메이플 시럽

활동 2-14 캐나다에 살고 있는 동물을 알아보아요

⊛ 캐나다에 살고 있는 다양한 동물들을 알아보기로 하였다.

교사 캐나다는 자연환경이 깨끗하고 사람들이 잘 보존하고 있어서 많은 동물들이 살아가고 있어요. 캐나다에 어떤 동물들이 살고 있는지 알아볼까요?

유아 네.

유아 선생님, 저는 옛날에 곰이 살고 있는 것도 봤어요.

교사 그랬군요. 그러면 정말 곰이 사는지도 알아보도록 해요. 자, 이 동물은 무엇일까요?

유아 다람쥐처럼 생겼어요.

교사 바로 비버라는 동물인데요, 캐나다에서는 아주 유명하고 캐나다를 대표하는 동물이에요. 그래서 캐나다 돈에도 이 비버가 그려져 있어요. 자, 이것은 무엇일까요?

유아 곰이에요.

유아 와~ 진짜 곰이다!

교사 정말 곰이 살고 있네요. 그리고 그 다음 그림을 볼까요?

유아 사슴이다, 사슴!

유아 뿔도 있다.

교사 이 동물은 사슴처럼 생겼지만 다른 이름이 있어요. 바로 엘크라고 해요. 이렇게 멋진 뿔도 가지고 있어요.

➔ 캐나다에 살고 있는 여러 종류의 동물들을 그림 자료로 보여 주었더니 유아들이 좋아하였고 직접 동물을 그림으로 표현해 보는 활동도 하였다.

흰머리 독수리입니다.

엘크입니다.

활동 2-15 캐나다의 스포츠 종류에 대하여 알아보아요

❀ 캐나다에서 즐겨 하는 다양한 스포츠에 대하여 이야기 나누었다.

교사 북아메리카에서는 다양한 스포츠를 옛날부터 즐겨 왔어요. 그래서 오늘은 우리가 알아보고 있는 캐나다에서는 어떤 스포츠를 하고 있는지 알아보기로 해요.

유아 선생님, 아이스하키를 한다고 책에서 봤어요.

교사 와~ 그랬어요? 아이스하키는 어떤 장소에서 하는 건지 알아요?

유아 얼음 위에서 하는 거예요.

교사 그래요. 캐나다에서는 추운 날씨 때문에 이런 얼음 위에서 하는 스포츠를 즐겨서 했어요. 그리고 옛날 캐나다 인디언들이 즐겨 했던 운동이 있는데 바로 라크로스라는 거예요.

유아 어~ 아이스하키랑 비슷한 것 같아요.

교사 그렇게 보이지요? 그런데 여기 자세히 보면 들고 있는 채에 이렇게 그물이 있는데 그 안에 공을 넣어서 상대방의 골에 먼저 가서 넣으면 이기는 운동이에요.

→ 캐나다의 스포츠 중에서도 추운 지방에서 즐겼던 아이스하키라는 스포츠를 그림 자료로 보여 주었더니 유아들이 텔레비전이나 책에서 본 경험이 있다며 이야기하기도 하였다.

야구입니다.

아이스하키입니다.

활동 2-16 캐나다의 자원에 대하여 알아보아요

캐나다의 자연환경에서 얻을 수 있는 다양한 자원에 대하여 이야기 나누었다.

교사 캐나다는 자원이 풍부한 나라로 알려져 있어요. 어떤 자원들이 있는지 알아보기로 해요. 자원은 우리가 자연으로부터 얻을 수 있는 모든 것들을 이야기해요. 우선 우리가 알고 있는 캐나다의 국화는 무엇이었나요?

유아 사탕단풍나무요.

교사 그래요. 그 나무에서 무엇을 얻을 수 있다고 했나요?

유아 메이플 시럽이요.

유아 그러면 사탕단풍나무가 자원이에요?

교사 맞아요. 이렇게 캐나다에는 사탕단풍나무 말고도 다양한 나무들이 있어서 나무 자원이 풍부하다고 해요. 또 캐나다에서는 농사를 많이 짓는데 그중에서도 밀농사가 많아서 다른 나라에 밀을 팔기도 해요. 그리고 석유나 천연가스 등과 같은 주요한 에너지 자원이 캐나다에는 풍부하게 있어요.

유아 선생님, 자원이 정말 많은 것 같아요.

유아 자원을 보호해야 계속 쓸 수 있어요.

교사 우리 친구들이 참 훌륭한 생각을 하고 있네요.

→ 캐나다의 자연에서 얻을 수 있는 자원이 많이 있다는 것을 알고 유아들이 놀라워하였고 그러한 자연을 보호해야 한다고 이야기하기도 했다.

캐나다에는 농사를 많이 지어요.

캐나다에는 나무가 많아요.

활동 2-17 멕시코의 국기, 국화, 언어, 수도에 대하여 알아보아요

북아메리카에 있는 나라 중에서 마지막으로 멕시코에 대하여 알아보기로 하였다.

교사 여기 있는 것은 어느 나라의 국기일까요?

유아 멕시코예요.

교사 그래요. 멕시코의 국기에는 동물이 그려져 있는데 어떤 동물인지 알고 있나요?

유아 독수리가 있어요.

교사 독수리가 뱀을 물고 있는 모습이에요. 그리고 왼쪽에는 빨강, 오른쪽은 초록색으로 되어 있어요. 그러면 멕시코의 국화는 무엇일까요?

유아 달리아예요.

교사 바로 이것이 달리아라는 꽃이에요. 멕시코의 수도는 어디일까요?

유아 멕시코시티예요. 책에서 봤어요.

교사 맞아요. 바로 멕시코시티가 수도이고 멕시코에서는 스페인어를 사용하는데 스페인어를 다른 말로 에스파냐어라고도 해요.

→ 멕시코와 관련된 책을 보면서 그 나라의 국기, 수도, 언어를 유아들과 알아보고 직접 그림과 글씨를 쓰며 다시 한 번 생각해 볼 수 있는 시간을 가졌다.

활동 2-18 멕시코의 전통 의상과 음식에 대하여 알아보아요

멕시코 사람들의 전통 의상과 음식에 대하여 이야기 나누었다.

교사 오늘은 멕시코의 전통 의상과 음식을 알아보기로 해요.
여기 선생님이 가지고 온 그림을 볼까요?

유아 와~ 큰 모자예요!

교사 이것은 솜브레로라고 하는 모자예요. 멕시코의 날씨가 더워서 햇빛을 피하기 위해 이렇게 챙이 넓고 올라간 모자를 썼어요.
자, 여기 남자들이 입고 있는 옷을 보세요.

유아 바지가 길어요.

유아 티셔츠도 입었어요.

유아 어깨에 천을 덮고 있어요.

교사 바로 판초라는 것인데 비가 오거나 날씨가 추워지면 판쵸를 입고 다녀요.

유아 선생님, 여자 옷도 보고 싶어요.

교사 여기 이렇게 여자 옷도 가지고 왔어요.

유아 와~ 치마를 입었어요.

유아 작은 모자도 쓰고 있어요.

교사 이렇게 남자는 면 티셔츠와 긴 바지를 입었고요, 여자는 긴 블라우스에 긴 치마를 입고 레보소라는 것을 머리에 덮어서 썼어요.
그러면 멕시코 사람들이 먹었던 음식을 살펴봐요.

유아 맛있겠다.

유아 월남쌈이랑 비슷한 것 같아요.

교사 바로 이것은 타코라고 하는 음식이에요.
옥수수가루로 이렇게 전을 붙어서 그 위에 채소, 고기 등을 놓고 소스를 뿌려서 먹는 음식이에요.

→ 유아들이 그림 자료를 보며 멕시코의 전통 의상과 음식에 흥미를 보이고, 직접 그려 보기도 하면서 적

극적으로 활동에 참여하였다.

"솜브레로 모자를 그릴 거야."

의상–판초, 음식–따말

활동 2-19 멕시코의 유명한 곳과 상징물에 대하여 알아보아요

※ 멕시코에 대해 알아보면서 유명한 것이나 멕시코를 나타낼 수 있는 것들을 궁금해하여 알아보기로 하였다.

교사 오늘은 멕시코의 유명한 곳과 멕시코를 나타내는 상징물에 대하여 알아보기로 해요. 선생님이 가지고 온 그림을 보면서 이야기해 볼까요?

유아 피라미드예요.

교사 이것은 태양의 피라미드라는 것인데요, 멕시코에는 이집트보다 더 많은 피라미드가 있다고 해요. 그리고 특이하게 피라미드 끝이 뾰족하지 않고 제사를 지내기 위해서 이렇게 평평하게 되어 있어요.

유아 그러면 저기 끝까지 사람이 올라가요?

교사 네. 그리고 태양의 기를 받으려고 기도도 해요.

유아 끝까지 올라가려면 힘들 것 같아요.

교사 그런 생각을 했군요. 다음 그림을 살펴볼까요? 이것은 무엇일까요?

유아 솜브레로예요.

유아 멕시코 사람들이 쓰는 모자다!

유아 저기 고추 그림도 보여요.

교사 멕시코 사람들은 매운 음식을 좋아하는데 그래서 고추를 이용한 소스도 많고 고추도 좋아해요.

유아 선생님, 저도 매운 것 잘 먹어요.

교사 그렇군요. 자, 이곳은 어디인가요?

유아 사막이에요.

유아 사막은 아주 더운 곳이에요.

교사 사막에서 볼 수 있는 식물은 무엇이 있을까요?

유아 선인장이에요.

유아 뾰족뾰족한 가시도 있어요.

교사 맞아요. 이렇게 멕시코의 사막에도 선인장이 많이 자라나고 있어요.

➔ 그림 자료를 보면서 멕시코에서 유명한 것과 상징물을 알아보고 직접 그림과 글로 표현해 보았다. 그리고 미술 활동으로 색종이를 이용하여 선인장을 접어 보고 종이에 붙여 꾸며 보았다.

선인장이 유명해요.

태양의 피라미드

미술 활동–색종이로 선인장 접기

활동 2-20

멕시코의 스포츠에 대하여 알아보아요

멕시코의 스포츠를 알아보고 직접 체험해 보기로 하였다.

교사 멕시코는 여러 가지 스포츠를 즐기는 나라 중의 하나예요.
그중에서도 공을 가지고 하는 스포츠가 유명하다고 해요.
유아 축구예요!
교사 와~ 잘 알고 있네요. 멕시코는 월드컵을 2번이나 개최할 정도로 축구 강국이에요.
우리 친구들도 축구를 해 본 적이 있나요?
유아 네.
유아 아빠랑 학교 운동장에서 해 봤어요.
유아 형이랑 집에서 축구를 했어요.
교사 그렇군요. 그러면 우리 밖에 나가서 다 같이 축구 경기를 직접 해 볼까요?
유아 네.
(축구를 하고 나서)
교사 축구를 한 후 기분이 어땠어요?
유아 땀도 났지만 재미있었어요.
유아 공을 차서 기분이 좋았어요.

→ 멕시코의 스포츠인 축구를 직접 체험해 보고 유아들이 정말 재미있고 신나는 운동이라고 이야기하며 좋아했다. 그리고 축구를 많이 하면 몸이 튼튼해질 것 같다고 말하며 "다음에 또 해요."라고 말하는 유아들의 모습에 웃음이 나왔다.

활동 2-21 멕시코의 축제에 대하여 알아보아요

멕시코에서 열리는 축제를 알아보고 유아들이 축제에 대하여 관심을 가질 수 있도록 하였다.

교사 멕시코에서는 다양한 축제가 많이 열려요. 그래서 오늘은 멕시코에서 유명한 축제를 알아보기로 해요. 자, 이것은 무엇인가요?

유아 피라미드다!

교사 맞아요. 여기 피라미드에 올라가서 태양을 향해서 두 팔을 벌리고 이렇게 태양의 기를 받으면 일 년 동안 잔병치레 없이 잘 지낼 수 있다고 해서 열리는 에키녹시오 축제예요. 다음 그림을 볼까요?

유아 와~ 예쁘다.

유아 반짝반짝거려요.

교사 포사다 축제라는 거예요. 우리 친구들 크리스마스 알지요?

유아 네.

교사 멕시코에서는 크리스마스가 있는 12월이 되면 집에 이렇게 전등으로 장식도 하고 예쁘게 꾸며서 이야기에 나오는 것처럼 아기 예수가 쉬어 갈 수 있도록 해 준다고 해요.

→ 멕시코에서 열리는 다양한 축제를 알고 축제에 참여하는 사람들의 모습이 행복해 보인다고 이야기하기도 하였다.

이것은 어떤 축제 같나요?

포사다 축제

에키녹시오 축제

활동 2-22 아시아와 북아메리카 사람들의 모습을 비교해 보아요

※ 북아메리카에 대하여 알아보고 마무리하면서 유아들이 우리가 살고 있는 아시아 사람들과 북아메리카 사람들을 비교해 볼 수 있도록 하였다.

교사 오늘은 북아메리카 사람들과 우리가 그 전에 알아본 아시아 사람들의 모습을 서로 비교해 보는 시간을 갖기로 해요.
아시아와 북아메리카 사람들은 서로 다른 점도 있지만 같은 점도 갖고 있어요.
우선 다른 점을 먼저 이야기해 볼까요?

유아 피부색이 다른 것 같아요.

유아 맞아요. 북아메리카 사람들 중에는 백인이 있어요.

유아 흑인도 있어요.

유아 아시아 사람들은 황인종이라고 했어요.

교사 그렇군요. 또 어떤 점이 다른 것 같아요?

유아 사람들이 입었던 옷이 달라요.

유아 우리나라는 한복을 입었고 캐나다는 킬트를 입었어요.

교사 맞아요. 그 나라마다의 전통 의상도 달랐어요.

유아 먹는 음식도 다른 것 같아요.

교사 와~ 다른 점이 정말 많이 있네요.
하지만 북아메리카와 아시아 사람들이 모두 갖고 있는 같은 점도 있는 것 같아요.
어떤 것이 있을까요?

유아 스포츠를 좋아해요.

유아 맞아요. 우리나라도 축구를 하는데 멕시코도 축구를 좋아했어요.

교사 그렇군요. 또 어떤 같은 점이 있을까요?

유아 우리 모두 지구에 살고 있어요. 아시아도 지구에 있고 북아메리카도 지구에 있는 거잖아요.

교사 와~ 정말 그렇네요. 우리가 사는 아시아 대륙과 북아메리카 대륙이 모두 다 지구에 있는 대륙이군요.

→ 다른 점도 있지만 같은 점도 있어서 좋다고 이야기하는 유아들의 모습을 보면서 여러 나라 사람들과 함께 살아가고 있음을 유아들도 느끼는 것 같아 좋았다.

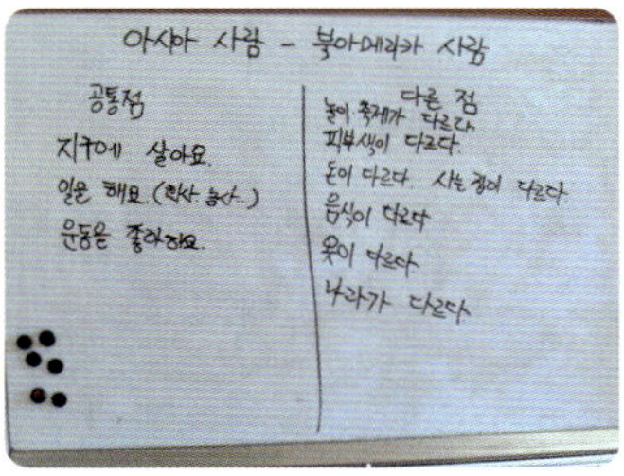

북아메리카와 아시아 사람들의 같은 점과 다른 점

같은 점–지구에 살아요.
다른 점–피부색이 다르다.

같은 점–농사를 해요.
다른 점–음식이 다르다.

활동 2-23 우리나라에 도움을 준 북아메리카 사람들

북아메리카 사람들과 우리나라의 관계에 대하여 이야기 나누고 유아들이 생각해 볼 수 있도록 하였다.

교사 우리나라는 옛날부터 북아메리카의 나라들과 관계를 갖고 살아왔어요. 그리고 우리나라에 도움을 준 나라들도 많이 있어요. 그래서 오늘은 우리나라를 도와준 북아메리카의 사람들에 대하여 알아보기로 해요. 우리 친구들 6.25 전쟁에 대하여 들어 본 적 있지요?

유아 네.

유아 북한과 우리나라가 전쟁을 했어요.

교사 그래요. 그때 미국의 군인들이 와서 우리나라를 도와 같이 싸워 주었어요.

➔ 북아메리카에 있는 나라들이 우리나라를 위해 싸워 주고 보살펴 주었다는 점에 큰 고마움을 느끼는 것 같았다.

미국이 우리나라를
도와줘서 고마웠다.

북한과 우리나라가 전쟁할 때
미국 군인들이 와서 도와주었다.

활동 2-24

북아메리카로 건너간 사람들

우리나라 사람들이 어떻게 해서 북아메리카로 건너가게 되었는지 생각해 보기로 하였다.

교사 우리나라 사람들 중에서는 북아메리카로 가서 살고 있는 사람들이 많아요. 왜 우리나라 사람들이 북아메리카까지 가서 살게 되었는지 생각해 보고 발표해 보기로 해요.

유아 미국 사람과 결혼을 해서 북아메리카에서 살게 된 것 같아요.

교사 그런 생각을 했군요.

유아 북아메리카에는 동물들이 많이 살고 있어서 어떤 동물들이 있는지 조사하기 위해 간 것 같아요.

유아 일을 하기 위해서 간 사람도 있어요.

교사 그리고 미국에 가면 코리아타운이라는 곳이 있어요. 코리아가 뭘까요?

유아 대한민국이요.

교사 그래요. 미국에 우리나라 마을이 있어요. 그곳에 가면 한국 음식을 먹을 수 있는 한국 식당이나, 한국 슈퍼마켓 등 우리나라와 관련된 많은 것이 있어서 우리나라 사람들이 편리하게 생활하고 있어요.

→ 우리나라 사람들이 생각하는 것보다 많이 북아메리카 대륙으로 건너가서 살고 있다는 것을 알고 놀라워하는 유아들의 모습을 보았다. 그리고 나중에 커서 어른이 되면 북아메리카에 가 보고 싶다고 말하는 유아들도 있었다.

일을 하려고 갔어요.

결혼을 해서 북아메리카에 살아요.

3. 남아메리카

활동 3-1 남아메리카에 대한 이전 경험 이야기 나누기

※ 남아메리카에 대하여 유아들이 미리 경험했던 것들에 대하여 이야기 나누었다.

교사 오늘부터 남아메리카에 대하여 알아보기로 했지요?

유아 네.

교사 남아메리카에 대해서 알고 있는 것들이 있나요?

유아 남아메리카에 있는 나라를 알아요.

유아 브라질이랑 칠레가 있어요.

유아 파라과이도 있어요.

유아 수리남도 남아메리카에 있는 나라예요.

교사 또 남아메리카에 대해서 책이나 텔레비전에서 보고 들은 것이 있나요?

유아 선생님, 친구가 가지고 온 책에서 남아메리카 지도를 봤어요.

유아 집에서 책을 읽었는데 브라질에 있는 아마존 강에는 크로커다일이 산다는 걸 알았어요.

교사 와~ 그렇군요.

유아 저도 책에서 페루에 있는 라마라는 동물을 봤어요.

유아 텔레비전에서 스페인에서 열리는 토마토 축제를 보았어요.

➔ 유아들이 프로젝트를 하는 과정에서 남아메리카에 대해 책이나 텔레비전, 인터넷으로 들은 것을 이야기하는 모습을 볼 수 있었다.

남아메리카에 대한 책을 읽었다.

집에서 아마존에 사는 동물을 봤어요.

활동 3-2 남아메리카에는 어떤 나라들이 있을까요?

남아메리카에 어떤 나라가 있는지 알아보기로 하였다.

교사　남아메리카에는 어떤 나라들이 있는지 이야기해 볼까요?

유아　브라질이 있어요.

유아　칠레와 페루도 있어요.

유아　가이아나도 있어요.

교사　그렇군요.

유아　파라과이랑 우루과이도 있어요.

교사　와~ 우리 친구들이 많이 알고 있네요. 그러면 친구들이 이야기한 나라들의 국기에 색칠해서 멋진 남아메리카 국기들을 완성해 보기로 해요.

유아　교실에다 달면 멋있을 것 같아요.

교사　좋은 생각이네요. 그러면 멋진 만국기를 만들기로 해요.

→ 남아메리카에 있는 나라를 알아보면서 직접 국기도 그려서 색칠해 보고 남아메리카 나라들의 국기를 낚싯줄에 연결하여 교실 천장에 달아 주었더니 "꼭 남아메리카에 온 것 같아요."라고 외치며 좋아했다.

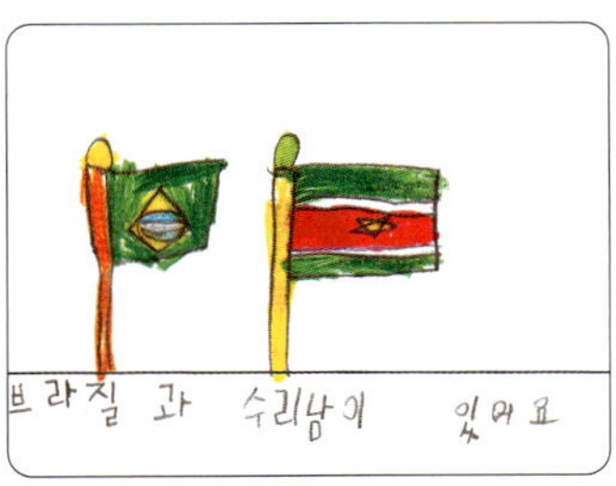

브라질과 수리남이 있어요.

활동 3-3
남아메리카에 대한 생각 모으기 및 유목화하기

❀ 남아메리카 하면 생각나는 것을 모아 보고 같은 것끼리 유목화하는 활동을 하기로 하였다.

교사 남아메리카 하면 무엇이 떠오르는지 생각해 보기로 해요.

유아 남아메리카에 있는 나라가 생각나요.

유아 브라질, 페루가 있어요.

유아 베네수엘라도 남아메리카에 있는 나라예요.

교사 나라 말고 또 어떤 것이 생각나요?

유아 책에서 브라질에 있는 아마존 강을 봤어요.

교사 그렇군요. 또 무엇이 생각나요?

유아 아나콘다도 생각나요.

유아 악어도 생각나요.

유아 브라질 수도는 브라질리아예요.

유아 삼바 춤도 유명해요.

교사 와~ 우리 친구들이 남아메리카에 대하여 많이 알고 있네요.
그러면 우리 친구들이 이야기한 것을 종이에 적어서 붙여 같은 것끼리 찾는 유목화 활동을 해 보기로 해요.

➔ 남아메리카에 대한 생각 모으기를 한 후 유목화를 하는 과정 속에서 유아들이 남아메리카에 대한 관심도 커지고 적극적으로 활동에 참여하는 모습을 볼 수 있었다.

나라	수도	국화	유명한 것	동물
페루 칠레 수리남 브라질 과테말라 가이아나 콜롬비아 …	산티아고 보고타 브라질리아 카라카스 키토 리마 …	해바라기 재스민 카틀레야 리카스테 꽃고비 피토라카 …	축구 커피 마추픽추 와인 안데스 산맥 리우 축제 …	아나콘다 악어 피라니아 앵무새 블랙 카이만 …

| 남아메리카에 대한 생각 모으기 및 유목화 |

활동 3-4 남아메리카 유아 주제망 그리기

※ 남아메리카에 대하여 유목화한 것을 가지고 주제망 그리기 활동을 했다.

교사 오늘은 남아메리카에 대하여 유목화한 것을 가지고 주제망을 그리기로 해요.

유아 네.

교사 선생님이 소주제는 미리 이렇게 붙여 왔어요. 나머지는 우리 친구들이 직접 종이에 적고 여기 나와서 붙이면서 남아메리카 주제망을 완성하기로 해요.

유아 네.

➔ 유목화한 내용을 가지고 유아 주제망을 그려 보았는데, 종이에 각자 글씨를 쓰고 하나씩 연결하면서 큰 주제망을 완성하였다. 주제망을 그리고 난 후 "와~ 남아메리카 주제망이 정말 커요."라고 말하면서 유아들이 좋아했다.

주제망에 들어갈 내용을 써서 붙이는 유아

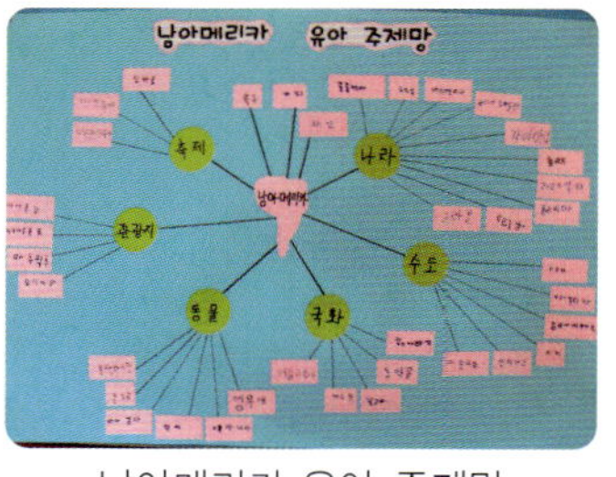

남아메리카 유아 주제망

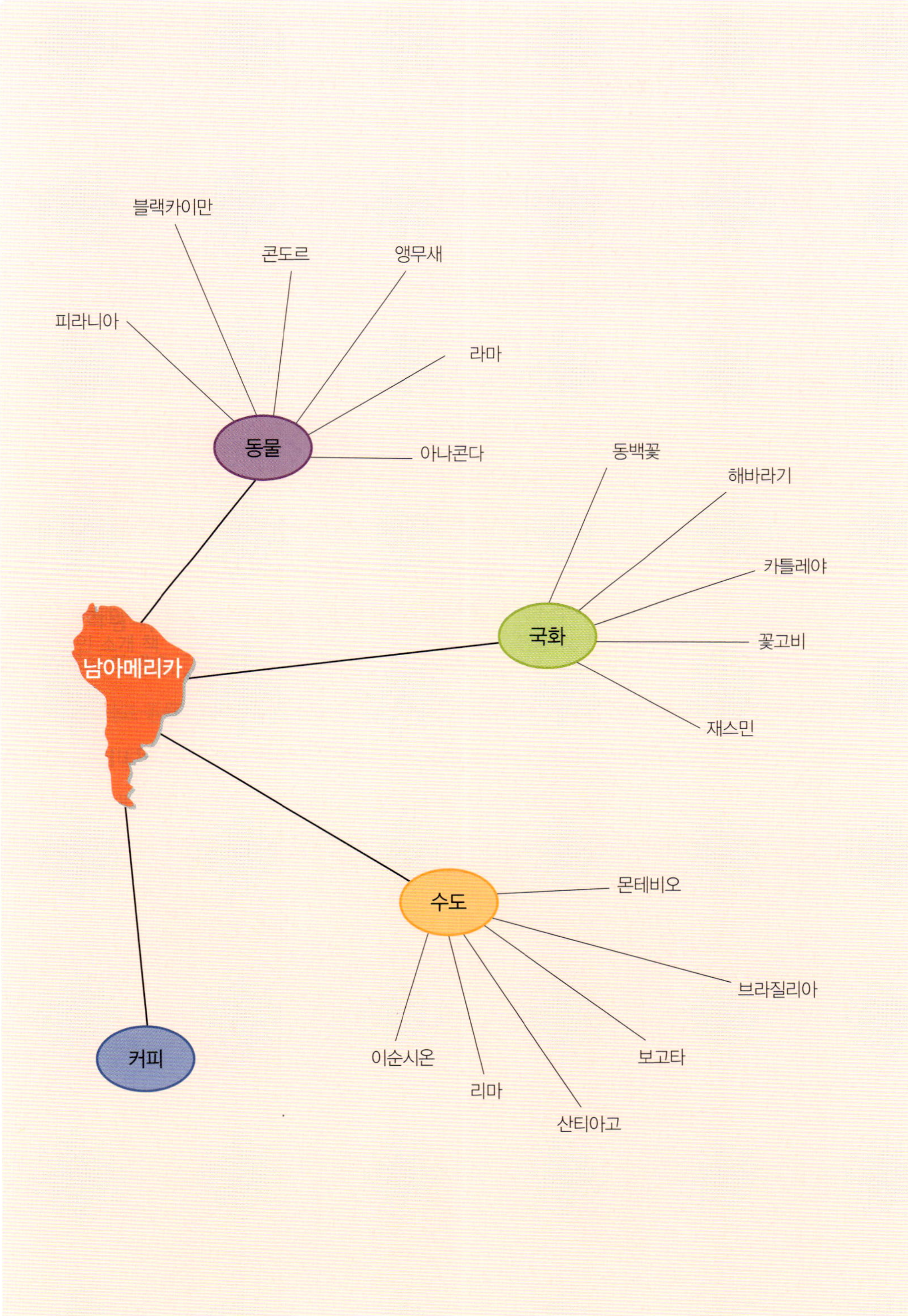

| 남아메리카 유아 주제망 1 |

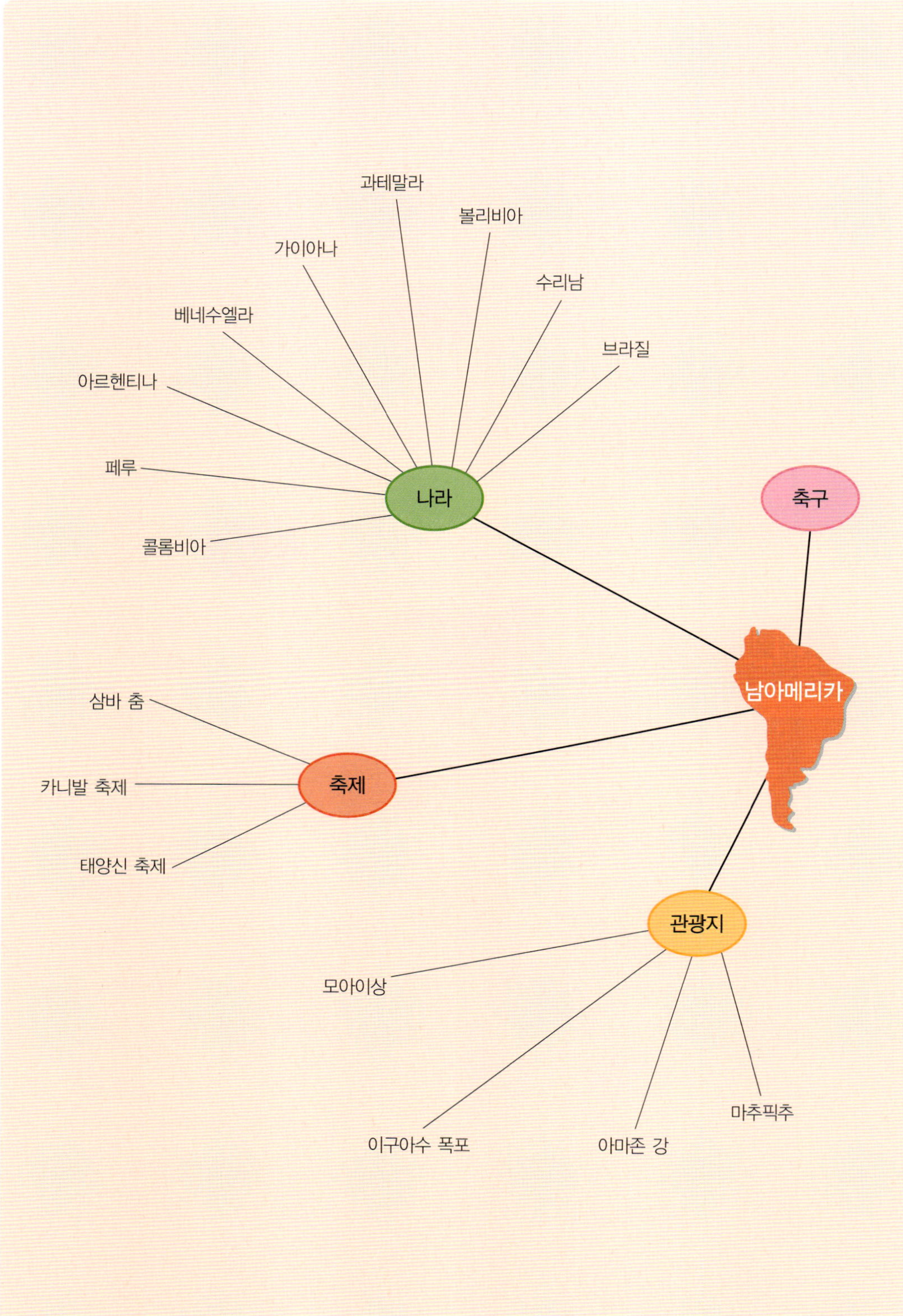

| 남아메리카 유아 주제망 2 |

활동 3-5

남아메리카 유아·교사 공동 주제망 그리기

유아가 그린 주제망과 교사의 주제망을 비교한 후 공동 주제망을 그렸다.

교사 오늘은 어제 우리 친구들이 그린 주제망과 선생님이 그린 주제망을 비교하면서 공동 주제망을 그려 볼 거예요.
어떤 점이 비슷하고 어떤 것들을 우리가 알아 나가면 좋을지 생각해 보면서 주제망을 완성해 보기로 해요.

유아 네.

→ 교사 주제망에만 있고 유아 주제망에 없는 것들을 비교해 보면서 앞으로 남아메리카에 대하여 알아 나갈 것을 주제망을 통해 유아들이 알 수 있었던 시간이 되었다.

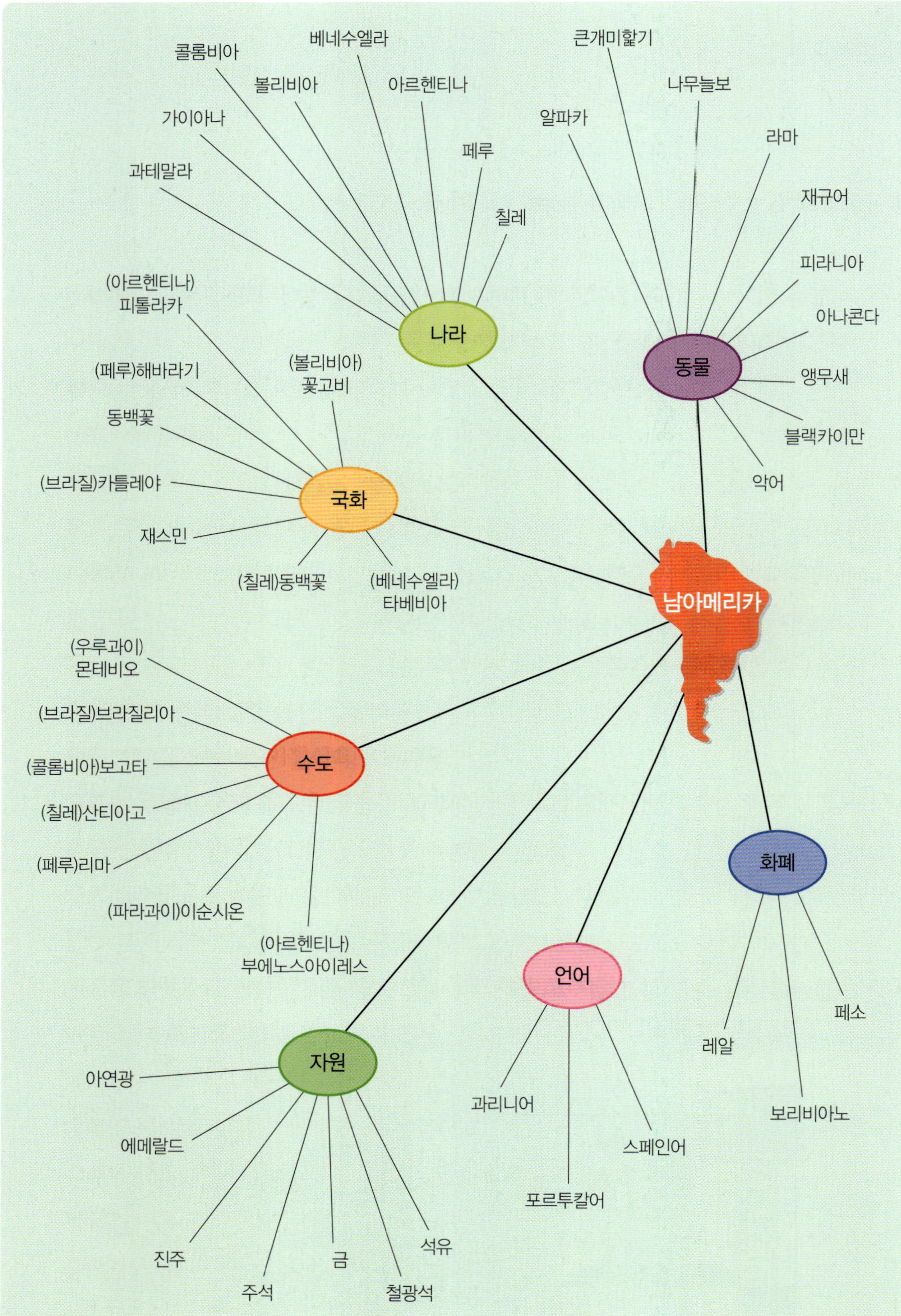

| 남아메리카 유아 · 교사 공동 주제망 1 |

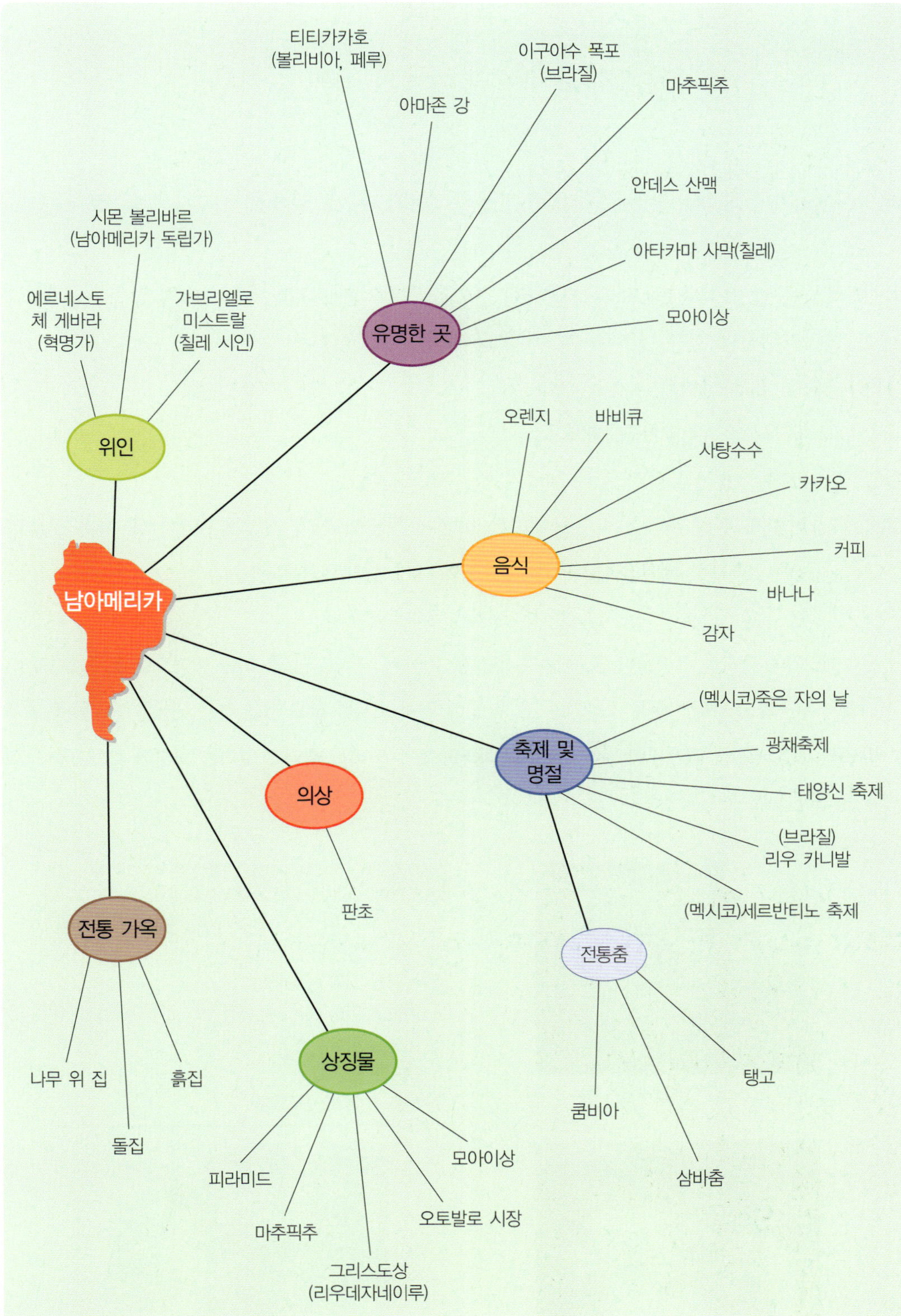

| 남아메리카 유아 · 교사 공동 주제망 2 |

활동 3-6 남아메리카에 대하여 궁금한 점이 있어요

※ 남아메리카에 대하여 알아보면서 궁금한 점을 이야기 나누고 집에 가서 조사해 오기로 하였다.

교사 오늘은 남아메리카에 대하여 궁금한 점들을 이야기해 보기로 해요. 어떤 점이 궁금해요?

유아 남아메리카에 있는 나라와 수도가 궁금해요.

유아 국화도 알고 싶어요.

교사 그렇군요. 또 무엇이 궁금해요?

유아 남아메리카에서 유명한 것은 무엇이 있는지 궁금해요.

교사 자, 이렇게 우리 친구들이 궁금해하는 점을 선생님이 여기 기록해 보았는데 여기서 우리 친구들이 조사할 내용을 종이에 쓰고 집에 가서 찾아오기로 해요.

➜ 남아메리카에 대하여 유아들이 궁금해하는 점들을 이야기 나누고 난 후 어떤 방법으로 조사할지와 어디에서 누구와 조사하면 좋을지 생각해 본 후 집에 가서 조사를 하고 직접 찾은 내용을 친구들 앞에서 발표해 보는 시간을 가지면서 남아메리카에 대하여 알게 되어서 좋다고 말하는 모습에 흐뭇함을 느낄 수 있었다.

유아들이 궁금해하는 점

남아메리카에 대하여 궁금한 점

1. 남아메리카에 있는 나라, 수도, 국화가 궁금해요.
2. 어떤 동물들이 살고 있나요?
3. 유명한 것이 궁금해요.
4. 어떤 언어를 사용하나요?
5. 어떤 놀이를 하는지 궁금해요.
6. 축제가 궁금해요.
7. 전통 음식이 궁금해요.

궁금한 점을 종이에 쓰고 있어요.

집에서 조사해 온 내용을 발표하는 유아

활동 3-7 브라질의 국기, 국화, 수도, 언어에 대하여 알아보아요

※ 브라질에 대하여 소개하면서 국기, 국화, 수도, 언어를 알아보기로 했다.

교사 어떤 점에 대하여 알고 싶나요?

유아 남아메리카에 있는 나라의 국화를 알고 싶어요.

유아 어떤 집에서 살고 있는지 궁금해요.

유아 어떤 언어를 사용하는지 궁금해요. 브라질의 국기, 국화, 언어, 수도에 대하여 알아보아요.

교사 우리 친구들, 이 국기는 어느 나라일까요?

유아 브라질이에요.

교사 그래요. 그리고 이 꽃은 브라질의 국화인데요, 바로 카틀레야라는 꽃이에요.
색깔도 다양하고 여러 종류가 있어요.

유아 와~ 예쁘다.

교사 그리고 브라질의 수도는 어디인지 알고 있나요?

유아 브라질리아예요.

교사 그리고 브라질에서는 대부분 포루투칼어를 사용하고 있어요.

➔ **브라질의 국기, 국화 등에 대하여 알아보면서 브라질이라는 나라에 관심을 갖고 브라질과 관련된 정보들을 알고 와서 이야기하는 모습도 볼 수 있었다.**

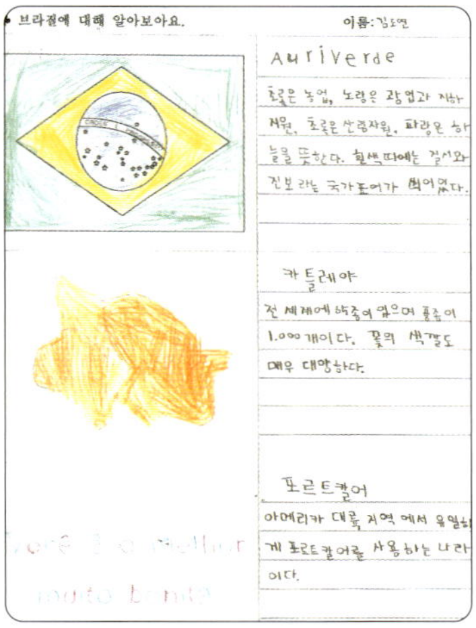

활동 3-8 브라질의 유명한 것을 알아보아요

❀ 브라질에서 유명한 것을 알아보기로 하고 기억에 남는 유명한 것을 그림과 글로 표현하기로 하였다.

교사 브라질에서는 어떤 것들이 유명한지 이야기해 보기로 해요.
유아 삼바 춤을 좋아해요.
유아 이렇게 추는 거예요. 텔레비전에서 봤어요.
교사 그렇군요. 또 무엇이 유명할까요?
유아 커피도 유명해요.
유아 브라질에서는 축구 선수도 유명해요. 월드컵 경기 할 때 브라질도 있었어요.
교사 그래요. 우리 친구들이 브라질에 대하여 잘 알고 있네요.

→ 유명한 것을 알아보면서 커피는 집에서 엄마, 아빠가 마시기도 한다며 이야기하는 모습도 볼 수 있었고 유아들이 특히 아마존 강에 대한 이야기를 듣고 더 알고 싶어 하여 다음 시간에는 아마존 강에 대하여 좀 더 자세히 알아보기로 하였다.

브라질의 유명한 것을 알아보아요.

브라질에서 커피가 유명해요.

브라질에서 축구가 유명해요.

그리스도 상이 유명해요.

활동 3-9

아마존 강에 대하여 알아보아요

유아들이 궁금해하는 아마존 강의 특징들을 책과 그림 자료를 통해서 알아보기로 하였다.

교사 브라질의 유명한 곳을 알아보면서 아마존 강에 대하여 많은 궁금증을 갖게 되었지요? 그래서 오늘은 아마존 강에 대하여 좀 더 자세히 알아보기로 해요. 자, 선생님이 가지고 온 책을 볼까요?

유아 와~ 숲 속이다.

교사 이렇게 아마존에는 넓은 강과 나무가 많이 있어요. 무엇이 보이나요?

유아 물고기가 있어요.

유아 책에서 봤는데 식인 물고기도 있었어요.

교사 그래요. 바로 피라니아라는 물고기예요. 여기 동물이 또 있네요.

유아 악어예요. 악어!

유아 선생님, 커다란 뱀도 보여요.

유아 무서워요.

교사 이것은 아나콘다라고 하는 아주 큰 뱀이에요.

→ 아마존 강에 대하여 좀 더 많이 알게 되어서 기분이 좋다고 말하는 유아들의 모습을 보니 흐뭇했고 아마존 강을 대표하는 것을 그림과 글로 표현하는 시간을 가졌다.

아마존 강에 나무가 많아요.

아나콘다입니다.

아마존 강 꾸미기 교구를 하고 있어요.

활동 3-10 브라질의 축제에 대하여 알아보아요

⊛ 브라질에서 열리는 축제와 삼바 춤에 대하여 이야기를 나누었다.

교사 오늘은 브라질의 유명한 축제를 소개해 주려고 해요. 선생님이 가지고 온 그림을 볼까요?

유아 와~ 옷이 너무 멋있어요.

유아 사람들이 춤을 추는 것 같아요.

유아 재미있을 것 같아요.

교사 그렇게 보이는군요. 바로 이것은 브라질의 리우에서 열리는 카니발 축제라고 해요. 이날 브라질의 모든 국민들이 거리로 나와서 이렇게 화려한 옷을 입고 삼바 춤도 추고 즐겁게 축제를 즐겨요.

유아 삼바 춤을 본 적이 있어요.

교사 그래요. 삼바 춤을 어떻게 추었나요?

유아 이렇게 췄어요. (춤을 보이며…)

교사 우리도 한번 삼바 춤을 춰 볼까요?

유아 네!

➔ **브라질의 삼바 춤에 대하여 유아들이 많은 관심을 보였다. 직접 일어나 음악에 맞춰 몸을 흔들면서 삼바 춤을 흉내 내 보며 좋아했다.**

삼바 춤을 추는 모습이 신나 보였다.

삼바 춤을 추면 재미있을 것 같아요.

활동 3-11 칠레의 국기, 국화, 수도, 언어에 대하여 알아보아요

❀ 남아메리카 나라 중 두 번째 나라로 칠레에 대하여 이야기를 나누기로 했다.

교사 칠레의 국기에 대하여 알아보기로 해요. 칠레의 국기에는 어떤 색깔이 있나요?

유아 칠레 국기에는 빨강, 흰색, 파란색이 있어요.

교사 빨간색은 칠레 선조들이 독립을 위해서 흘린 피와 인디오를 상징하는 색이에요. 그리고 흰색은 안데스산맥의 눈, 파랑은 칠레의 밝고 깨끗한 하늘, 별은 나라의 자랑과 통일과 진보의 길잡이를 상징해요.

유아 와~

교사 그리고 칠레의 국화는 무엇일까요?

유아 국화는 동백꽃이에요.

교사 와~ 우리 친구들이 잘 알고 있네요. 그러면 수도는 어디일까요?

유아 산티아고예요.

교사 맞아요. 바로 산티아고라는 도시가 칠레의 수도예요. 그리고 칠레는 오랫동안 스페인 사람들에게 지배를 받고 살았는데 그래서 스페인 사람들이 사용하는 에스파냐어를 많이 사용하고 있어요.

➔ 국기의 뜻을 이야기하면서 국기에도 여러 가지 의미가 담겨 있다는 것을 유아들에게 알려줄 수 있었다. 유아들이 앞으로도 칠레에 관심을 가지고 활동에 참여할 수 있도록 해야겠다.

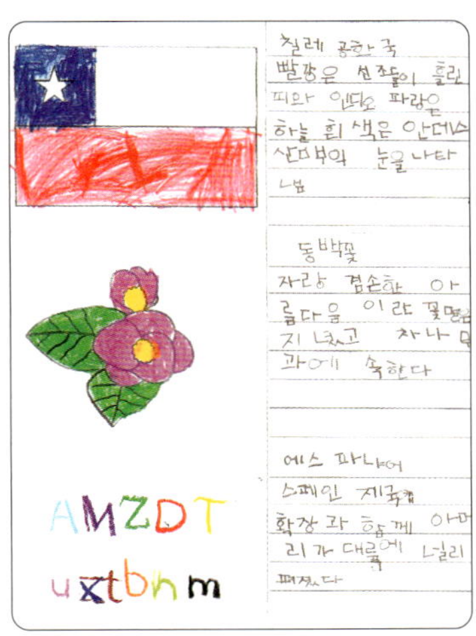

활동 3-12 칠레의 유명한 것에 대하여 알아보아요

❀ 칠레에서 유명한 것에 대하여 이야기 나누었다.

교사 칠레의 유명한 것들을 알아보기로 해요. 칠레에 대하여 듣거나, 보거나, 알고 있는 친구들 있나요?

유아 책에서 칠레의 와인이 유명하다고 했어요.

유아 와인이 뭐예요?

교사 와인은 바로 포도로 만든 술을 이야기해요. 칠레에는 포도 농장이 많아요. 포도를 숙성시켜서 바로 와인을 만들고 있는데 칠레의 와인은 세계에서 유명해요.

유아 우리 집에서 엄마, 아빠가 와인 마시는 것을 본 적이 있어요.

교사 그렇군요. 또 무엇이 유명한지 선생님이 가지고 온 그림을 보고 이야기해 볼까요?

유아 모아이 석상이다!

유아 선생님, 소인국 테마파크에 갔을 때 봤지요?

교사 맞아요. 이것은 칠레 이스터 섬이라는 곳에 있는 모아이 석상이에요. 돌로 만들어진 조각상인데 표정이 어떤 것 같나요?

유아 아무 표정도 없는 것 같아요.

유아 슬픈 것 같아요.

→ 그림을 통해 유아들이 칠레의 유명한 것을 알 수 있도록 도움을 주었다. 그리고 소인국 테마파크로 견학 갔을 때 보았던 것을 기억하고 이야기 나누기에 참여하는 유아들의 모습도 볼 수 있었다.

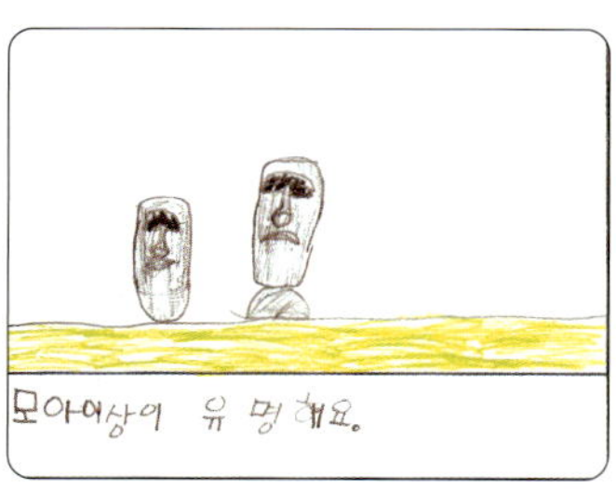

모아이 상이 유명해요.

와인이 유명해요.

활동 3-13

칠레의 지형적 특색을 알아보아요

※ 칠레의 지형적 특징을 이야기 나누고 지진에 대하여 생각하는 시간을 가졌다.

교사 선생님이 뉴스를 봤는데 칠레에서 큰 지진이 일어나 많은 사람들이 다치고 건물도 부서졌다고 했어요.

유아 선생님, 저도 본 것 같아요.?

유아 선생님, 그런데 지진이 왜 일어나요?

교사 우리 친구들은 칠레에서 왜 이렇게 많은 지진이 일어나는 것 같아요?

유아 땅이 튼튼하지 않아서요.

교사 땅 밑에는 판이라는 것이 있어요. 그런데 이 칠레의 땅에 있는 판들은 서로 이렇게 잘 만나서 부딪치면서 지진이 일어나는 거예요. 그래서 땅이 갈라지고 건물도 무너지는 거예요.

유아 그러면 지진이 많이 일어나니까 위험할 것 같아요.

교사 그래요. 지진 때문에 사람들도 다칠 수 있어서 위험해요.

→ 칠레에서 지진이 많이 일어나는 것을 알고 유아들이 깜짝 놀랐다. 그리고 지진 때문에 사람들이 다치거나 위험해질 수 있다고 걱정하는 모습도 볼 수 있었다.

칠레에는 지진이 일어나요.

지진이 일어나면 아플 것 같아요.

활동 3-14 페루의 국기, 국화, 수도, 언어에 대하여 알아보아요

※ 남아메리카의 세 번째 나라로 페루에 대하여 이야기를 나누었다.

교사 페루의 국기는 어디에 있나요? (천장에 있는 만국기를 보며…)

유아 선생님, 저기 3번째에 있어요.

교사 맞아요. 페루의 국기가 저기 있지요?

이 페루 국기는 양쪽에는 빨간색 그리고 가운데는 흰색으로 이루어져 있어요. 페루의 어떤 장군이 전쟁터에 나갈 때 붉은 날개와 흰 가슴을 가진 새가 갑자기 날아올라서 사람들이 놀랐다고 해요. 그래서 이것을 바탕으로 국기 색을 정하게 되었다고 해요.

그리고 국기 가운데 있는 그림을 문장이라고 하는데 페루에 많이 있는 라마, 기나 나무와 국가의 부를 상징하는 풍요각이 그려져 있어요.

유아 와~ 정말 가운데에 나뭇잎 그림도 있고 동물 그림도 보여요.

유아 나도 보여!

교사 그리고 페루의 국화가 무엇인지 알고 있나요?

유아 해바라기예요.

교사 맞아요. 우리 주변에서도 해바라기 꽃을 본 적이 있지요?

유아 네.

교사 페루 사람들은 케추아어라는 언어를 사용하고 있어요. 그리고 공용어로 에스파냐 어, 아이마라 어도 함께 사용하고 있어요.

그러면 페루의 수도는 어디일까요?

유아 리마입니다!

교사 그러면 선생님이 국기, 국화, 언어에 대한 활동지를 나눠 줄 테니 색칠도 하고 글도 써 보아요.

➔ 설명을 들으면서 유아들이 페루에 대하여 알고 있어서 놀라웠다. 그리고 활동지에 직접 색칠하고 글씨도 쓰면서 다시 한 번 국기, 국화, 언어에 대하여 생각해 볼 수 있었다.

페루의 국화는
해바라기예요.

Quechua

활동 3-15

페루의 유명한 것을 알아보아요

❀ 페루의 유명한 것을 그림 자료를 통하여 이야기 나누었다.

교사 오늘은 페루의 유명한 것들을 알아보기로 해요. 유명한 장소나 유명한 것에 대하여 알고 있는 친구 있나요?

유아 페루에 있는 마추픽추가 유명해요.

교사 와! 그렇군요. 어떻게 알게 되었어요?

유아 집에서 책을 읽었는데 마추픽추를 보았어요.

유아 페루 사람들도 판초를 입어요.

교사 그렇군요. 또 다른 것을 알고 있는 친구 있나요?

유아 잘 모르겠어요.

교사 그러면 여기 선생님이 가지고 온 그림을 보면서 어떤 것들이 있는지 살펴보기로 해요.

유아 와~ 궁전 같아요.

교사 이곳은 페루의 수도 리마에 있는 리마 대사원이에요.

유아 선생님, 회오리처럼 생겼어요.

유아 동그랗게 보여요.

교사 이곳은 모라이라는 곳이에요. 이렇게 동그란 원이 점점 이렇게 내려가면서 계단식으로 되어 있는 밭이에요. 각 위치마다 온도가 달라서 자라날 수 있는 식물이 다르다고 해요.

➔ 유아들이 실제로 가 보지는 못하지만 실물 그림을 통해서 페루의 유명한 곳들을 알 수 있어 좋아했다. 그리고 마추픽추에 대하여 궁금해하는 점들이 생겨서 다음 시간에 좀 더 알아보기로 하였다.

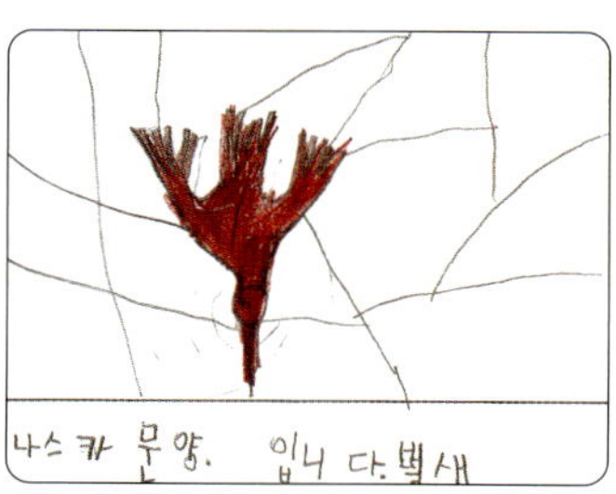

나스카 문양입니다.

티티카카 호의 바루사입니다.

미술 활동으로 판초를 만들었어요.

활동 3-16 페루의 마추픽추에 대하여 알아보아요

마추픽추에 대하여 궁금해하는 점이 많아서 유아들과 함께 이야기를 나누었다.

교사 오늘은 우리 친구들이 지난번에 유명한 곳에 대하여 알아보면서 마추픽추에 대한 궁금한 점이 많은 것 같아서 더 자세히 알아보기로 했지요?

유아 네.

교사 선생님이 그림을 가지고 왔는데 보면서 이야기를 나누기로 해요. 마추픽추는 아주 오래 전에 잉카 사람들에 의해 지어진 건물이라고 해요. 주변에 높은 산으로 둘러싸여 있기 때문에 산 아래에서는 마추픽추가 보이지 않아서 공중의 도시라고도 불려요.

유아 와~ 공중의 도시! 신기해요.

교사 그렇죠? 자 그럼 선생님이 가져온 그림을 보면서 이야기해 볼까요?

유아 선생님, 돌로 된 집 같아요.

교사 여기는 죄를 지은 사람들이 살았던 감옥이래요. 여기 조그만 구멍이 창문 같아요.

유아 감옥에 있으면 힘들 것 같아요.

유아 와~ 계단처럼 되어 있다.

교사 바로 마추픽추의 논밭인데요. 계단처럼 보이지요?

유아 네.

교사 여기는 높은 곳이기 때문에 땅이 평평하지 않아서 이렇게 계단식으로 되어 있어요. 자, 이것은 뭘까요?

유아 집 같아요.

교사 그래요. 바로 마추픽추에 있는 오두막인데요. 사람들이 살았던 집이에요.

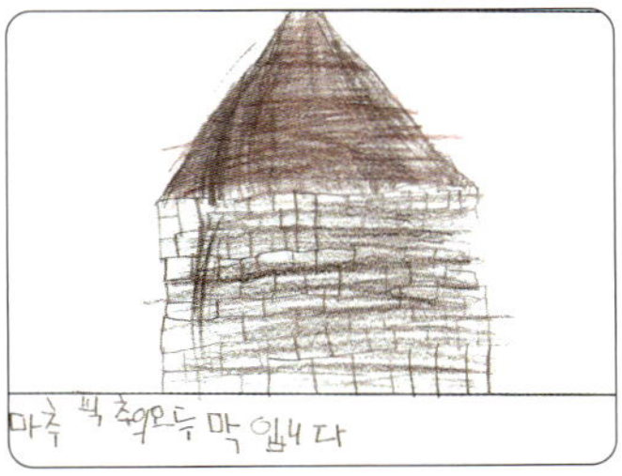

마추픽추의 오두막입니다.

우르밤바 강이 있어요.

→ 마추픽추에 대하여 좀 더 자세하게 알게 되었다고 좋아하는 유아들의 모습을 볼 수 있었다. 그리고 실물 그림을 통해 알게 된 것을 그림으로도 그려 보면서 다시 한 번 생각해 보는 시간을 가졌다.

활동 3-17 남아메리카와 북아메리카의 같은 점과 다른 점

※ 남아메리카를 마무리하면서 북아메리카와 비교해 보기로 하였다.

교사 오늘은 남아메리카에 대하여 마무리를 할 거예요. 그런데 우리가 그전에 어떤 대륙을 알아보았나요?

유아 북아메리카요.

교사 잘 기억하고 있네요. 그래서 남아메리카와 북아메리카를 비교해 볼 거예요.
같은 점은 무엇이 있고 다른 점은 또 무엇이 있는지 이야기해 볼까요?

유아 남아메리카와 북아메리카 사람들은 축구를 좋아하는 것 같아요.

교사 남아메리카와 북아메리카 사람들은 축구를 좋아하는군요. 또 어떤 점이 같을까요?

유아 아메리카에 모두 살고 있어요.

교사 그래요. 한 대륙은 북쪽에, 다른 대륙은 남쪽에 있지만 모두 아메리카라고 하지요?

유아 네.

유아 선생님, 남아메리카랑 북아메리카 모두 판초라는 옷도 입었어요.

교사 와~ 잘 보았어요. 그러면 다른 점은 어떤 것이 있을까요?

유아 남아메리카의 땅과 북아메리카 땅의 모양이 달라요.

유아 북아메리카는 남아메리카 위에 있어요.

교사 그래요. 위치도 다르네요.

유아 서로 나라도 달라요.

➜ 북아메리카와 남아메리카를 비교해 보았는데 유아들이 그동안 두 대륙을 알아보면서 알게 된 점을 이야기해 보면서 같은 점과 다른 점을 발표하는 모습을 볼 수 있었다. 그리고 발표한 내용을 그림과 글로 표현해 보았다.

같은 점: 축구를 좋아해요.
다른 점: 위치가 다르다.

활동 3-18 도움을 필요로 하는 남아메리카 사람들…

※ 남아메리카에 힘들게 살아가는 사람들이 있다는 것을 알고 유아들이 어떻게 하면 도움을 줄 수 있는지 생각해 보기로 하였다.

교사 남아메리카에 있는 나라들 중에는 지진이 많이 일어나서 어려운 사람들, 그리고 경제적으로 가난해서 어렵게 살고 있는 사람들이 많이 있어요.
그래서 오늘은 어떻게 하면 우리도 남아메리카 사람들을 도와줄 수 있을지에 대하여 생각해 보기로 해요.

유아 선생님, 지진이 일어나면 사람들이 다치니까 아픈 사람들을 돌봐줘야 해요.

교사 아픈 사람들을 돌봐주고 또 어떻게 도와줄 수 있을까요?

유아 남아메리카에 있는 친구들에게 힘내라고 편지를 써요.

유아 맞아요. 편지를 쓰면 좋을 것 같아요.

유아 그리고 어려운 사람들을 돕기 위해서 돈을 모을 수도 있어요.

유아 텔레비전에서 돈을 모아서 어려운 사람들을 도와주는 것을 봤어요.

교사 와~ 우리 친구들이 좋은 생각을 많이 했네요. 그런 친구들의 마음이 너무 아름다운 것 같아요.

➔ 이야기를 나누면서 유아들의 따뜻한 마음을 느낄 수 있는 시간이 되었고 나중에 어른이 되어서 남아메리카로 직접 가서 도움을 주고 싶다고 이야기하는 모습에 흐뭇함을 느꼈다.

내가 저금을 해서
그 돈으로 도와주고 싶어요.

남아메리카 사람들에게
힘을 내라고 편지를 쓰고 싶어요.

4. 유럽

활동 4-1 유럽에 대한 이전 경험 이야기 나누기

유럽에 대하여 유아들이 이전 경험한 것들에 대하여 이야기 나누었다.

교사 오늘부터 유럽 대륙에 대해서 알아보려고 해요. 우리 친구들, 유럽에 대하여 듣거나 보거나 알고 있는 것을 이야기해 볼 수 있나요?

유아 유럽에는 이탈리아, 프랑스가 있어요.

유아 프랑스의 수도는 파리예요.

교사 와!~ 수도도 알고 있네요. 또 유럽에 대해서 알고 있는 것이 있나요?

유아 여름 캠프에서 동생들이 개선문을 만들었던 것도 봤어요.

유아 피사의 사탑도 있어요.

교사 또 이야기할 수 있는 친구 있나요?

유아 유럽에 대한 책을 읽었는데 그곳의 여러 나라 국기를 보았어요.

교사 그랬군요.

➔ 프로젝트를 진행하면서 유아들이 세계 여러 나라에 관심을 가지고 책이나 텔레비전 등의 통신 매체를 통하여 미리 경험한 것들을 이야기하였다. 그리고 발표한 내용을 그림과 글로 표현해 보았다.

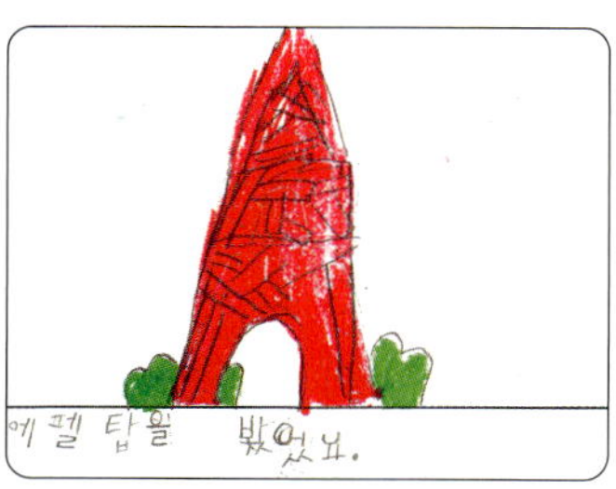

에펠탑을 봤어요.

피자를 먹었다.

활동 4-2

유럽에는 어떤 나라들이 있을까요?

유럽에 어떤 나라가 있는지 이야기를 나누었다.

교사 유럽에는 어떤 나라들이 있는지 알아보기로 해요.

유아 프랑스가 있어요.

유아 몰도바가 있어요.

유아 네덜란드랑 이탈리아도 있어요.

유아 영국도 있어요.

유아 스페인도 있어요.

교사 와~ 많은 나라를 알고 있네요. 그러면 친구들이 이야기한 유럽의 나라 국기를 직접 그려 보고 색칠해 볼까요?

유아 네.

→ 유아들이 유럽에 있는 나라 이름을 대부분 이야기하였고 직접 국기를 그려 보면서 다시 한 번 어떤 나라들이 있는지 생각해 보았다. 그리고 미술 활동으로 유럽 국기 만들기를 하였는데 종이컵에 완성된 나만의 유럽 국기를 보면서 유아들이 좋아했다.

스위스와 체코, 프랑스가 있어요.

미술 활동-유럽 국기 만들기

활동 4-3

유럽에 대한 생각 모으기 및 유목화하기

※ 유럽에 대한 생각 모으기를 한 후 유목화 활동을 하기로 하였다.

교사 유럽 하면 생각나는 것을 종이에 쓰면서 생각 모으기를 해 봐요.

유아 유럽에 있는 나라가 생각나요.

유아 체코, 몰도바가 있어요.

유아 이탈리아와 프랑스도 있어요.

교사 나라 외에 또 무엇이 생각나나요?

유아 프랑스의 수도는 파리예요.

유아 프랑스에는 개선문도 있어요.

유아 에펠탑도 있어요.

교사 그러면 우리 친구들이 생각나는 것들을 가족끼리 함께 종이에 쓰고 여기 앞에 나와서 붙여 놓기로 해요. 그리고 생각 모으기 한 것을 유목화해 보기로 해요.

➔ 유럽에 대하여 다양한 생각 모으기를 직접 종이에 쓰고 앞으로 나와서 생각 모으기 게시판에 붙여 보았다. 그리고 같은 것끼리 분류하는 유목화 활동을 하였다.

생각 모으기 활동

유목화 활동

활동 .4-4

유럽 유아 주제망 그리기

유목화한 내용을 유아 주제망으로 표현하기로 하였다.

교사 유럽에 대한 생각 모으기 한 것을 가지고 유목화 활동을 했지요?

유아 네.

교사 그러면 유목화한 내용을 종이에 옮겨 쓰고 유럽에 대한 주제망을 그리기로 해요.

유아 네.

→ 주제망에 들어갈 내용을 작은 종이에 쓴 후 다시 주제망 종이에 붙여서 유아 주제망을 완성하였다. 완성된 주제망을 보고 유아들이 뿌듯해하였다.

유럽 주제망 그리기

주제망 내용을 쓰고 있어요.

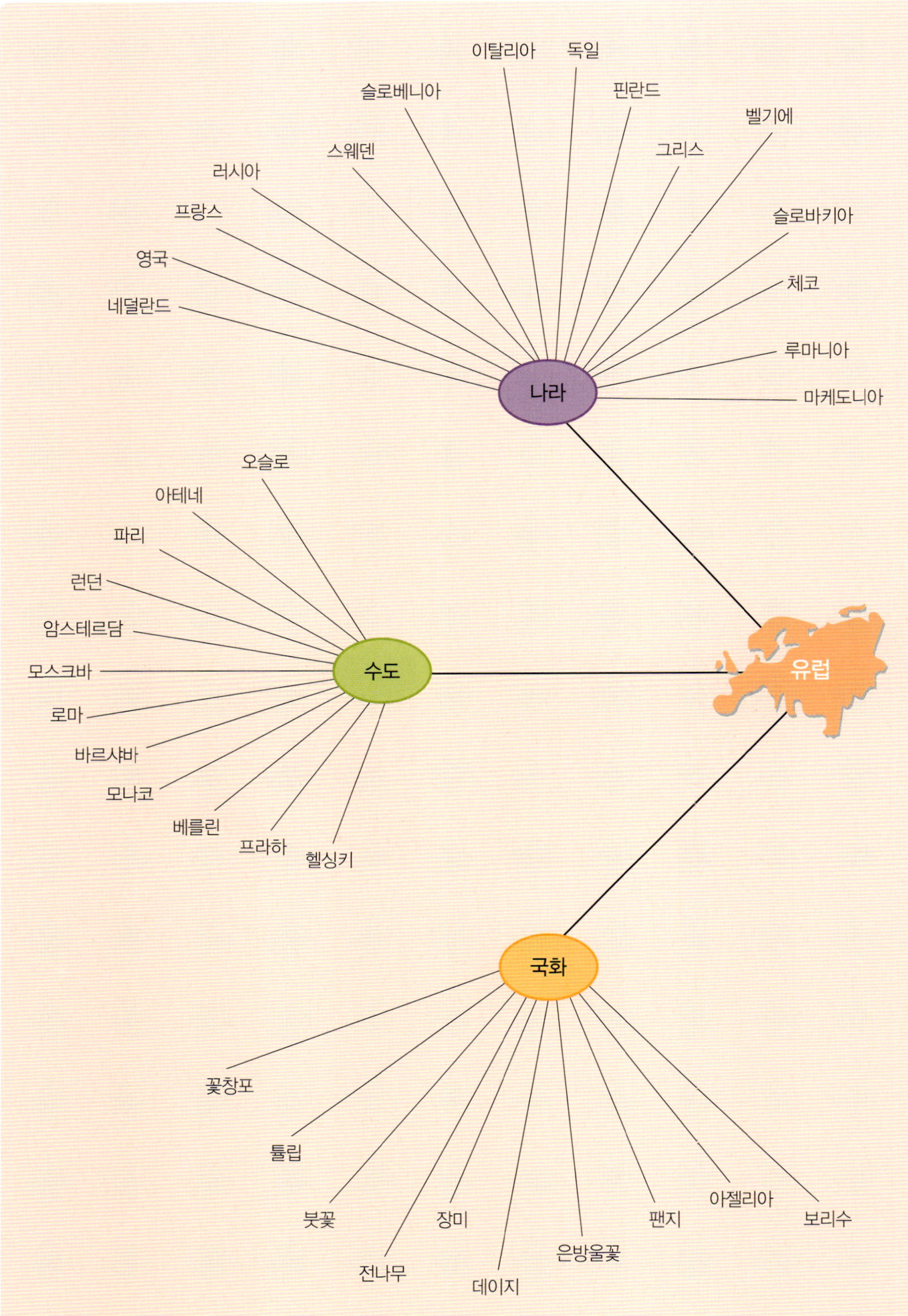
유럽
나라
네덜란드
영국
프랑스
러시아
스웨덴
슬로베니아
이탈리아
독일
핀란드
그리스
벨기에
슬로바키아
체코
루마니아
마케도니아
수도
오슬로
아테네
파리
런던
암스테르담
모스크바
로마
바르샤바
모나코
베를린
프라하
헬싱키
국화
꽃창포
튤립
붓꽃
전나무
장미
데이지
은방울꽃
팬지
아젤리아
보리수

| 유럽 유아 주제망 1 |

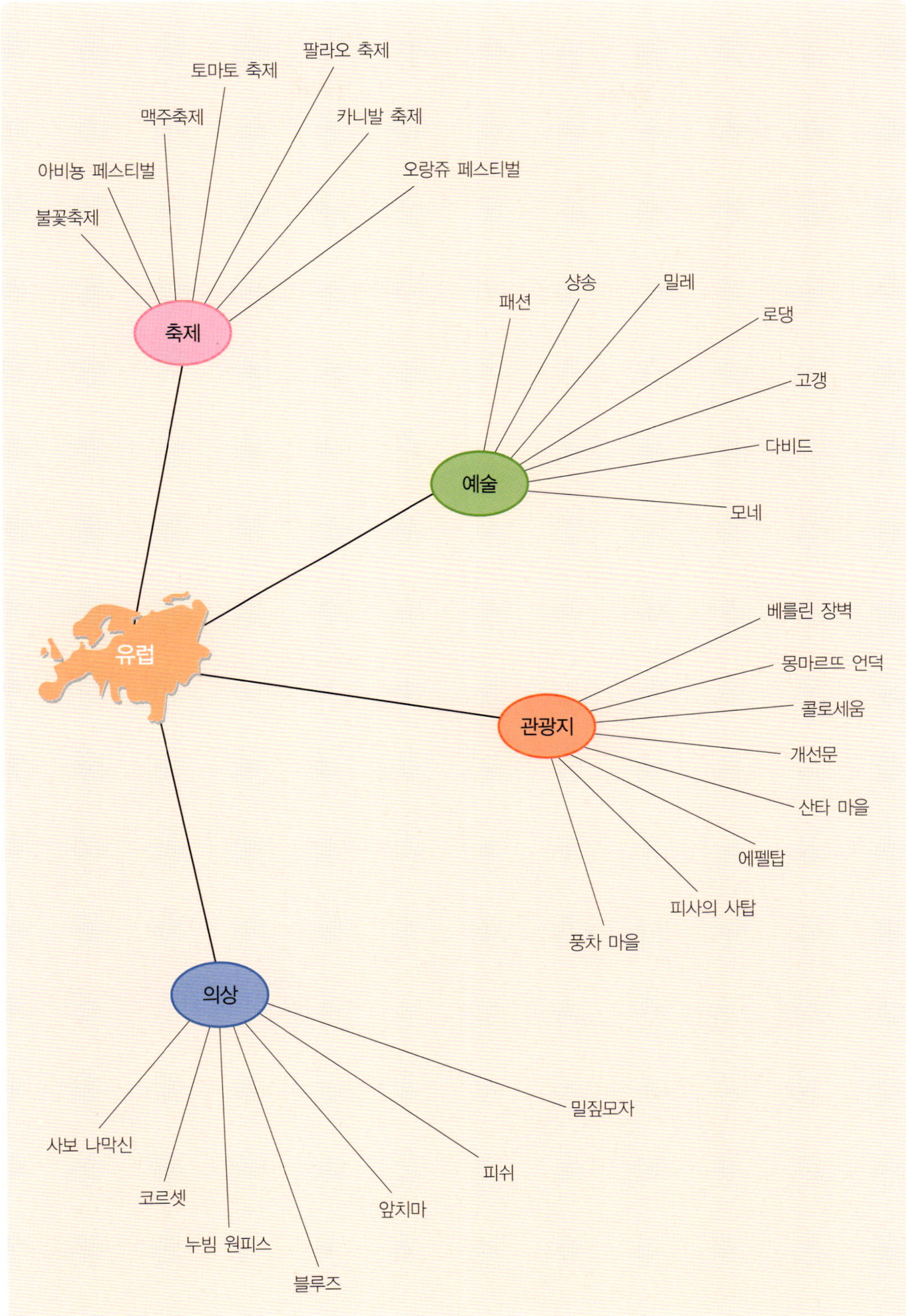
유럽
축제
불꽃축제
아비뇽 페스티벌
맥주축제
토마토 축제
팔라오 축제
카니발 축제
오랑쥬 페스티벌
예술
패션
샹송
밀레
로댕
고갱
다비드
모네
관광지
베를린 장벽
몽마르뜨 언덕
콜로세움
개선문
산타 마을
에펠탑
피사의 사탑
풍차 마을
의상
사보 나막신
코르셋
누빔 원피스
블루즈
앞치마
피쉬
밀짚모자

| 유럽 유아 주제망 2 |

활동 4-5 유럽 유아·교사 공동 주제망 그리기

※ 교사와 유아의 주제망을 비교하고 공동 주제망을 그리기로 하였다.

교사 선생님이 그린 주제망과 우리 친구들이 그린 주제망을 비교해 보면서 앞으로 유럽에 대하여 어떤 것들을 알아 나갈지 생각해 보기로 해요.

유아 나라와 수도가 똑같이 그려져 있어요.

유아 국화도 있어요.

교사 그렇네요.

유아 선생님, 음식도 알아봐요.

교사 그러면 공동 주제망을 그려 보기로 해요.

→ 교사 주제망과 유아 주제망을 비교해 보면서 앞으로 유럽에 대하여 알아 나갈 것들을 공동 주제망으로 완성하였다.

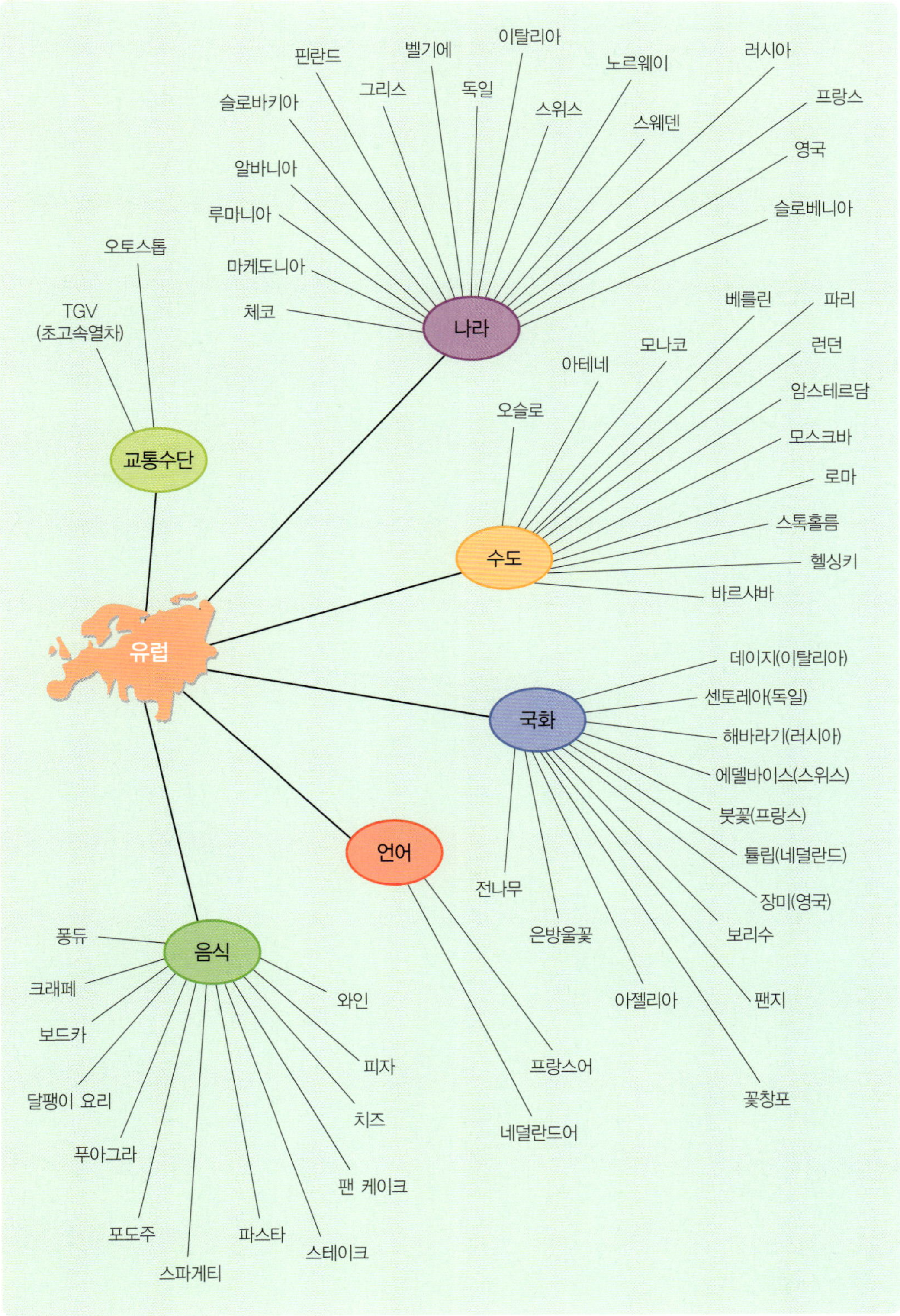

| 유럽 유아 · 교사 공동 주제망 1 |

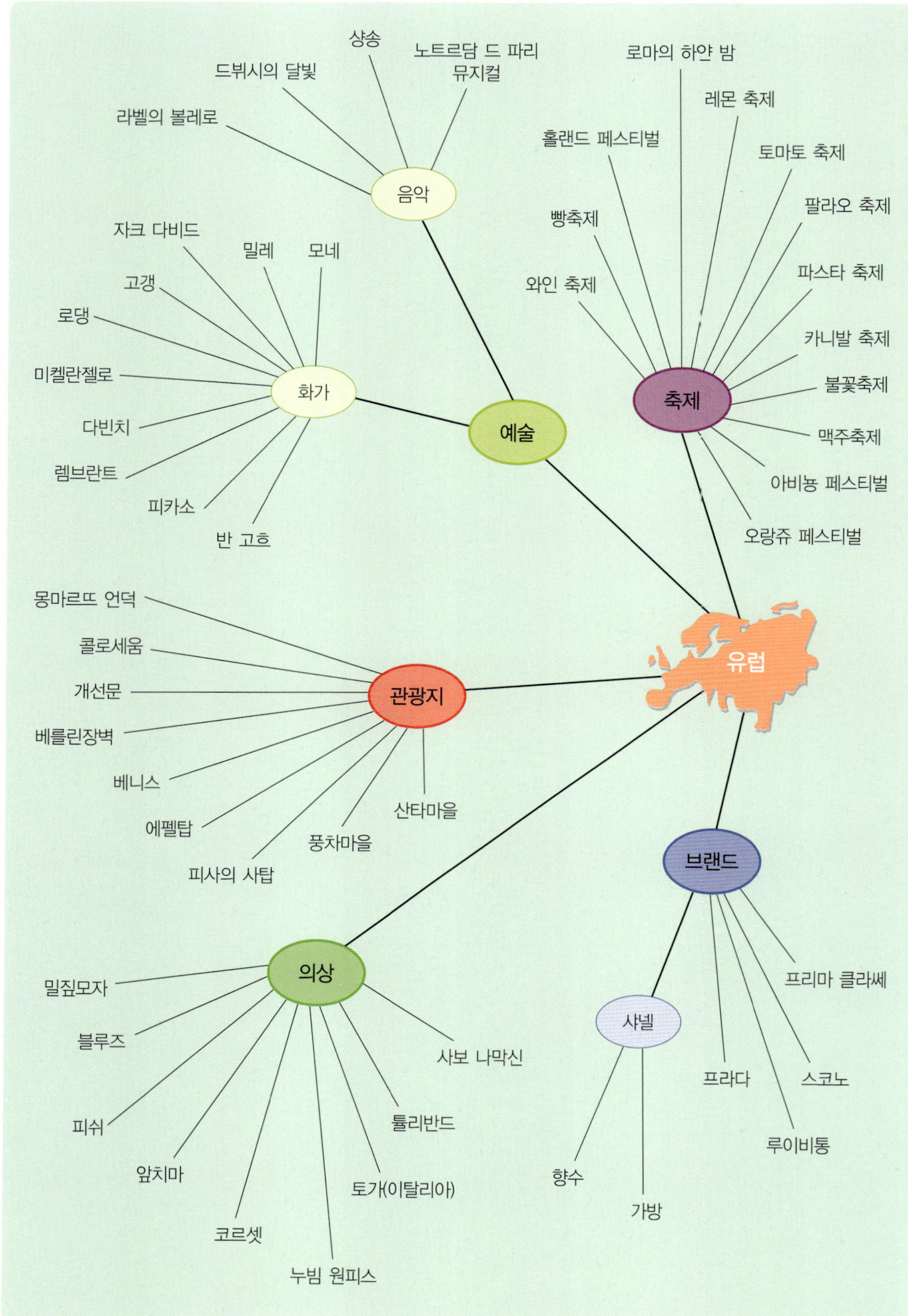

| 유럽 유아 · 교사 공동 주제망 2 |

활동 4-6 유럽에 대하여 궁금한 점이 있어요

유럽에 대하여 이야기를 나누면서 궁금해하는 점들이 생겨나서 궁금한 점에 대한 이야기를 나누기로 하였다.

교사 오늘은 유럽에 대하여 이야기를 나누면서 궁금해하는 점을 이야기하기로 해요. 어떤 점이 궁금해요?

유아 유럽에 있는 나라들의 수도가 궁금해요.

유아 유럽 사람들은 어떤 음식을 먹는지 알고 싶어요.

유아 유럽에서 유명한 곳을 알고 싶어요.

교사 또 어떤 점이 궁금해요?

유아 유럽에서 유명한 사람들이 누가 있는지 궁금해요.

교사 궁금한 점을 종이에 쓰고 집에 가서 직접 조사해 오기로 해요.

→ 유럽에 대하여 궁금한 점들을 발표하고 질문 목록을 만들어서 집에 가서 직접 조사해 오기로 하였다. 그리고 궁금한 점을 조사하고 발표하는 시간도 가졌다.

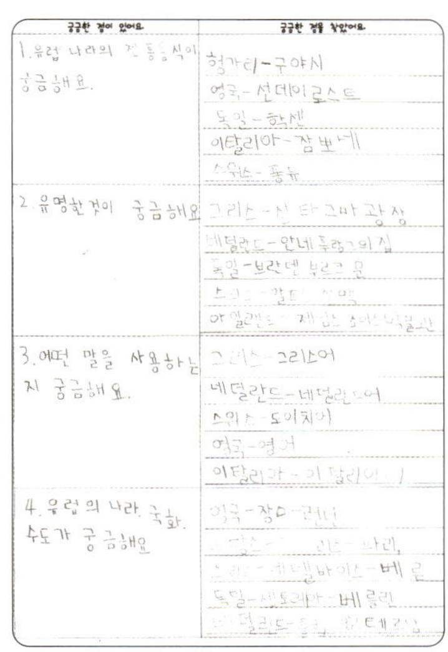

궁금한 점을 알아보았어요.

활동 4-7 프랑스의 국기, 국화, 수도, 언어에 대하여 알아보아요

유럽에서 첫 번째 나라로 프랑스에 대하여 알아보기로 하고 이야기를 나누었다.

교사 이번 주에는 프랑스에 대하여 알아보려고 해요. 우선 프랑스의 국기는 어디 있는지 찾아 볼까요? (국기 카드에서 유아들이 찾을 수 있도록 한다.)

유아 선생님, 여기 있어요. 여기!

교사 와~ 잘 찾았어요. 프랑스 국기는 이렇게 파랑, 하양, 빨강으로 이루어져 있어요. 그래서 삼색기라고 부르기도 해요.

유아 삼색기구나.

교사 그러면 프랑스의 국화는 어떤 것인가요?

유아 잘 모르겠어요.

유아 선생님이 알려주세요.

교사 여기 선생님이 예쁜 꽃 그림을 한 장 가지고 왔는데 살펴볼까요?

유아 네.

유아 와~ 보라색 꽃이다.

교사 이 꽃은 꽃창포라는 거예요. 아이리스라고 불리기도 하는데 프랑스에서는 이 꽃을 국화로 지정한 유래가 전해 내려오는데 잘 들어 보아요.
옛날 프랑스의 왕이 전쟁에 나가기 며칠 전에 꿈을 꾸게 되었는데 천사가 와서 꽃창포 꽃이 그려진 방패를 왕에게 주며 왕비에게 전해 주라고 했어요. 꿈에서 깨어난 왕은 모든 방패에 원래 그려진 개구리 무늬를 지우고 꽃창포 문양을 넣으라고 명령하였어요. 그리고 전쟁이 일어나자 프랑스 군인들은 승리를 했고 또 다음 전쟁에서도 다시 승리를 거두게 되었어요. 그래서 왕은 왕비와 함께 꽃창포를 국화로 정하자고 한 후 그 후부터 프랑스의 국화는 꽃창포가 되었어요.

유아 와~ 신기해요.

유아 정말 방패에 꽃창포를 그리니까 전쟁에서 승리한 것 같아요.

교사 그래요. 그러면 프랑스에서는 어떤 말을 사용할까요?

유아 프랑스 말을 사용해요.

유아 선생님, 프랑스 말은 어떻게 해요?

교사 간단한 인사말을 가르쳐 줄게요.

'안녕하세요?' 라는 말은 "봉쥬흐~" 하고 말해요.

유아 봉쥬흐~ 히히, 재미있어요.

→ 프랑스에 대하여 이야기를 나눈 후 국기, 국화를 색칠해 보고 프랑스의 인사말도 따라 하면서 프랑스에 대하여 좀 더 알게 되어 유아들이 좋아했다.

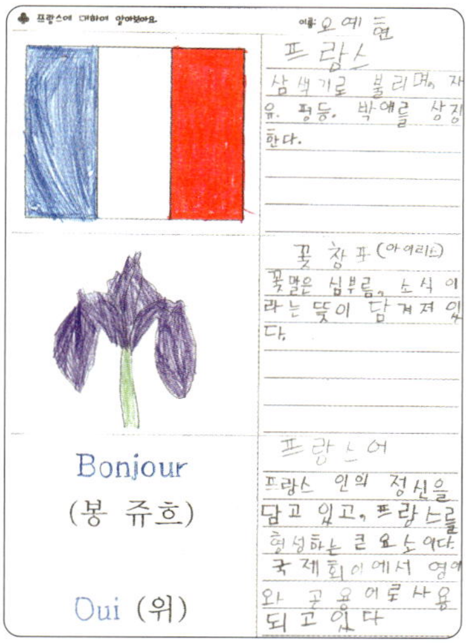

프랑스의 국기, 국화, 언어에 대하여 알아보았어요.

활동 4-8 프랑스의 전통 의상과 음식에 대하여 알아보아요

프랑스의 전통 의상과 음식에 대하여 이야기를 나누기로 하였다.

교사 오늘은 프랑스의 전통 의상과 음식에 대하여 알아보려고 해요. 우선 프랑스 사람들은 어떤 옷을 입었는지 살펴볼까요?

유아 선생님, 여자들은 치마를 입고 있어요.

교사 그래요. 대부분 이렇게 치마를 입었는데요, 바로 누빔 원피스라고 해요.
그리고 이것은 무엇일까요?

유아 앞치마예요.

교사 우리도 앞치마 입어 본 적이 있지요?

유아 네, 점심 당번 할 때요.

교사 앞치마를 입으면 옷이 더러워지는 것을 막아 주었기 때문에 여자들은 이렇게 앞치마를 함께 입었어요.

유아 와~ 남자는 검정 옷이다!

교사 이것은 블루즈라는 티셔츠 옷이에요. 옛날 프랑스 남자들이 대부분 입었던 옷이에요.
허리에는 이렇게 넓은 천으로 허리띠를 하였는데 새시 풍의 벨트라고 해요.
이번에는 어떤 전통 음식이 있는지 살펴볼까요?

유아 달팽이 요리예요.

유아 포도주도 있다.

유아 선생님, 포도주는 어른들이 마시는 거지요? 우리 집에서 봤어요.

교사 그래요. 그리고 또 이 음식은 크레페라는 거예요.

유아 맛있겠다.

→ 전통 의상과 음식에 대하여 알아보면서 특히 여자 유아들이 원피스를 보면서 "와~ 예쁘다"를 연이어 이야기하는 모습을 보았다. 다른 나라의 전통 의상이지만 아름답고 예뻐 보였는지 큰 관심을 보였다. 그리고 음식에 대해서도 알아보면서 엄마, 아빠가 사다 놓으신 포도주를 기억하고 이야기하는 모습도 볼 수 있었다.

음식-포도주, 의상-누빔 원피스

음식-에스카르고, 의상-블루즈

프랑스의 음식을 소개하는 신문 만들기

활동 4-9 프랑스의 유명한 것에 대하여 알아보아요

프랑스에서 유명한 것들에 대하여 그림 자료를 통해 알아보기로 하였다.

교사 오늘은 프랑스에서 유명한 것들을 알아보기로 해요. 알고 있는 유명한 것이 있나요?

유아 프랑스의 에펠탑이요.

유아 개선문도 유명해요.

유아 프랑스에서 먹는 달팽이 요리도 유명한 거예요.

교사 와~ 우리 친구들이 너무나 잘 알고 있네요. 그러면 그림을 보면서 또 어떤 유명한 것이 있는지 살펴보기로 해요.

유아 와~ 정말 에펠탑이다.

유아 리옹 빛 축제는 너무 아름다운 것 같아요.

유아 와~ 멋진 그림이에요.

교사 이것은 바로 프랑스 화가 중에서 밀레가 그린 그림이에요.

유아 선생님, 저도 본 적이 있어요.

유아 이삭줍기예요.

교사 와~ 그림 제목도 알고 있네요.

유아 엄마랑 책에서 본 적이 있어요.

그림 자료를 통해 유아들이 프랑스의 유명한 것들을 이해할 수 있도록 하였는데 생각나는 것을 글과 그림으로 표현해 보았다. 그리고 블록을 이용하여 프랑스의 유명한 것 중에서 개선문 블록을 만들어 보기도 했다.

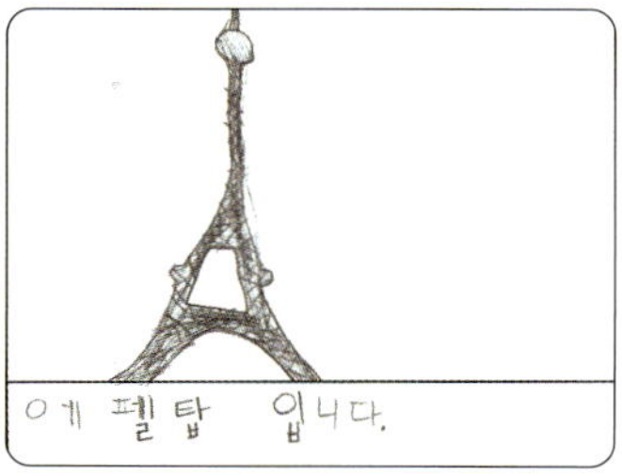

에펠탑입니다.

베르사유 궁전입니다.

활동 4-10 프랑스의 명화를 감상해요

프랑스의 명화를 감상하고 느낀 점을 이야기해 보고 직접 명화를 따라 그려 보기로 하였다.

교사 지난 시간에 유명한 것들을 알아보면서 프랑스 화가의 그림도 보았지요?
유아 네. 밀레가 그린 그림이에요.
교사 자, 그러면 선생님이 지금부터 보여 주는 그림들은 모두 프랑스의 유명한 화가들이 그렸던 그림이에요. 어떤 명화들인지 감상해 보고 느낀 점을 이야기해 봐요.
유아 교회가 보여요.
유아 조용한 것 같아요.
교사 이것은 밀레의 만종이에요. 또 다른 명화를 볼까요?
유아 아줌마, 아저씨가 기도를 하는 것 같아요.
유아 아주 중요한 기도를 하는 것 같아요.
교사 기도하는 것 같아요?

→ 명화를 보면서 화가 이름과 명화 이름 맞추기 게임을 통해 좀 더 명화에 유아들이 관심을 갖고 참여하는 모습을 볼 수 있었고, 명화 감상을 한 후 명화를 따라서 그려 보는 시간도 가졌다.

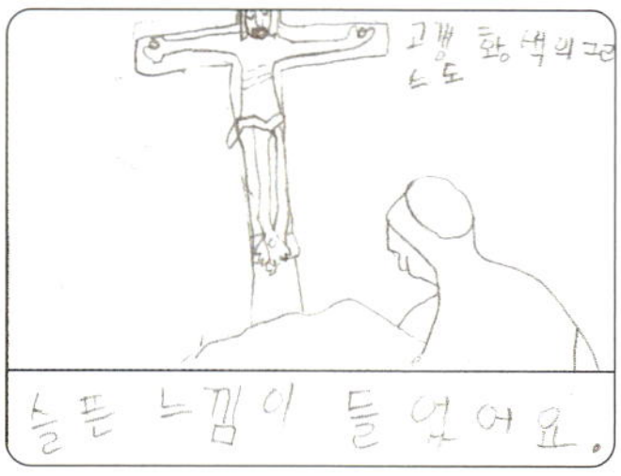

고갱의 황색의 그리스도–
슬픈 느낌이 들었어요.

밀레의 이삭 줍기–일하고 있는
사람들이 힘들 것 같아요.

활동 4-11 이탈리아의 국기, 국화, 수도, 언어에 대하여 알아보아요

❀ 유럽에서 두 번째 나라로 이탈리아에 대하여 알아보기로 하였다.

교사 오늘은 유럽에 있는 나라 중에서 두 번째로 이탈리아에 대하여 알아보기로 해요. 우리 친구들, 이탈리아 국기가 어떻게 생겼는지 알아요?

유아 프랑스랑 비슷한데 색깔이 달라요.

교사 그래요. 친구들이 말한 것처럼 이탈리아 국기는 바로 프랑스의 국기를 보고서 만든 거래요. 그리고 초록은 아름다운 국토, 흰색은 알프스의 눈과 정의·평화의 정신을, 빨강은 뜨거운 애국의 피를 나타낸다고 해요.
그러면 이탈리아의 국화는 무엇일까요?

유아 데이지 꽃이에요.

교사 와~ 맞아요. 이 데이지 꽃에는 옛날부터 전해 내려오는 이야기가 있는데 선생님이 들려줄까요?

유아 네.

교사 옛날에 마카스라는 꽃을 사랑하는 신이 있었어요. 하루는 그림을 그려서 꽃을 만들어야겠다고 생각한 후 자신이 그린 꽃 중에서 예쁜 것을 골라서 그 꽃을 직접 밖에 나가 심었어요. 그리고 친구들에게 자랑했지만 친구들은 마카스를 놀리며 "꽃에서 이상한 냄새가 나"라고 말하며 가버렸어요. 그리고 바람이 불자 종이꽃은 바람 때문에 꺾이고 말았어요. 그때 꽃의 여신이 나타나서 속상해하는 마카스를 위해서 꽃에 생명을 불어넣어 주었는데 그 꽃이 바로 데이지 꽃이에요.

유아 그러면 종이꽃이 변한 거네요.

유아 진짜 꽃으로 변해서 좋았을 것 같아요.

교사 이탈리아의 수도는 어디일까요?

유아 로마요.

교사 이탈리아의 수도는 로마예요.
그리고 이탈리아 사람들은 어떤 말을 사용할까요?

유아 이탈리아 말이요.

교사 이탈리아 어로 감사합니다는 '그라찌에~' 라고 이야기한다고 해요. 따라 해 볼까요?

유아 그라찌에!

➔ 이탈리아에 대하여 이야기를 나누고 국기, 국화 색칠하기와 함께 글로 표현하는 활동도 하며 이탈리아에 대하여 알아나가는 유아들의 모습을 볼 수 있었다.

책을 통해 국기, 국화 등을 알아보았어요.

지도에서 이탈리아의 위치를 찾아보아요.

이탈리아의 국기, 국화, 언어에 대하여 알아보아요.

활동 4-12

이탈리아의 전통 의상과 음식에 대하여 알아보아요

이탈리아 사람들의 전통 의상과 음식에 대하여 알아보기로 하였다.

교사 이탈리아 사람들이 입었던 옷을 살펴보면서 이야기 나누기로 해요.

유아 그리스 신화에 나오는 옷 같아요.

유아 맞아, 저렇게 흰색 옷 입고 있었어요.

교사 이것이 바로 이탈리아의 전통 의상이라고 해요.
이렇게 위에 걸치는 것은 '토가' 라고 하고,
안에 입은 옷은 '튜니카' 라고 해요.

유아 토가, 튜니카!

교사 그런데 이 옷은 길어서 사람들이 한 손으로는 끝을 잡고 다녀야 해서 불편한 점도 있었고, 여름에는 덥고 겨울에는 추워서 옷의 역할을 제대로 하지 못했다고 해요. 그리고 남자들은 튜니카만 입기도 했는데 잠옷으로 입기도 했대요.

유아 잠옷이요?

유아 잠옷도 되고 옷도 되네요. 하하.

교사 이탈리아에서는 어떤 음식들을 먹는지 알아볼까요?

유아 스파게티가 있어요.

유아 피자도 있어요.

유아 나는 피자 먹어 봤어요.

유아 우리 스파게티 만들어 본 적 있잖아요?

교사 그래요. 우리 요리 활동 할 때 스파게티 만들어 봤지요?

유아 네.

교사 그리고 스파게티처럼 면으로 된 요리를 파스타라고 해요. 스파게티 말고 라자냐, 라비올리도 파스타예요. 또 리조또라는 음식이 있는데, 쌀을 이용해서 만든 볶음밥 같은 종류의 음식이에요.

유아 와~ 맛있겠다.

- 이탈리아의 전통 의상과 음식을 그림을 보면서 알게 되고 직접 의상 소개 작은 책도 만들어 보면서 다시 한 번 생각해 볼 수 있는 기회가 되었다.

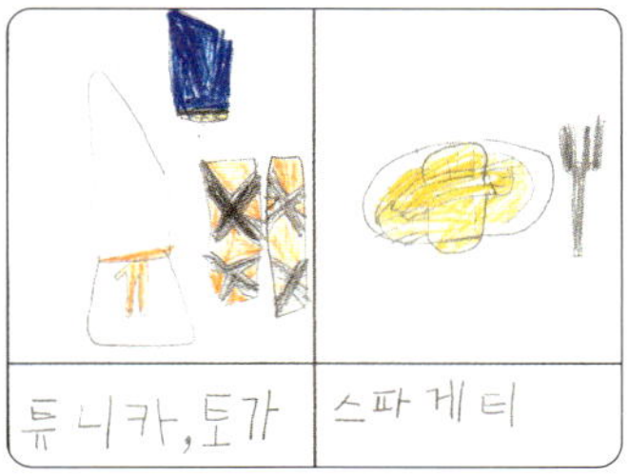

의상–튜니카, 토가
음식–스파게티

의상–튜니카, 토가
음식–피자

활동 4-13 이탈리아의 유명한 것에 대하여 알아보아요

⊛ 이탈리아에서 유명한 것에는 무엇이 있는지 그림 자료를 통해 알아보기로 하였다.

교사 이탈리아에서 유명한 것은 어떤 것들이 있을까요?
유아 트레비 분수가 있어요.
유아 피사의 사탑이요.
유아 이렇게 기울어져 있지요!
교사 그래요.
또 어떤 것들이 있는지 선생님이 가지고 온 그림을 보면서 알아볼까요?

유아 네.
유아 와~ 배다!
교사 이곳은 베네치아 항구예요.
도시 주변이 이렇게 강으로 되어 있어서 사람들이 이 곤돌라라는 배를 타고 이동한다고 해요. 그리고 이 곤돌라를 타고 축제를 열기도 해요.
유아 곤돌라요?
교사 네. 자 이것은 뭘까요?
유아 가면 같아요.
유아 와~ 예쁘다.
유아 화려해요.
교사 예쁘고 화려하지요?
바로 베네치아 카니발 축제가 열리면 사람들은 이 가면을 쓰고 축제를 즐겨요.
유아 피사의 사탑이랑 트레비 분수다!

➔ 이탈리아의 유명한 것을 그림을 통해 알아보면서 기억에 남는 것을 그림과 글로 표현할 수 있도록 하였다. 그리고 이탈리아의 패션에 대하여 알고 NIE 활동으로 나만의 옷을 꾸며 보는 활동을 했다.

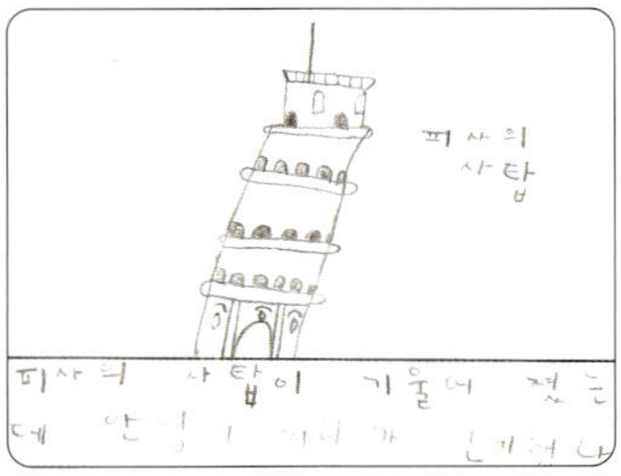

피사의 사탑이 기울어졌는데
안 넘어지니까 신기했다.

베네치아 가면이 멋있어요.

NIE 활동–나만의 옷 꾸미기

활동 4-14

이탈리아의 유명한 예술가를 알아보아요

⁂ 이탈리아의 예술가에 대하여 이야기를 나누기로 하였다.

교사 이탈리아에도 프랑스처럼 유명한 예술가들이 많이 있어요. 그림을 그리는 화가, 노래를 하는 성악가 등 모두가 예술가인데요, 선생님이 가져온 책을 소개해 줄 테니까 잘 보고 어떤 예술가들이 있는지 이야기 나누어 보기로 해요.

유아 네.

교사 자, 이분은 미켈란젤로예요. 모나리자라는 그림을 그렸는데, 그 그림은 세계에서 아주 유명한 그림이에요.

유아 저도 책에서 본 적이 있어요.

교사 그렇군요. 자, 이분은 레오나르도 다빈치예요. 여기 이분이 조각한 다비드 상이 있네요. 사람을 아주 자세하게 잘 조각했지요?

유아 네, 진짜 사람 같아요.

교사 파바로티라는 성악가예요. 이탈리아에서 유명한 성악가 중에 한 분이세요. 그리고 세계적으로도 잘 알려졌어요.
이분은 비발디예요. 라라라라~ (사계를 들려준다.) 이 음악을 들어 본 적이 있나요?

유아 네. 많이 들었어요. 교구 할 때도 들었어요.

교사 바로 이 비발디라는 음악가가 작곡한 사계예요. 사계는 봄, 여름, 가을, 겨울 사계절을 뜻하는데요, 금방 선생님이 들려준 것은 봄이에요.

→ 이탈리아의 유명한 예술가들을 그림 자료를 통해 알아보고 예술가를 한 분 한 분 소개할 때마다 유아들이 좋아하였다.

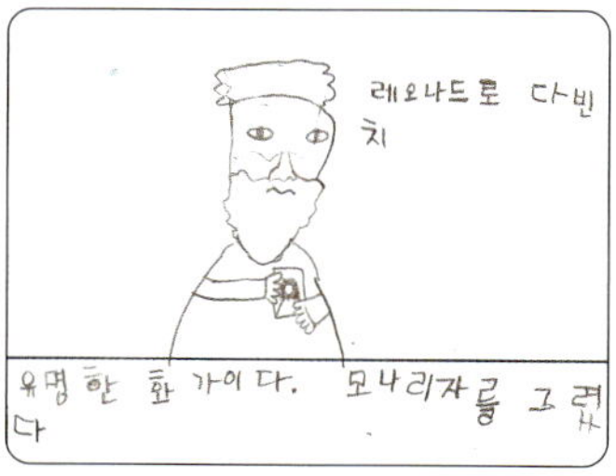

레오나르도 다빈치-유명한 화가이고 모나리자를 그렸다.

비발디-사계라는 음악을 만들었어요.

활동 +4-15

네덜란드의 국기, 국화, 수도, 언어에 대하여 알아보아요

유럽 중에서 세 번째 나라로 네덜란드의 국기, 국화, 수도, 언어에 대하여 알아보기로 하였다.

교사 네덜란드 국기에 들어가는 색깔은 무엇 무엇일까요?

유아 빨간색, 흰색, 파란색이요!

교사 우리 친구들이 잘 알고 있네요. 그러면 각각의 색깔이 나타내는 뜻을 선생님이 알려줄게요. 빨간색은 전쟁에 나선 국민의 용기를 나타내고, 흰색은 신의 영원한 축복을 받는 신앙심, 파란색은 조국에 대한 충성심을 의미한다고 해요.

유아 와~

교사 그러면 네덜란드의 국화를 알아볼까요?

유아 튤립이에요!

교사 그래요. 바로 네덜란드는 튤립이 국화예요. 우리 친구들, 튤립 본 적 있어요?

유아 네!

유아 튤립은 예뻐요.

교사 그리고 네덜란드의 수도는 어디일까요?

유아 암스테르담이에요.

교사 네덜란드 사람들이 사용하는 언어는 네덜란드 어예요. 그리고 이 네덜란드 어를 벨기에라는 나라에서도 사용하고 있다고 해요. 네덜란드어 중에서 "이크 하우 반 야우"라는 말이 있어요. 바로 사랑합니다라는 말인데 우리도 한번 친구에게 이야기해 볼까요?

유아 이크 하우 반 야우!

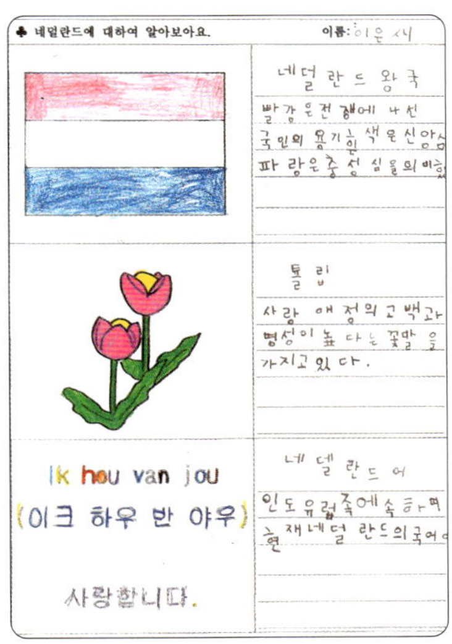

네덜란드의 국기, 국화, 언어를 알아보았어요.

➔ 네덜란드의 국기, 국화, 언어를 이해하고 그림과 글로 표현해 보았다. 그리고 네덜란드의 수도에 대해서도 유아들이 그림을 통해 이해할 수 있었다.

활동 4-16

네덜란드의 유명한 것에 대하여 알아보아요

※ 네덜란드의 유명한 것을 그림 자료를 통해 알아보기로 하였다.

교사 네덜란드에서 유명한 것은 어떤 것이 있는지 선생님이 가지고 온 그림을 보면서 알아보기로 해요.

자, 이것은 무엇일까요?

유아 와~ 꽃이에요.

유아 튤립도 있어요.

교사 바로 쾨컨호프 꽃 공원인데요, 이 공원은 세계에서 가장 큰 꽃 공원이라고 해요.

튤립, 수선화 등 많은 꽃들이 피고 일년 중에서 4~5월만 개방되는데 전 세계에서 많은 관광객들이 구경하러 이곳으로 온대요. 그리고 이때 꽃의 여왕을 뽑는데 여왕으로 뽑히면 꽃마차를 타고 행진을 한다고 해요.

유아 와~ 정말 좋겠다.

교사 이것은 무엇일까요?

유아 풍차예요. 풍차!

교사 맞아요. 네덜란드 하면 이 풍차도 많이 떠올리게 되는데요, 풍차는 네덜란드 사람들에게 아주 중요한 역할을 하고 있어요. 바다보다 땅이 낮은 네덜란드는 이 풍차를 만들어서 바람의 힘으로 풍차가 돌아갈 때 물을 퍼내는 역할을 하도록 도와주었어요.

유아 선생님, 저기 속에는 뭐가 있어요?

교사 풍차 안에는 풍차가 잘 돌아가도록 움직이게 하는 기계도 있고, 아래에는 사람들이 쉴 수 있는 공간을 짓기도 했어요.

또 다음 그림을 볼까요?

유아 선생님 다리가 반으로 나뉘었어요.

교사 그렇죠? 바로 이곳은 도개교인데요.

네덜란드는 항구가 발달한 나라예요. 그래서 배를 타고 이동하는 곳이 많은데 배가 지나가기 위해서 이렇게 다리를 들어 올리게 만들었어요. 이런 도개교는 300년 동안 사람들이 일일이 직접 들어 올리기도 했대요.

→ 네덜란드의 유명한 것들을 하나하나 알아보면서 유아들이 좋아하는 모습을 볼 수 있었고 기억에 남는 것을 그림과 글로 표현해 보았다.

쾨컨호프 꽃 공원이 있어요.

풍차 마을이 있어요.

활동 4-17 네덜란드의 유명한 예술가를 알아보아요

❀ 네덜란드의 예술가에 대하여 알아보기로 하였다.

교사 유럽에는 많은 예술가들이 있다고 했는데 오늘은 네덜란드의 예술가에 대하여 알아보려고 해요. 책을 보면서 어떤 사람들이 있었고 어떤 그림을 그렸는지 살펴보아요.

유아 네.

유아 와~ 해바라기예요.

교사 이 그림은 고흐라는 화가의 작품이에요. 고흐는 아주 가난하고 병이 들어서 힘들게 살았지만 그림에 대한 열정이 커서 이렇게 훌륭한 그림을 그리게 되었어요. 그 시대 사람들은 고흐가 그린 그림을 보고 비난하기도 했지만 고흐의 형이 그 재능을 알고 나중에 사람들에게 알려주어서 이 세상에 고흐의 그림이 알려지게 되었어요. 그리고 이것은 고흐가 그린 바로 해바라기라는 그림인데요, 고흐는 11점이나 되는 해바라기 작품을 그렸다고 해요.

유아 우와~ 대단해요.

유아 해바라기 그림을 보니까 행복해지는 것 같아요.

교사 행복해지는 것 같아요? 자, 이번에는 또 다른 화가 렘브란트예요. 야경이라는 유명한 그림을 남겼어요. 여기 뒤에 살짝 눈만 보이는 사람이 바로 렘브란트 자신을 그린 거라고 해요. 렘브란트는 빛을 이용한 그림을 그려서 빛의 화가라고도 불려요.

유아 선생님, 정말 반짝반짝거리는 것 같아요.

➔ 네덜란드의 명화를 감상하고 느낀 점에 대하여 씩씩하게 유아들이 발표하였다. 그리고 직접 명화를 따라 그려 보기도 했다.

고흐가 그린 해바라기 그림이 멋져요.

활동 4-18 유럽의 명화를 비교해 보아요

유럽의 명화가 많이 있다는 것을 알고 각 나라마다의 명화를 비교해 보기로 했다.

교사 유럽의 명화를 살펴보고 비교해 보기로 했지요?

유아 네.

유아 와~ 비너스의 탄생이에요.

교사 맞아요. 우리 친구들, 이 그림 기억나요?

유아 우리 공연 갔을 때 본 적이 있어요.

유아 선생님이 책으로도 보여 주셨어요.

교사 그래요. 이 그림에서 무엇이 보여요?

유아 여자가 조개에 서 있어요.

유아 다른 사람들도 지켜보고 있어요.

교사 이번에는 또 다른 그림을 가져왔는데 바로 고흐의 '별이 빛나는 밤에' 라는 그림이에요.

유아 와~ 정말 별이 반짝이는 것처럼 보여요.

유아 이렇게 바람이 부는 것처럼 보여요.

교사 이렇게 명화를 살펴보았는데 어떤 생각이 들어요?

유아 보티첼리 그림은 색이 선명해요.

유아 비너스의 모습을 잘 그린 것 같아요.

교사 그래요. 우리 친구들이 본 이 비너스의 탄생을 그린 보티첼리는 르네상스의 정신을 잘 보여 준 화가이고 종교적인 그림을 그렸어요. 그러면 고흐의 그림은 어떤가요?

유아 색이 강렬해요.

유아 정말 별이 반짝거리는 느낌이 들어요.

교사 그렇군요! 고흐는 현대 미술에 있어서 표현주의 흐름에 많은 영향을 준 화가라고 해요. 그리고 거친 붓칠과 강렬한 색채 사용을 하였고 윤곽이 뚜렷한 그림을 그렸어요. 이렇게 다양한 유럽의 명화를 비교해 보았는데 명화 중에서 하나를 선택해서 함께 모자이크 방법을 이용해서

직접 유럽 명화를 완성해 보면 어떨까요?

유아 좋아요.

유아 빨리 하고 싶어요.

➔ 유럽의 명화를 비교해 보면서 유아들이 각자 화가들이 활동을 했던 시대에 따라 그림을 그리는 방법들이 다름을 이해할 수 있었고 유아들과 유럽 명화 중에서 파울 클레의 세네치오 그림을 따라서 그려 보는 활동을 하였다.

클레의 세네치오 그림 감상 후 그림 그리기

활동 4-19

우리나라에 알려진 유럽의 문화를 알아보아요

우리나라에 알려진 유럽의 다양한 문화들을 알아보기로 하였다.

교사 오늘은 우리나라에 알려진 유럽의 문화가 무엇이 있는지 알아보려고 해요. 우선 우리 친구들이 많이 알고 있는 유럽 음식은 무엇이 있나요?

유아 피자요.

유아 스파게티를 엄마가 만들어 주셔서 먹어 보았어요.

교사 그렇군요. 이렇게 우리는 직접 그 나라에 가지 않고도 여러 종류의 음식들을 맛볼 수 있지요?

유아 네.

교사 그러면 피자는 우리나라의 어떤 음식과 비슷할까요?

유아 부침이요. 피자랑 부침이랑 정말 비슷한 것 같아요.

교사 또 음식 말고 유럽의 어떤 문화들을 우리가 경험하고 있을까요?

유아 소인국 테마파크에서 에펠탑을 봤어요.

유아 롯데호텔에 갔을 때 풍차를 봤어요.

유아 우리 집에 있는 동화책은 안데르센이 썼어요.

유아 텔레비전에서 패션쇼를 봤어요.

우리가 알고 있는 유럽의 문화가 아주 많다는 것을 알고 유아들이 놀라워하였다. 유럽의 문화가 낯설지 않고 익숙하다는 점에서 유아들이 좀 더 다른 나라의 문화들을 경험해 나갈 수 있도록 도와주어야겠다는 생각을 했다.

밀짚모자를 써 봤어요.

피자를 집에서 먹었는데 맛있었다.

5. 오세아니아

활동 5-1 오세아니아에 대한 이전 경험 이야기 나누기

오세아니아에 대하여 이전에 경험한 것들을 이야기 나누기로 했다.

교사 오세아니아에 대하여 경험한 것을 생각해 보고 이야기해 보도록 할까요?

유아 네. 선생님 저는 책에서 마오리 족을 본 적이 있어요.

교사 마오리 족! 또 어떤 것을 경험했나요?

유아 교구 시간에 국기 올려놓기를 할 때 뉴질랜드 국기를 보았어요.

유아 텔레비전에서 오페라 하우스를 보았어요.

유아 소인국 테마파크에 갔을 때도 오페라 하우스가 있었어요.

교사 네! 우리 수선화반 친구들과 소인국 테마파크에 가서 보았지요?

유아 네.

교사 또 어떤 경험을 했나요?

유아 캥거루를 본 적도 있어요.

유아 캥거루는 호주에 많아요.

교사 와~ 우리 친구들이 많은 것을 알고 있네요. 그러면 친구들이 이야기한 것을 그림으로 그려 보고 글로도 써 보기로 해요.

→ 오세아니아에 대하여 유아들이 동물들을 많이 이야기하는 모습을 볼 수 있었고 발표한 내용을 그림과 글로 표현해 보았다.

텔레비전에서 코알라를 보았다.

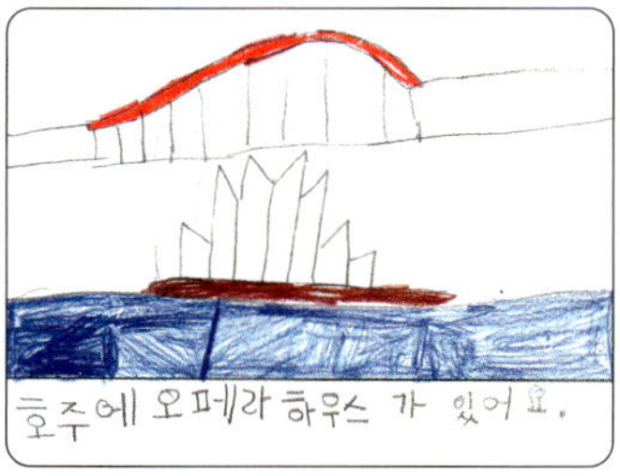

호주에 오페라 하우스가 있어요.

활동 5-2

오세아니아에는 어떤 나라들이 있을까요?

❀ 오세아니아에 있는 나라들을 알아보기로 했다.

교사 오늘은 오세아니아에 어떤 나라들이 있는지 알아보기로 해요.

유아 선생님, 오스트레일리아가 있어요.

유아 오스트레일리아가 호주지요?

교사 맞아요. 또 어떤 나라가 있나요?

유아 파푸아뉴기니도 있어요.

유아 팔라우가 있어요.

유아 나우루도 있어요.

유아 미크로네시아도 있어요.

교사 와~ 우리 친구들이 많은 나라를 알고 있었네요.

유아 교구 할 때 지도 퍼즐에서 많이 봤어요.

교사 그랬군요.

→ 오세아니아에 있는 나라들을 알아보고 국기 그림을 직접 오세아니아 지도에 붙여 보고 나라 이름을 쓰는 활동을 해 보았다. 완성된 오세아니아 지도를 보며 "와~ 정말 오세아니아 지도다!"라고 외치며 좋아하기도 했다.

오세아니아 지도를 만들어요.

키리바시입니다.

파푸아뉴기니입니다.

활동 5-3

오세아니아에 대한 생각 모으기 및 유목화

오세아니아 하면 생각나는 것을 알아보고 유목화 활동을 하기로 했다.

교사 오세아니아 하면 무엇이 생각나나요?

유아 나라가 생각나요.

유아 키리바시, 사모아가 있어요.

유아 회화나무 국화도 생각나요.

유아 오세아니아의 동물도 생각나요.

교사 어떤 동물들이 있나요?

유아 캥거루가 있어요.

유아 코알라도 생각나요.

교사 그렇군요. 또 무엇이 생각나나요?

유아 바비큐 음식도 유명해요.

유아 울라라 산도 있어요.

유아 타우포 호수가 생각나요.

교사 자, 이렇게 우리 친구들이 생각한 것들을 여기 종이에 적어서 모아 보기로 해요. 그리고 같은 것끼리 유목화해 보기로 해요.

교사 (생각 모으기 활동을 한 후) 어떤 것끼리 유목화하면 좋을까요?

유아 키리바시랑 뉴질랜드는 나라예요.

교사 그래요. 그러면 나라인 것을 찾아서 여기에 붙여 볼까요?

유아 네. (유아가 앞으로 나와서 유목화하면서 붙인다.)

➔ 유아들이 오세아니아에 대하여 다양한 생각을 이야기 나누고 생각 모으기 종이에 직접 써 보았다. 그리고 유목화하여 종이에 분류하여 붙이고 다음 시간에 주제망을 그리기로 하였다.

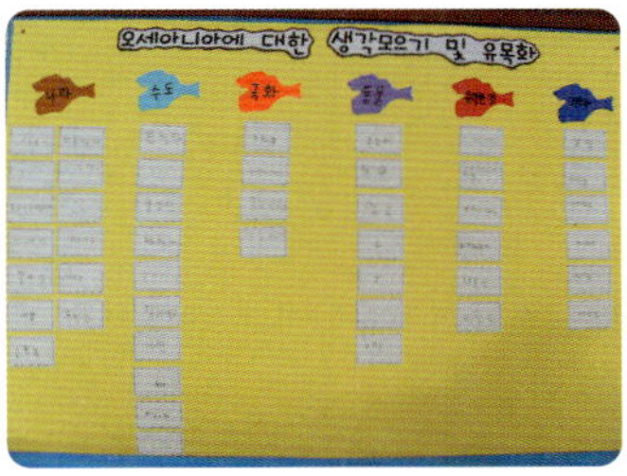

오세아니아에 대한 유목화 활동

나라	수도	국화	동물	유명한 것	기타
뉴질랜드 호주 나우루 사모아 …	캔버라 웰링턴 야렌 포트모르즈비 …	회화나무 히비스커스	캥거루 코알라 극락조 양 …	씨월드 울루루 강 …	양털 바비큐 마우리 족 …

활동 5-4 오세아니아 유아 주제망 그리기

※ 유목화한 내용을 가지고 유아 주제망을 그리기로 하였다.

교사 지난 시간에 유목화한 내용을 가지고 오늘은 오세아니아에 대한 주제망을 그려 보기로 해요.

유아 네.

교사 가족별로 앉아서 작은 주제망을 그리고 난 후에 여기 큰 종이에 다시 붙여서 오세아니아 주제망을 완성하기로 해요.

유아 네.

→ 가족별로 작은 주제망을 그려서 완성한 후 큰 주제망 종이에 붙여서 유아 주제망을 완성하였다. 주제망을 보면서 유아들이 뿌듯해하였다.

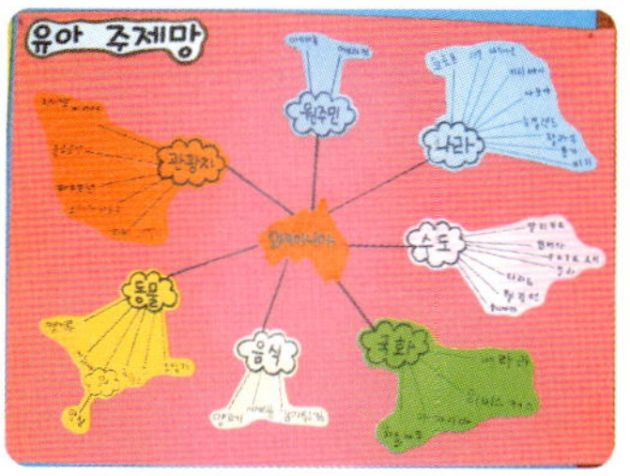

오세아니아 유아 주제망

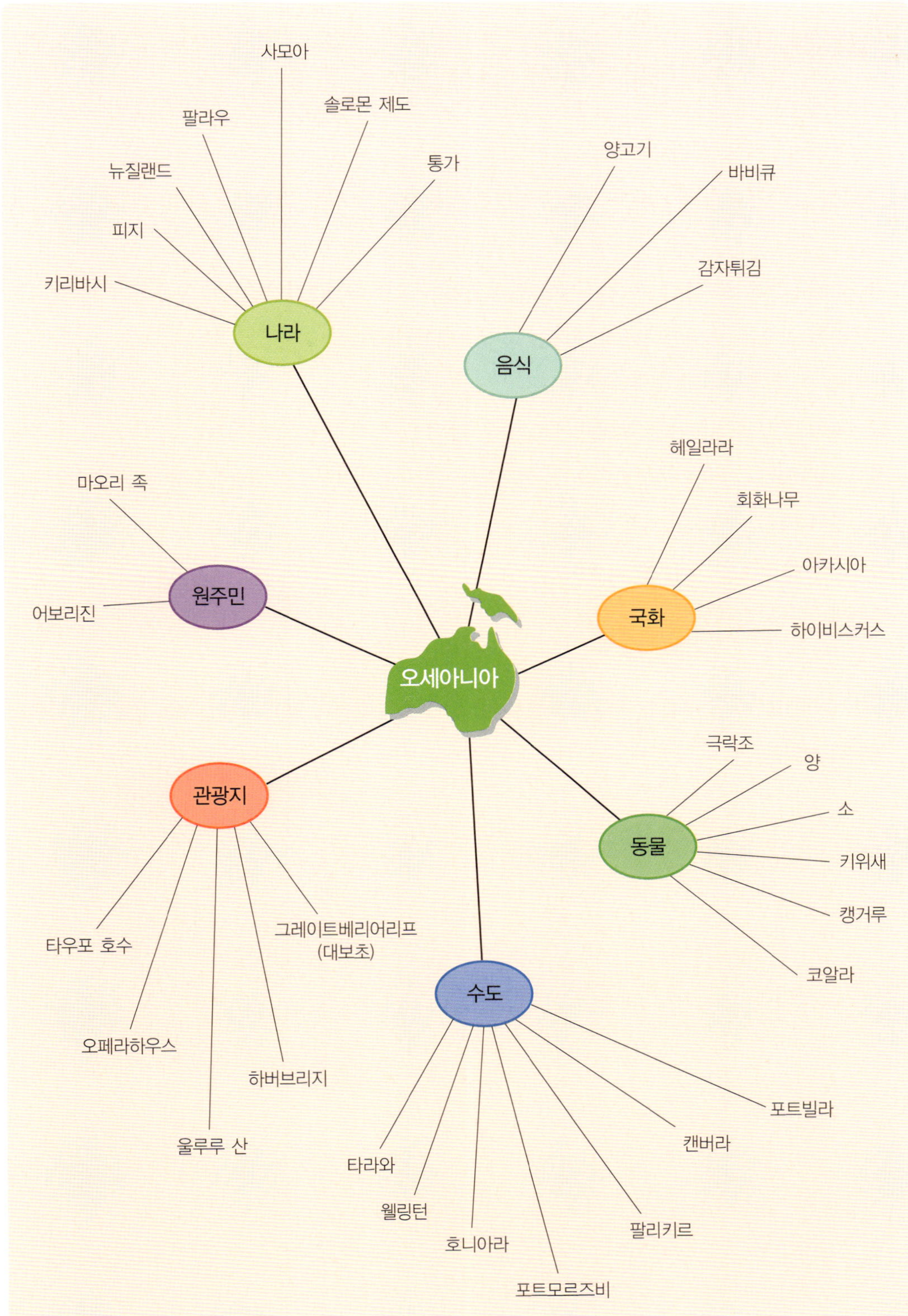
오세아니아
나라
사모아
솔로몬 제도
팔라우
뉴질랜드
통가
피지
키리바시
음식
양고기
바비큐
감자튀김
원주민
마오리 족
어보리진
국화
헤일라라
회화나무
아카시아
하이비스커스
동물
극락조
양
소
키위새
캥거루
코알라
관광지
타우포 호수
오페라하우스
울루루 산
하버브리지
그레이트베리어리프
(대보초)
수도
타라와
웰링턴
호니아라
포트모르즈비
팔리키르
캔버라
포트빌라

| 오세아니아 유아 주제망 |

활동 5-5 오세아니아 유아·교사 공동 주제망 그리기

※ 유아가 그린 주제망과 교사가 그린 주제망을 비교해 보고 공동 주제망을 그리기로 하였다.

교사 어제 우리 친구들이 그린 주제망과 선생님이 그린 주제망을 보면서 공동의 주제망을 그려서 앞으로 오세아니아에 대하여 알아보려고 해요.
자, 여기 두 주제망을 보니까 어때요?

유아 우리랑 선생님이 그린 주제망에서 같은 것도 있고 다른 것도 있어요.

교사 그렇네요. 그러면 선생님이 만든 주제망과 친구들이 만든 주제망을 모아서 하나로 만들어 보아요.
공동 주제망을 그릴 수 있겠지요?

유아 네.

→ 유아 주제망과 교사 주제망을 비교해 보면서 앞으로 유럽에 대하여 알아 나갈 내용을 공동 주제망으로 구성해 보았다.

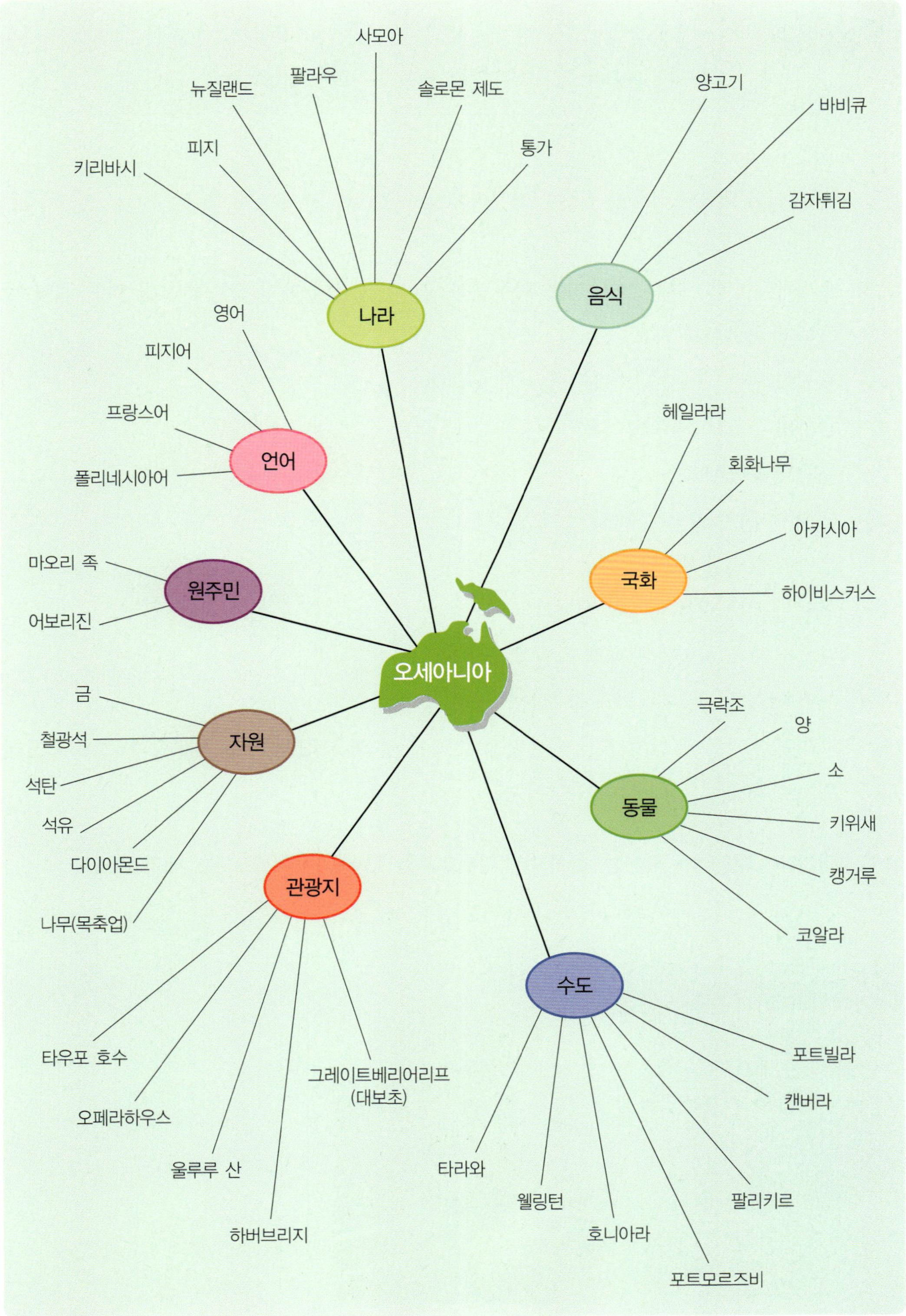

| 오세아니아 유아 · 교사 공동 주제망 |

활동 5-6

오세아니아에 대하여 궁금한 점이 있어요

※ 오세아니아에 대하여 궁금한 점을 이야기 나누었다.

교사 오세아니아에 대하여 이야기를 나누면서 궁금했던 점들이 있었는데 오늘 어떤 것이 궁금한지 이야기해 봐요.

유아 오세아니아에 어떤 나라들이 있는지 궁금해요.

유아 나라의 수도도 알고 싶어요.

유아 국화도 궁금해요.

교사 또 어떤 점이 알고 싶어요?

유아 무엇이 유명한지 궁금해요.

유아 어떤 음식을 먹는지 알고 싶어요.

유아 마오리 부족 사람들에 대해서 알고 싶어요.

유아 어떤 언어를 사용하는지도 조사하면 좋을 것 같아요.

교사 그러면 친구들이 이야기한 것을 직접 종이에 써 보고 집에 가서 부모님과 함께 조사해 오기로 해요.

→ **오세아니아에 대하여 궁금한 점들을 이야기 나누고 직접 조사해 온 후 발표하는 시간도 가졌다.**

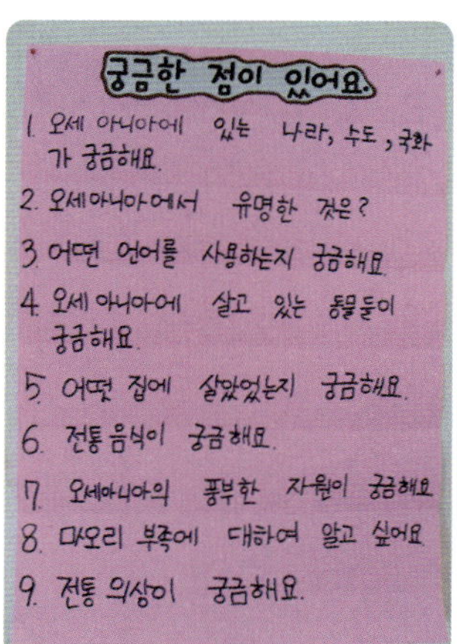

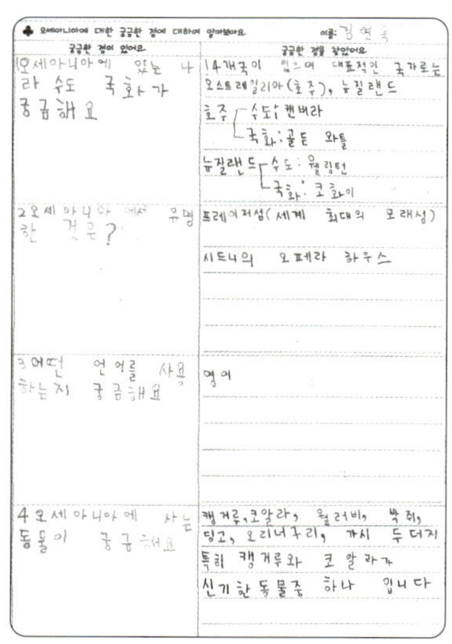
♣ 오세아니아에 대한 궁금한 점에 대하여 알아보아요. 이름: 김 연 ○

궁금한 점이 있어요.	궁금한 점을 찾았어요.
1 오세아니아에 있는 나라 수도 국화가 궁금해요	14개국이 있으며 대표적인 국가로는 오스트레일리아(호주), 뉴질랜드 호주 ┌ 수도: 캔버라 └ 국화: 골든 와틀 뉴질랜드 ┌ 수도: 웰링턴 └ 국화: 코화이
2 오세아니아에서 유명한 것은?	프레이저섬(세계 최대의 모래섬) 시드니의 오페라 하우스
3 어떤 언어를 사용하는지 궁금해요	영어
4 오세아니아에 사는 동물이 궁금해요	캥거루, 코알라, 월러비, 박쥐, 딩고, 오리너구리, 가시 두더지 특히 캥거루와 코알라가 신기한 동물중 하나 입니다

오세아니아에 대하여 궁금한 점을 알아보았어요.

활동 5-7 호주의 국기, 국화, 언어, 수도에 대하여 알아보아요

호주의 국기, 국화, 언어, 수도에 대하여 알아보기로 하였다.

교사 오세아니아에 있는 나라 중에서 두 번째로 호주에 대하여 알아보려고 해요. 호주의 국기는 어떻게 생겼나요?

유아 흰색 별이 있어요.

유아 파란색이에요.

유아 영국 국기도 들어 있어요.

교사 우리 친구들이 잘 알고 있네요. 그러면 각각 어떤 의미가 있는지 선생님이 알려줄게요. 우선 영국 국기가 그려져 있는 것은 호주가 영국 연방의 일원임을 나타내요. 그리고 아래 있는 7각 별은 연방별이라고 불리고 오른쪽에 있는 별은 남십자 별자리를 표시하고 있어요. 국화는 어떤 것인지 알고 있나요?

유아 아카시아요.

교사 맞아요. 바로 아카시아 나무예요. 호주에서는 골든워틀이라고 불리는데 아카시아 나무에 핀 꽃 색이 황금색이어서 그렇게 불러요. 아카시아에는 우정, 숨겨진 사랑이라는 꽃말이 담겨 있어요. 호주 사람들은 영어를 사용해요. 그러면 호주의 수도는 어디일까요?

유아 캔버라요. 책에서 읽었어요.

교사 그렇군요. 그러면 호주에 대하여 알아본 내용을 글로 써 보기로 해요.

→ 호주의 국기, 국화, 수도, 언어에 대하여 알아보면서 유아들이 더 적극적으로 이야기에 참여하는 모습을 볼 수 있었는데, 궁금한 점을 이야기해 본 것을 통해서 이미 알고 있던 내용들도 있어서 유아들의 이해를 도울 수 있었다. 그리고 알아본 내용을 가지고 호주를 소개하는 신문 만들기도 했다.

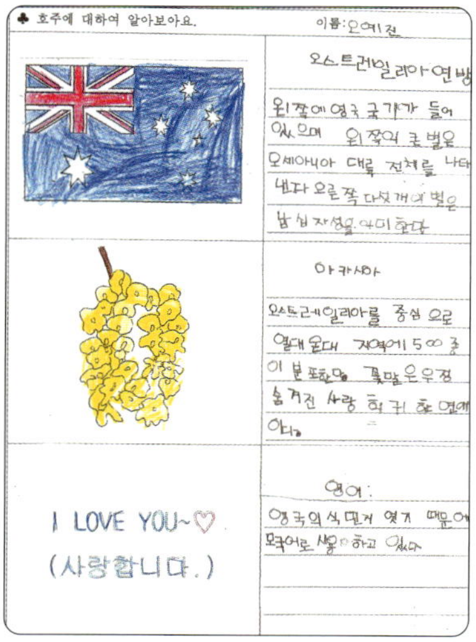

호주에 대하여 알아보았어요.

호주 소개 신문 만들기

활동 5-8

호주의 유명한 것에 대하여 알아보아요

호주에서 유명한 것은 무엇인지 알아보면서 호주에 대한 관심을 가질 수 있도록 하였다.

교사 호주에서 유명한 것은 무엇이 있을까요?

유아 캥거루가 살아요.

유아 오페라 하우스도 있어요.

유아 하버 브리지도 있어요.

교사 와~ 잘 알고 있네요. 또 어떤 것들이 있는지 선생님이 가져온 그림들을 보면서 알아볼까요?

유아 네.

유아 와~ 오페라 하우스다.

교사 여기서 여러 가지 공연을 하는데 사람들이 호주에 가면 꼭 가 보는 곳이에요.
멀리서 보면 조개껍데기를 엎어 놓은 것처럼 보인다고 해요.

유아 바다예요.

유아 바다 속 같아요.

교사 여기는 대보초라는 곳인데요, 산호초들이 아름다운 곳으로 유명해요.
그리고 다음 그림은 무엇일까요?

유아 반짝거려요.

교사 바로 금이에요. 그리고 이것 외에도 석탄, 천연가스 등 풍부한 자원이 있어요.
그러면 오늘은 호주의 유명한 것을 작은 책으로 만들어 보기로 해요.

유아 네.

→ 호주의 유명한 것들을 그림을 보면서 이야기 나누어 본 후 호주를 소개하는 작은 책을 만들어 보며 다시 한 번 호주의 유명한 것들을 생각해 볼 수 있었다.

하버브리지가 유명해요.

오페라 하우스가 있어요.

호주의 유명한 것 작은 책 만들기

캥거루 접기

활동 5-9 뉴질랜드의 국기, 국화, 언어, 수도에 대하여 알아보아요

뉴질랜드의 국기, 국화, 언어, 수도를 알아보기로 하였다.

교사 이번 시간에는 뉴질랜드에 대하여 이야기를 나눠 보려고 해요.
먼저 뉴질랜드의 국기를 살펴볼까요?

유아 호주 국기처럼 영국 국기가 있어요.

유아 별도 있어요.

유아 뉴질랜드 국기에 있는 별은 빨간색이에요.

교사 와~ 우리 친구들이 잘 알고 있네요.
여기 영국 국기가 있는 것은 호주처럼 영국 연방의 일원임을 나타내는 것이고, 파란 바탕은 남태평양을 나타내요. 그리고 흰색 테두리에 빨간색의 별들은 남십자성을 뜻해요.
뉴질랜드에서는 두 가지의 언어를 사용하고 있어요. 바로 호주처럼 영어도 사용하고 마오리 어도 사용해요. 원래 뉴질랜드에는 옛날부터 마오리 족이라는 원주민이 살고 있었는데 그들이 사용했던 언어가 마오리 어인데 영어와 함께 뉴질랜드의 언어로 사용되고 있어요.
자, 이 그림은 뉴질랜드의 국화예요. 무엇인지 알고 있나요?

유아 회화나무예요.

교사 맞아요. 이 회화나무는 특이하게 나뭇잎 뒷면이 은색이라고 해요.

유아 은색이면 반짝반짝 빛날 것 같아요.

교사 다음으로 뉴질랜드의 수도예요.

유아 웰링턴이에요.

교사 웰링턴은 해상 교통이 발달된 도시예요. 이곳에서 뉴질랜드에서 나는 양털 등의 수출이 많이 이루어지고 가구와 신발 등을 만드는 공업이 발달된 곳이에요.
그러면 국기, 국화, 언어, 수도를 다시 한 번 생각해 보면서 색칠도 하고 글씨로도 써 보기로 해요.

→ 뉴질랜드에 대하여 이야기를 나누면서 국기, 국화, 언어, 수도를 생각해 볼 수 있었다. 그리고 직접 국

기, 국화를 색칠하고 마오리 족의 인사말도 알아보며 좋아하는 유아들의 모습을 볼 수 있었다.

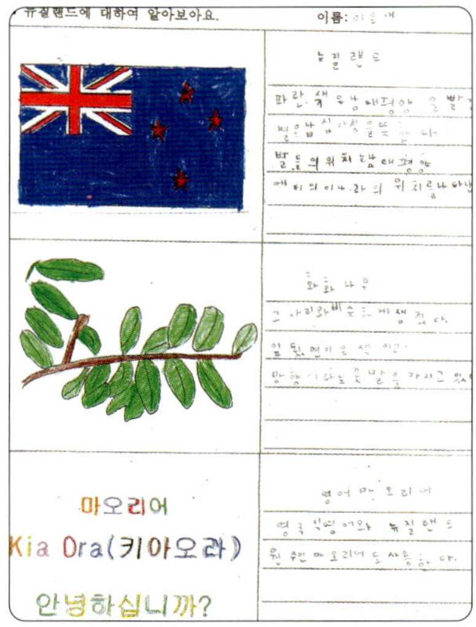

국기, 국화, 수도, 언어를 알아보았어요.

활동 5-10

뉴질랜드의 유명한 것에 대하여 알아보아요

뉴질랜드의 유명한 것을 알아보기로 하였다.

교사 오늘은 뉴질랜드의 유명한 것을 알아보기로 해요. 선생님이 가지고 온 그림을 보면서 알아보기로 할까요?

유아 네.

유아 마오리 족이에요.

교사 맞아요. 마오리 족은 이렇게 몸에 특이한 문신도 하고 인사를 할 때는 이렇게 서로 코를 비비며 인사를 나눈다고 해요. 우리도 한번 친구와 마오리 인사법인 홍이로 인사를 해 볼까요?

유아 네.

(서로 코를 비벼서 인사를 나눈다.)

유아 재미있어요.

교사 자, 이것은 무엇일까요?

유아 양이에요.

교사 뉴질랜드에는 양과 소떼들이 아주 많아요.

그래서 양털을 깎아서 옷도 짜고 카페트를 만들어요. 그리고 소를 키워서 우유도 얻고 치즈도 생산하고 있어요. 또 무엇이 있는지 볼까요?

유아 와~ 새다!

교사 이 새의 이름을 알고 있는 친구 있나요?

유아 키위새예요. 책에서 읽었어요.

교사 그래요. 바로 키위새예요. 키위새는 '키~위' 하고 울음소리를 낸다고 해서 키위라는 이름을 붙이게 되었다고 해요. 그리고 우리 친구들이 먹는 과일 중에도 키위가 있지요?

유아 네.

교사 키위새는 날개가 있어도 날지 못하는데, 키위의 모양이 키위새가 웅크린 모습과 비슷하다고 해서 과일 이름을 키위라고 부른대요.
뉴질랜드의 유명한 것들을 알아보았는데 기억에 남는 것을 그림과 글로 표현해 보기로 해요.

➔ 그림을 보면서 유아들이 뉴질랜드의 유명한 것들을 신문으로 만들어 보기도 하고 특히 마오리 족에 대한 유아들의 관심이 많아서 인사법인 '홍이'도 따라 해 보았는데 "선생님 재미있어요."라고 좋아하였다.

항이는 땅의 뜨거운 열로 만드는 음식이다.

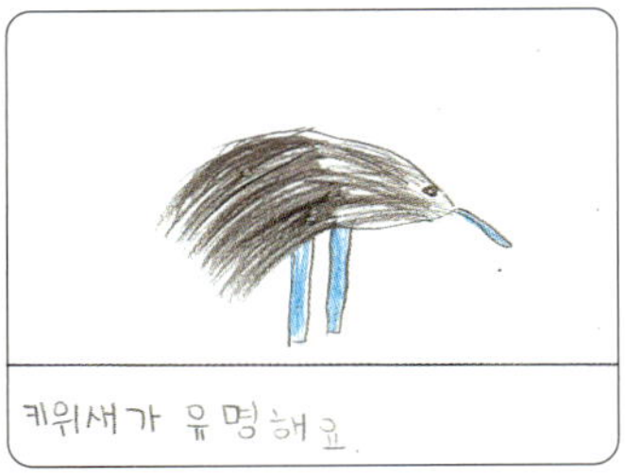

키위새가 유명해요.

마오리 족의 인사를 해 보았어요.

NIE 활동-마오리 족 꾸미기

뉴질랜드와 마오리 족에 관한 신문 만들기

활동 5-11 파푸아뉴기니의 국기, 언어, 수도에 대하여 알아보아요

❀ 파푸아뉴기니의 국기, 언어, 수도를 알아보기로 하였다.

교사 오늘은 오세아니아에서 마지막으로 파푸아뉴기니란 나라에 대하여 이야기를 나눠 보기로 해요. 우선 파푸아뉴기니의 국기를 살펴볼까요?

유아 빨간색과 검정색 바탕이에요.

유아 별도 있고, 새가 그려져 있어요.

교사 그렇군요. 선생님이 어떤 의미가 있는지 지금부터 알려 줄게요. 여기 있는 별들은 남십자성을 뜻하고 여기 있는 새는 바로 극락조라는 새예요. 파푸아뉴기니는 국화는 따로 정해져 있지 않고 바로 이 새가 파푸아뉴기니를 대표하는 새예요.

유아 극락조 새가 너무 예뻐요.

교사 그리고 파푸아뉴기니의 수도는 어디일까요?

유아 <u>포트모르즈</u>비요.

교사 잘 알고 있네요. 그리고 파푸아뉴기니 사람들은 어떤 언어를 사용하는지 살펴볼까요?

유아 네.

교사 이 나라는 아주 많은 부족들이 살고 있기 때문에 각자의 부족 언어를 대부분 사용해서 함께 이야기를 나눌 때 많이 불편했어요. 그래서 피지어라는 언어를 만들어서 그때부터 피지어를 사용했고 현재는 영어도 함께 사용하고 있어요.

➔ **파푸아뉴기니에는 국화가 따로 없고 국조가 있는데 국기에 그려진 극락조라는 새에 대하여 알게 되어서 좋아하였고 그 외에 수도, 언어도 알아보면서 파푸아뉴기니라는 나라에 관심을 보였다.**

국기, 수도, 언어에 대하여 알아보았어요.

활동 5-12 파푸아뉴기니의 유명한 것에 대하여 알아보아요

❀ 파푸아뉴기니에서 유명한 것은 무엇인지 이야기 나누기로 하였다.

교사 오늘은 파푸아뉴기니의 유명한 것들을 알아보기로 해요.

유아 극락조 새가 살고 있어요.

교사 그래요. 또 무엇이 있는지 선생님이 가져온 그림을 보면서 이야기 나누기로 해요.

유아 가면이다.

유아 무섭게 보여요.

교사 이 가면은 족장이 죽었을 때 만들었던 가면이라고 해요.

유아 나무로 만든 것은 뭐예요?

교사 이것은 말랑간이라는 조각품이에요. 아까 보았던 가면처럼 부족의 중요한 사람이나 족장이 죽었을 때 말랑간을 함께 만들었어요.

유아 선생님, 커피도 있어요.

교사 그래요. 파푸아뉴기니에서는 유기농 커피를 생산하는 것으로 유명하다고 해요.

➔ 그림을 보면서 유아들이 파푸아뉴기니에 대하여 알게 되어서 좋았다고 말하는 모습을 보니 흐뭇했다. 그리고 기억에 남는 것을 그림과 글로 표현해 보았다.

커피와 싱싱 축제가 유명해요.

극락조가 살고 있어요.

활동 5-13 오세아니아의 지형적 특성을 알아보아요

오세아니아의 지형적인 특징에 대하여 이야기 나누기로 하였다.

교사 오세아니아 대륙은 무엇으로 둘러져 있나요?

유아 바다요!

교사 맞아요. 바다로 둘러싸인 땅을 무엇이라고 하나요?

유아 섬이요!

교사 잘 알고 있네요. 오세아니아 대륙은 여러 섬들로 이루어져 있어요. 그리고 다른 대륙들과는 떨어져 있기 때문에 다른 대륙에서는 볼 수 없는 동물, 식물들이 살고 있어요.

유아 책에서 캥거루랑 코알라가 오세아니아 대륙에서만 볼 수 있다고 했어요.

교사 그래요. 또 오세아니아는 초원지대와 사막지대 등이 있어서 특이한 동물들도 많이 살고 있어요. 우선 초원지대에는 에뮤라는 큰 새가 살고 있는데 날 수는 없다고 해요. 그리고 친구들이 이야기한 것처럼 캥거루, 코알라도 살고 있어요. 돼지, 소 등의 동물들은 사람들이 오세아니아 대륙을 발견하고 나서 나중에 다른 나라에서 건너오게 된 거예요.

유아 와~ 신기하다!

➔ 오세아니아 대륙이 섬으로 되어 있어서 특이한 동·식물이 살고 있음을 알고 유아들이 놀라워하였다. 그리고 오세아니아에 살고 있는 동물을 찾아 꾸며 보고 신문과 잡지에서 동물 이름을 찾아보는 NIE 활동을 했다.

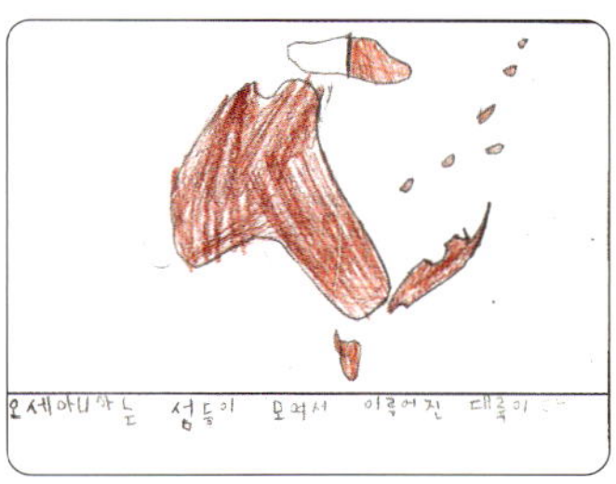

오세아니아는 섬들이 모여서 이루어진 대륙이다.

오세아니아에서만 사는 에뮤가 있어요.

NIE 활동-오세아니아에 살고 있는 동물 이름 찾기

활동 5-14 우리나라와의 수입, 수출에 대하여 알아보아요

오세아니아에서 우리나라가 수입하고 수출하는 것들을 알아보기로 하였다.

교사 오세아니아에는 풍부한 자원이 많이 난다고 해요. 그래서 오늘 으리나라에서 오세아니아로부터 수입하고 수출하는 것들에는 어떤 것이 있는지 알아보기로 해요.

유아 와~ 양이에요.

교사 오세아니아에는 동물들이 많다고 했는데 그중에는 양에서 얻는 자원도 있어요. 바로 양털이에요. 양털로 옷도 짤 수 있고 카펫 등도 만들 수 있어요. 그래서 우리나라는 양털을 오세아니아에서 사오고 있어요.

유아 선생님, 돌 같은 것도 보여요.

교사 이것은 철광석이라고 하는 거예요. 철광석도 오세아니아에서 많이 나는 자원 중에 하나이고 우리나라뿐만 아니라 다른 나라에도 많이 수출하고 있어요. 이번에는 우리나라에서 어떤 것들을 수출하는지 살펴볼까요?

유아 네.

교사 우리나라에서는 휴대폰, 자동차, 그리고 선박도 만들어서 완성품을 오세아이나로 수출하고 있어요.

➔ 우리나라와 오세아니아 사이에서 이루어지는 수출, 수입 품목들이 다양하다는 것을 알고 유아들이 놀라워했고 그림 자료를 통해 알아볼 수 있도록 하였다.

수출, 수입에 대하여
이야기 나누기

양털을 수입해요.
휴대폰을 수출해요.

쇠고기를 수입해요.
선박을 수출해요.

6. 아프리카

활동 6-1

아프리카에 대한 이전 경험 이야기 나누기

아프리카에 대하여 보고, 들은 것에 대하여 이야기 나누었다.

교사 오늘부터 아프리카 대륙에 대하여 알아보려고 해요. 우선 우리 친구들이 이미 알고 있는 아프리카에 대하여 이야기할 수 있지요?

유아 네.

교사 그럼 직접 아프리카에 대하여 듣고, 보고, 경험한 것 등에 대하여 이야기해 보기로 해요.

유아 아프리카에 여러 동물들이 살고 있는 것을 봤어요.

교사 어디에서 보았나요?

유아 텔레비전에서 표범이랑 기린을 봤어요.

교사 그렇군요.

유아 책에서 아프리카 대륙을 본 적이 있어요.

유아 아프리카 박물관에 갔을 때 아프리카 사람들을 본 적이 있어요.

교사 또 다른 경험을 이야기할 수 있나요?

유아 교구 할 때 아프리카에 있는 나라의 국기도 보았어요.

유아 나이지리아, 남아프리카 공화국이 있어요.

유아 케냐도 있어요.

교사 또 어떤 것들을 경험해 보았나요?

유아 아프리카에 있는 유명한 것도 알아요.

교사 무엇이 있나요?

유아 이집트에 가면 피라미드가 있어요.

유아 책에서 본 적이 있어요.

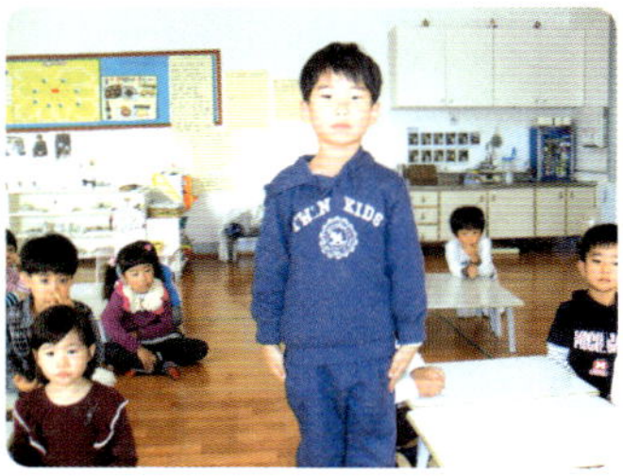

→ **책과 텔레비전 등에서 보았던 것을 기억하고 아프리카에 대하여 알고 있는 것을 씩씩하게 유아들이 발표하는 것을 볼 수 있었다. 앞으로 아프리카 대륙에 대하여 알아 나가면서 다양한 아프리카의 문화에**

관심을 가질 수 있도록 도와주어야겠다는 생각을 했다.

아프리카 사람들이
목에 목걸이를 끼고 있다.

책에서 이집트의 피라미드를
보았어요.

활동 6-2 아프리카에는 어떤 나라들이 있을까요?

아프리카에 있는 나라들에 대하여 이야기를 나누었다.

교사 오늘은 아프리카 대륙에 어떤 나라들이 있는지 알아보기로 해요.

유아 케냐가 있어요.

유아 중앙아프리카 공화국도 있어요.

유아 튀니지도 아프리카에 있는 나라예요.

교사 또 어떤 나라들이 있을까요?

유아 나이지리아요.

유아 이집트랑 리비아도 있어요.

교사 와~ 우리 친구들이 정말 많은 나라를 알고 있네요.

유아 선생님, 우리 아프리카 국기 색칠해요.

유아 맞아요. 그러면 좋을 것 같아요.

교사 그래요. 그러면 우리 아프리카에 있는 나라의 국기들을 색칠해 보면서 어떤 나라가 있는지 다시 한 번 생각해 보기로 해요.

→ **아프리카에 있는 나라들을 유아들이 책이나 교구 등을 통하여 많이 알고 있었다. 그리고 국기를 직접 그려서 색칠해 보면서 어떤 나라가 있는지 다시 한 번 생각해 보았다.**

아프리카에는 리비아와 모로코가 있어요.

남아프리카 공화국입니다.

아프리카 지도 위에 국기 올려놓기

활동 6-3 아프리카에 대한 생각 모으기 및 유목화하기

프리카 하면 생각나는 것에 대하여 이야기를 나누고 생각 모으기 활동 후 같은 것끼리 분류하는 유목화 작업을 하기로 했다.

교사 아프리카 하면 무엇이 생각나는지 이야기 나누어 보도록 해요.

유아 아프리카에 있는 나라요.

유아 남아프리카 공화국도 있고 케냐도 있어요.

유아 리비아도 있어요.

교사 또 나라 말고 무엇이 생각나나요?

유아 사하라 사막이 생각나요.

유아 스핑크스와 피라미드도 생각나요.

교사 그렇군요.

→ 아프리카에 대한 여러 가지 생각들에 대하여 발표하는 유아들의 모습을 볼 수 있었고 생각 모으기 종이를 갖고 앞으로 나와서 바르게 유목화하는 활동도 했다.

생각 모으기 및 유목화 활동을 하고 있어요.

나라	수도	국화	언어	의식주	유명한 것	동물	기타
우간다 리비아 모로코 …	로메 알제 트리폴리 …	대추야자 불꽃나무 벼 …	영어 아랍어 스와힐리어 …	커피 코코아 목걸이 …	스핑크스 황금가면 …	임팔라 코끼리 표범 …	흑인 금 …

아프리카에 대한 유목화

활동 6-4 아프리카 유아 주제망 그리기

❀ 유목화한 내용을 보면서 유아 주제망을 그리기로 하였다.

교사 생각 모으기한 것을 유목화하였지요?

유아 네.

교사 그러면 유목화한 내용을 보면서 아프리카에 대한 주제망을 그리기로 해요. 가족별로 종이를 나누어 주면 내용을 쓰고 앞에 나와서 주제망 종이에 붙이기로 해요.

➔ 가족별로 소주제망을 먼저 그리고 큰 종이에 붙여서 아프리카 유아 주제망을 완성했다. 완성한 주제망을 보면서 유아들이 아프리카에 대하여 관심을 갖고 활동에 참여하는 모습을 보았다.

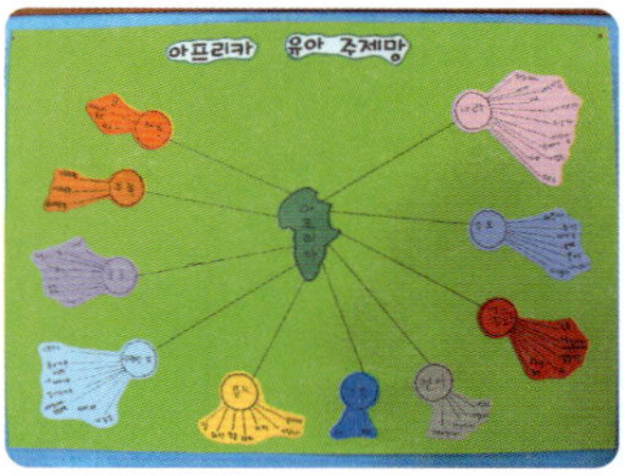

아프리카 유아 주제망 그리기

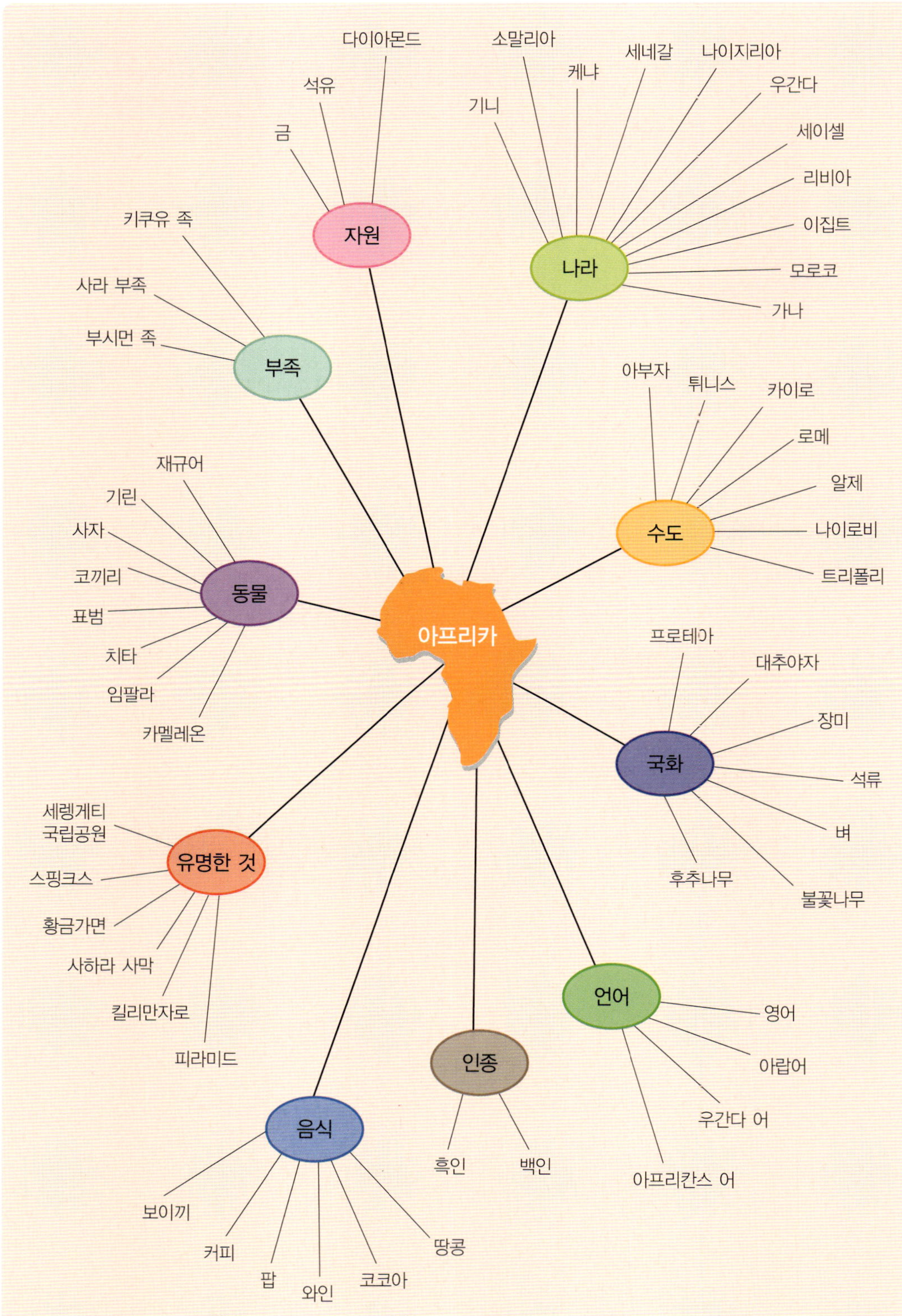
아프리카
자원
금
석유
다이아몬드
나라
기니
소말리아
케냐
세네갈
나이지리아
우간다
세이셸
리비아
이집트
모로코
가나
부족
키쿠유 족
사라 부족
부시먼 족
수도
아부자
튀니스
카이로
로메
알제
나이로비
트리폴리
동물
재규어
기린
사자
코끼리
표범
치타
임팔라
카멜레온
국화
프로테아
대추야자
장미
석류
벼
후추나무
불꽃나무
유명한 것
세렝게티
국립공원
스핑크스
황금가면
사하라 사막
킬리만자로
피라미드
언어
영어
아랍어
우간다 어
아프리칸스 어
인종
흑인
백인
음식
보이끼
커피
팝
와인
코코아
땅콩

| 아프리카 유아 주제망 |

활동 6-5 아프리카 유아·교사 공동 주제망 그리기

유아와 교사 주제망을 비교해 보고 공동 주제망을 그리기로 했다.

교사 선생님과 우리 친구들이 그린 주제망을 비교해 보고 공동 주제망을 그려서 앞으로 아프리카에 대하여 알아보기로 해요.

유아 네.

→ 유아와 교사 주제망을 꼼꼼하게 살펴보며 비교해 나가는 유아들의 모습에 진지함을 느낄 수 있었고 앞으로 아프리카에 대하여 어떤 점들을 알아 나갈지 공동 주제망을 그려 보면서 생각해 볼 수 있는 시간이 되었다.

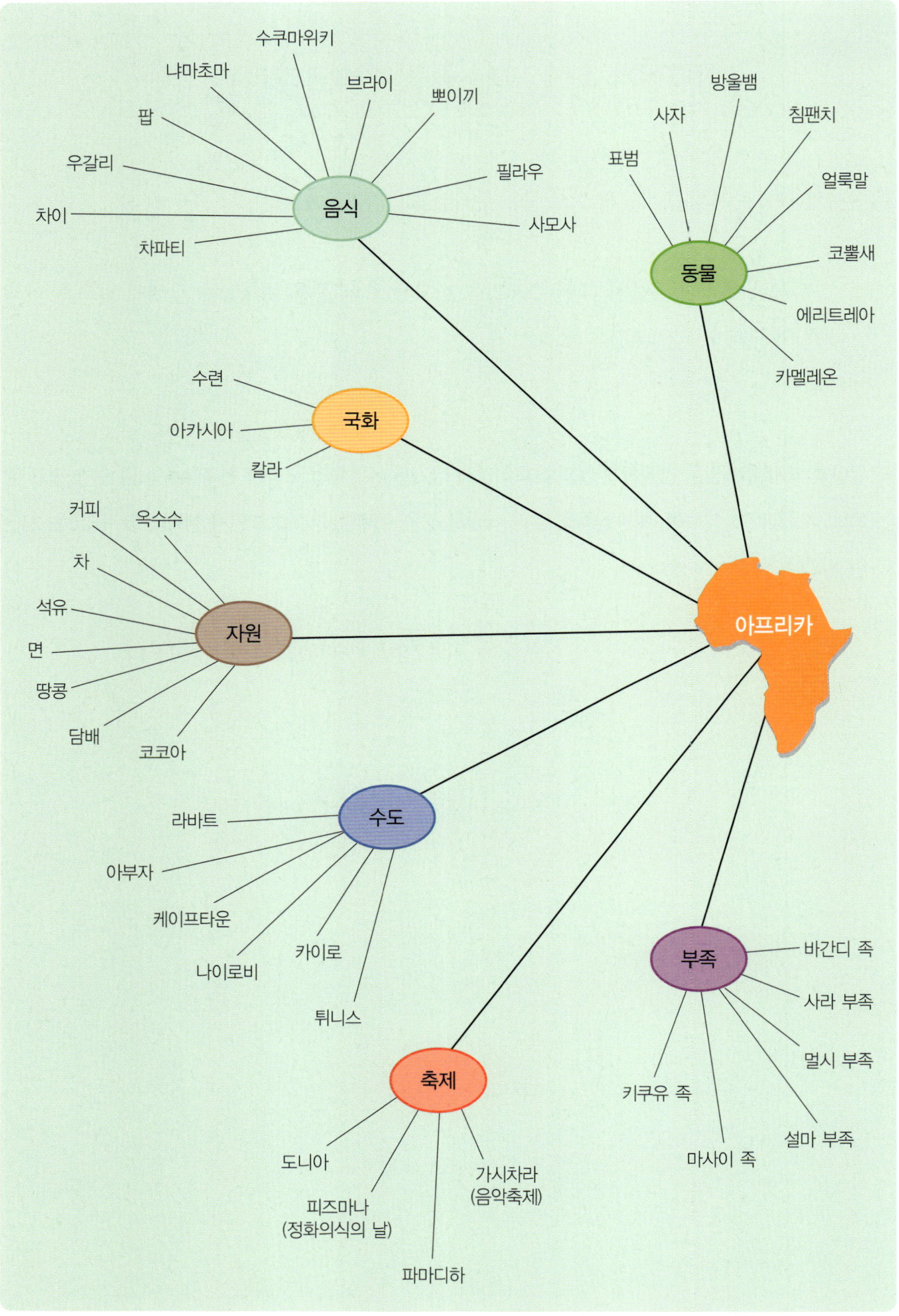

| 아프리카 유아 · 교사 주제망 1 |

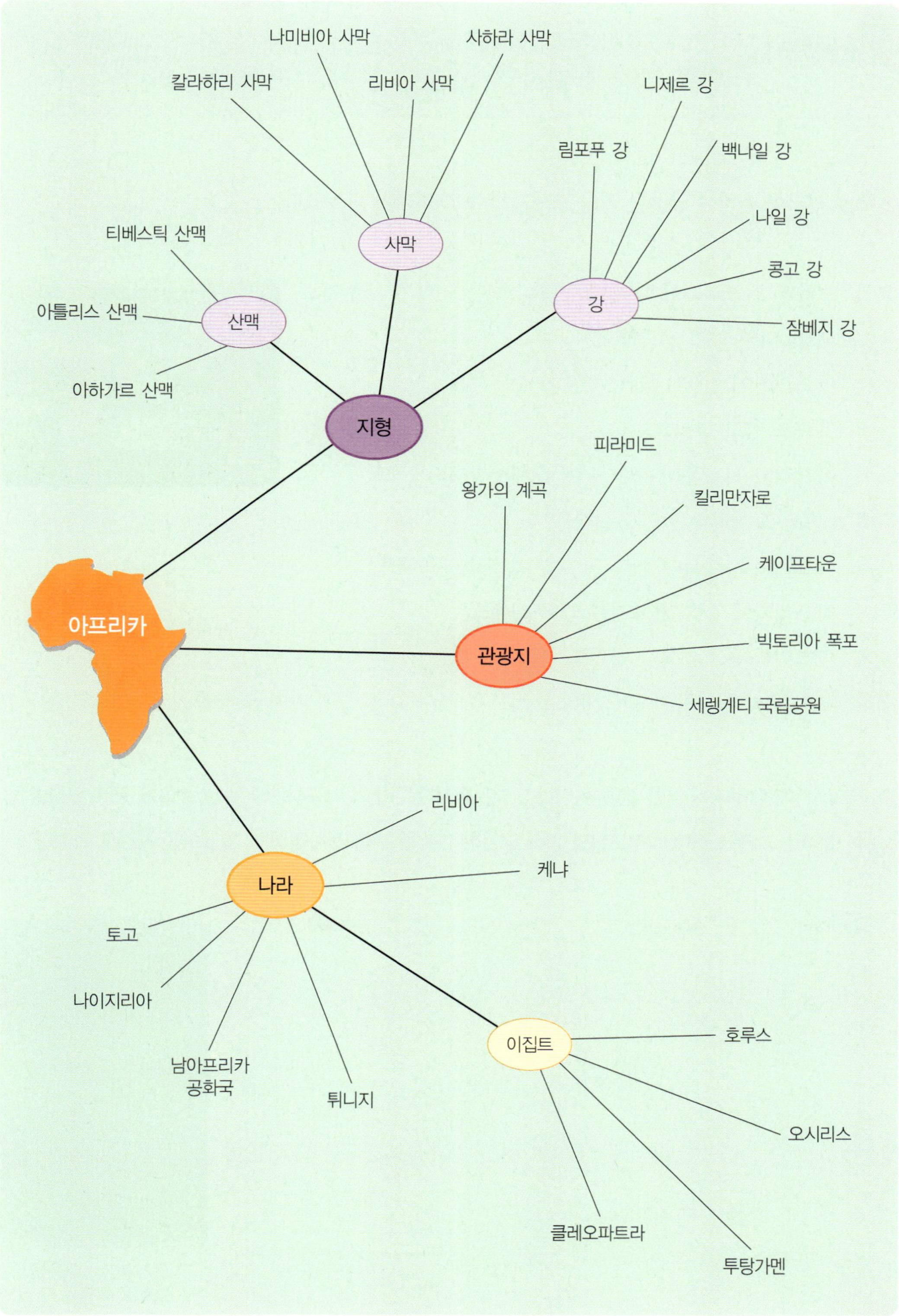

| 아프리카 유아 · 교사 주제망 2 |

활동 6-6 아프리카에 대하여 궁금한 점이 있어요

※ 아프리카에 대하여 궁금한 점들을 생각해 보고 이야기 나누었다.

교사 오늘은 아프리카에 대하여 궁금한 점을 이야기 나누기로 해요. 어떤 점이 궁금해요?

유아 아프리카에 있는 나라와 수도가 궁금해요.

유아 국화도 알고 싶어요.

유아 아프리카 사람들이 사는 집에 대해서 알고 싶어요.

교사 그렇군요. 또 무엇이 궁금해요?

유아 아프리카 사람들은 어떤 음식을 먹는지 궁금해요.

유아 아프리카에서 유명한 것을 알고 싶어요.

유아 아프리카에서 유명한 사람도 궁금해요.

교사 그럼 우리 친구들이 궁금해하는 점들을 써서 직접 집에 가서 조사해 오기로 해요.

➔ 아프리카에 대하여 궁금한 점들을 이야기 나누면서 유아들이 아프리카에 많은 관심을 갖고 있음을 알 수 있었다. 그리고 집에서 부모님과 함께 궁금한 점들을 직접 조사해 와서 발표하는 시간도 가졌다.

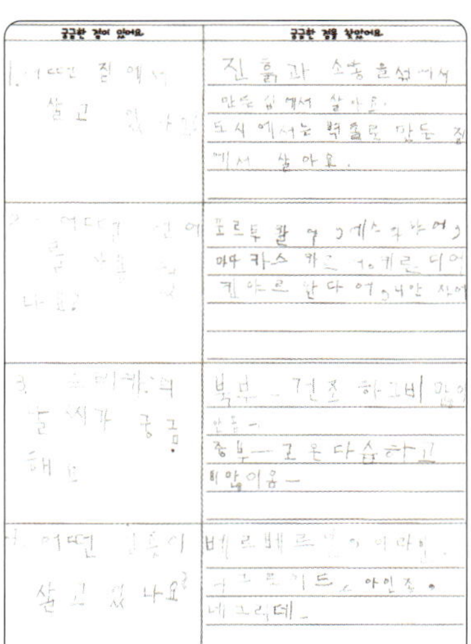

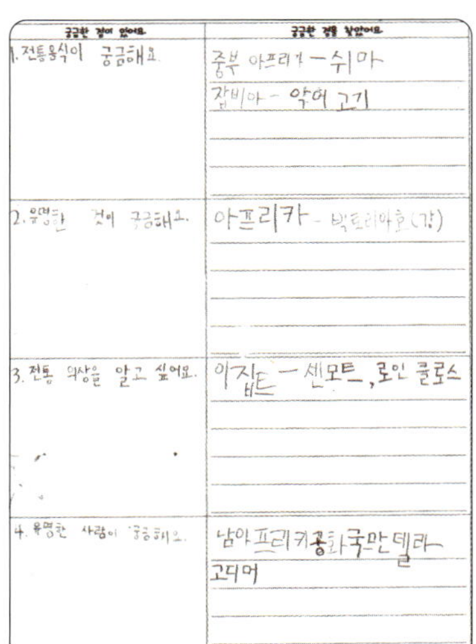

궁금한 점을 알아보았어요.

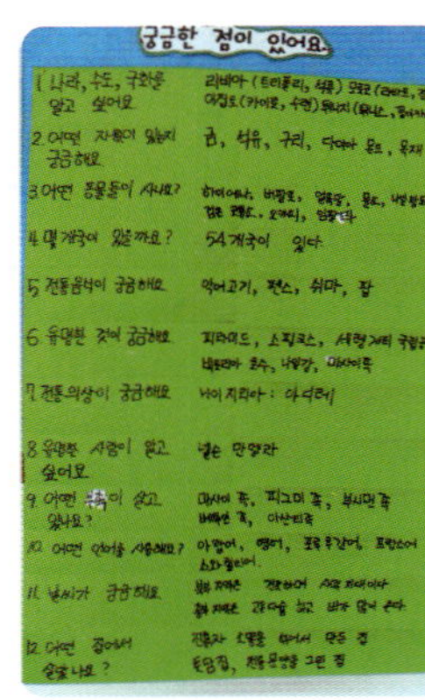

조사해 온 내용을 표로 만들어서 유아들이 볼 수 있도록 게시해 주었다.

활동 6-7

이집트의 국기, 국화, 언어, 수도에 대하여 알아보아요

이집트의 국기, 국화, 언어, 수도에 대하여 이야기 나누었다.

교사 오늘은 아프리카에 있는 나라 중에서 이집트에 대하여 알아보기로 해요.
이집트의 국기를 먼저 살펴볼까요?

유아 빨강, 흰색, 검정색이 있어요.

유아 독수리가 그려져 있어요.

교사 이집트의 국기는 친구들이 말한 것처럼 빨강, 흰색, 검정색으로 이루어져 있고 흰색에는 독수리 휘장이 그려져 있어요.
그럼 이집트의 수도는 어디일까요?

유아 카이로예요.

교사 맞았어요. 카이로는 아프리카 대륙에서 가장 큰 도시라고 해요. 그리고 이집트의 많은 사람들이 이 카이로에 살고 있어서 아주 혼잡하다고 해요.
이집트의 국화도 알고 있나요?

유아 수련이에요.

교사 와~ 우리 친구가 정말 잘 알고 있네요.
수련은 어디에서 피나요?

유아 물에서요.

교사 그래요. 수련의 꽃말은 깨끗한 마음을 뜻해요.
이집트 사람들이 사용하는 언어는 아랍어로 그 표현 방법이 아주 특이하고 놀랍다고 해요. 아랍어는 그림으로 된 글자를 사용하는데, 바로 이런 문자를 상형문자라고 해요. 처음 그 글자를 본 사람들은 그 뜻이 무엇인지 모르고 그냥 그림이라고 생각하였는데 나중에 상형문자의 의미를 밝혀 내어서 그림에는 뜻이 있다는 것을 알았다고 해요.

유아 와~ 정말 글자가 그림 같아요.

유아 이건 꼭 뱀 모양 같아요.

→ 유아들과 이집트에 대하여 하나 하나 알아 나가면서 관심을 갖고 설명을 듣는 모습을 보니 흐뭇했다.

그리고 직접 국기, 국화 등을 색칠하고 설명을 쓰며 생각해 보는 시간을 가졌다.

활동 6-8 이집트의 유명한 것에 대하여 알아보아요

이집트에서 유명한 것은 무엇인지 이야기를 나누었다.

교사 이집트에 대하여 이야기를 나누고 있는데, 오늘은 이집트의 유명한 것들에 대하여 알아보기로 해요.

유아 이집트에는 피라미드가 유명해요.

유아 이집트 신들도 있어요.

교사 그렇군요. 또 무엇이 있나요?

유아 미라도 있어요.

유아 이집트에는 세계에서 제일 긴 나일 강도 있어요.

교사 와~ 우리 친구들이 잘 알고 있네요.

유아 책에서 읽었어요.

교사 그래요. 그러면 선생님이 가져온 이집트 책을 보면서 유명한 것에는 무엇이 있는지 살펴보도록 해요.

유아 와~ 스핑크스다.

교사 스핑크스는 얼굴은 사람이지만 몸은 사자의 모습을 하고 있어요.

유아 피라미드도 보여요.

교사 맞아요. 우리 친구들이 이야기한 것처럼 이집트에는 많은 피라미드가 있는데 이것은 왕들의 무덤이에요.

유아 피라미드가 신기한 것 같아요.

유아 사각뿔 모양이에요.

→ **이집트 관련 책을 소개해 주면서 유아들이 유명한 것에 대하여 좀 더 친근하게 알아볼 수 있도록 하였는데 너무나 좋아하고 직접 그림과 글로도 표현해 보았다. 그리고 특히 피라미드에 대한 관심이 높아서 유아들과 좀 더 자세하게 피라미드를 알아보기로 하였다.**

피라미드 앞에 있는 스핑크스입니다.

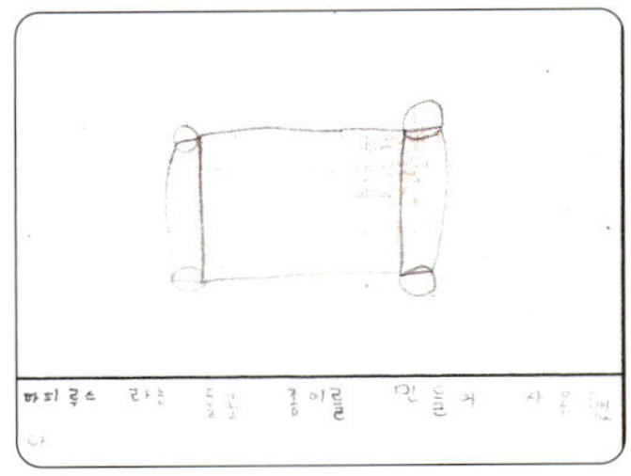

파피루스라는 풀로 종이를 만들어 사용했다.

이집트 사람들이 최고로 숭배하던 라신이 있다.

이집트 사람들은 상형문자를 사용했다.

활동 6-9

피라미드에 대하여 알아보아요

※ 유명한 것을 알아보면서 피라미드에 유아들이 관심이 많아서 좀 더 알아보기로 하였다.

교사 오늘은 피라미드에 대하여 좀 더 자세하게 알아보는 시간을 갖기로 했지요?

유아 네.

교사 우선, 피라미드는 무엇으로 지은 것 같아요?

유아 돌이요.

교사 그래요. 돌 중에서도 석회암이라는 튼튼한 돌을 가지고 만들었는데 그 무게는 1.5톤이 넘는다고 해요.

유아 와~ 정말 무겁겠다.

유아 그러면 어떻게 돌을 옮겼는지 궁금해요.

교사 그래서 선생님이 피라미드를 소개하는 책을 가지고 왔어요.
돌이 있는 채석장에서 배에 싣고 나일 강을 지나 피라미드를 짓는 곳으로 옮겨 왔어요. 그리고 커다란 석회암을 다시 조각 낸 후 돌에 진흙을 바르고 비탈길에 올려놓은 후 사람들이 끌고 올라갔다고 해요.

유아 정말 힘들 것 같아요.

교사 옛날에는 아무런 도구와 기계가 없었기 때문에 무거운 돌들을 다 옮기고 정교하게 모양을 만들어 낸 것은 아주 대단한 일이에요. 어떻게 그렇게 무거운 돌을 옮길 수 있었는지 지금까지도 수수께끼로 남아 있어요.
이번에는 피라미드 안을 살펴보기로 해요.

유아 보석이 있어요.

유아 미라도 보여요.

유아 여러 가지 길도 있어요.

교사 (미라 모형을 보여 주며) 우선 이곳은 왕의 미라가 있는 곳이고, 밑에는 여왕의 미라가 있는 곳이에요. 이집트 사람들은 죽어서 다시 살아나기를 바랐는데 그래서 미라를 만들어 내게 되었고 영혼이 돌아오면 다시 미라 속으로 들어가서 다시 살아난다고 믿었어요. 그리고 미라와 함께 묻혀 있는 보물들은 다시 살아났을 때 생활해 나가기 위해 함께 보물을 피라미드 안에 묻은 거라고 해요.

유아 신기해요.

유아 미라가 살아나면 무서울 것 같아요.

➔ 피라미드 책을 소개해 주었더니 유아들이 좋아하며 설명에 귀를 기울이는 모습을 볼 수 있었다. 특히 피라미드 안에는 죽은 왕의 미라가 있다는 사실을 알고 깜짝 놀라기도 했다.

진흙을 바른 돌을 경사진 길로 끌어서 쌓아올렸다.

피라미드를 만들 때 필요한 돌을 배로 옮겼다.

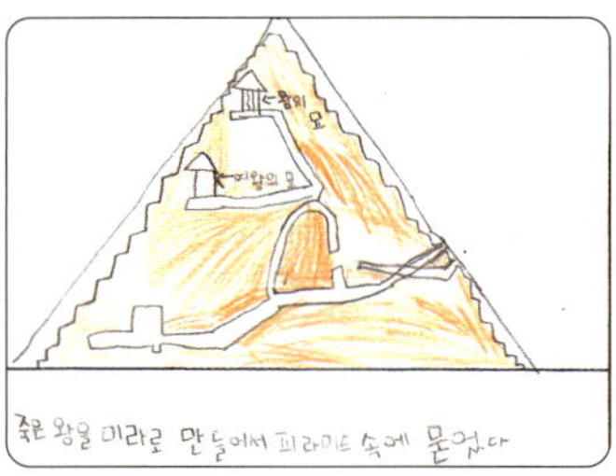

죽은 왕을 미라로 만들어서 피라미드 속에 묻었다.

자유선택 활동 시간에 교구를 이용하여 피라미드를 만들고 있는 모습

활동 6-10 나이지리아의 국기, 언어, 수도에 대하여 알아보아요

나이지리아의 국기, 언어, 수도에 대하여 이야기를 나누었다.

교사 나이지리아의 국기는 어떤 색으로 이루어졌을까요?

유아 초록색과 흰색이요.

교사 그래요. 초록색은 풍부한 농산물과 농지를 뜻하고 흰색은 평화와 화합을 뜻한다고 해요. 그리고 나이지리아의 수도를 알고 있나요?

유아 아부자예요.

유아 책에서 읽었어요.

교사 그렇군요. 예전에는 라고스가 수도였지만 사람들이 너무 많아져서 지금의 아부자로 수도가 옮겨지게 되었어요. 지금은 정치와 행정 등의 중심지예요.
이번에는 나이지리아의 언어를 살펴보기로 해요. 어떤 언어를 사용할까요?

유아 잘 모르겠어요.

유아 선생님이 알려주세요.

교사 나이지라에서는 영어를 언어로 사용하고 있어요. 나이지리아 말로 감사합니다를 '이멜라(Imela)' 라고 표현해요. 우리 같이 이야기해 볼까요?

유아 이멜라~

→ 나이지리아에 대하여 알아보면서 친구들과 "이멜라" 하고 직접 나이지리아 말로 이야기를 해 보며 좋아하는 모습을 보았다. 앞으로 나이지리아에 대하여 관심을 갖도록 도와 주어야겠다는 생각을 했다.

나이지리아의 국기, 수도, 언어를 알아보았어요.

활동 6-11 나이지리아의 의식주에 대하여 알아보아요

❀ 나이지리아의 의식주에 대하여 이야기 나누었다.

교사 오늘은 나이지리아 사람들의 전통 의상, 음식, 집에 대하여 이야기를 나누기로 해요. 우선 어떤 옷을 입었는지 그림을 보면서 살펴보기로 할까요?

유아 와~ 치마 같아요.

유아 색깔이 알록달록해요.

유아 옷 이름이 아디레라고 했어요.

교사 잘 알고 있네요.

유아 궁금한 점을 찾아볼 때 알게 되었어요.

교사 이 아디레 옷은 면으로 만들어졌는데 색깔이 화사하고 디자인이 독특해서 현대 패션에도 응용되고 있다고 해요. 그리고 이 옷은 요루바 족에서 처음 만들어졌어요.

유아 선생님, 아디레 옷이 예뻐요.

교사 그래요. 이번에는 어떤 음식을 먹는지 살펴봐요.

유아 떡 같아요.

교사 이것은 쌀가루로 만든 그라운드 라이스라고 해요. 이것을 이 스프에 찍어서 먹는 거예요. 이 스프는 에구쉬 스프라고 해요. 그리고 이것은 수야라는 음식이에요. 고기에다가 수야 가루를 뿌려서 불에 구워 먹는 음식이에요.

유아 맛있을 것 같아요.

➔ 나이지리아의 독특한 의상과 음식 그리고 진흙과 소똥을 이용하여 지은 집을 보면서 신기해하고 나이지리아에 대하여 알게 되어 유아들이 좋아하는 모습을 보았다.

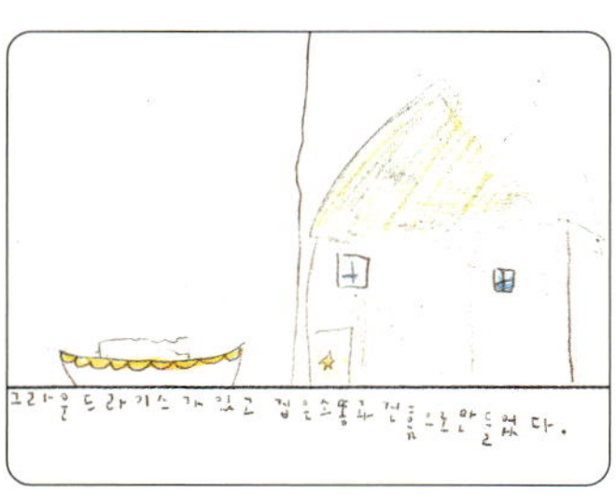

그라운드 라이스가 있고
집은 흙과 소똥으로 만들었다.

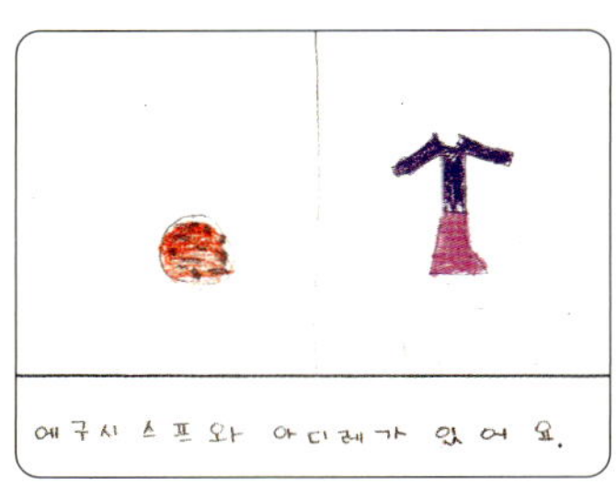

에구쉬 스프(음식)와
아디레(의상)가 있어요.

활동 6-12 케냐의 국기, 국화, 언어, 수도에 대하여 알아보아요

※ 케냐의 나라에 대하여 관심을 갖고 국기, 국화, 언어, 수도에 대하여 알아보기로 했다.

교사 케냐의 국기에는 어떤 색이 들어 있나요?

유아 검정, 빨강, 초록색이요.

유아 가운데에 방패 같은 그림도 있어요.

교사 케냐의 국기에서 검정은 국민을, 빨간색은 자유를 위한 투쟁을 뜻해요. 그리고 초록은 농업과 천연자원, 방패는 마사이 족의 방패를 나타내고 창은 자유와 수호를 상징해요.

유아 와~ 신기해요.

유아 선생님, 케냐의 국화는 자카란다예요.

교사 와~ 우리 친구가 잘 알고 있네요. 자카란다는 나무에 피는 꽃이 보라색이에요. 그리고 케냐의 수도는 어디일까요?

유아 나이로비예요.

교사 나이로비라는 말은 마사이 어로 차가운 물을 뜻한다고 해요. 그리고 케냐 사람들은 영어와 스와힐리 어를 사용하고 있어요.

→ 유아들에게 그림 자료를 통해 국기, 국화 등을 알 수 있도록 도움을 주었더니 좋아하였다. 그리고 직접 색칠하고 설명을 쓰며 이해하는 유아들의 모습을 볼 수 있었다.

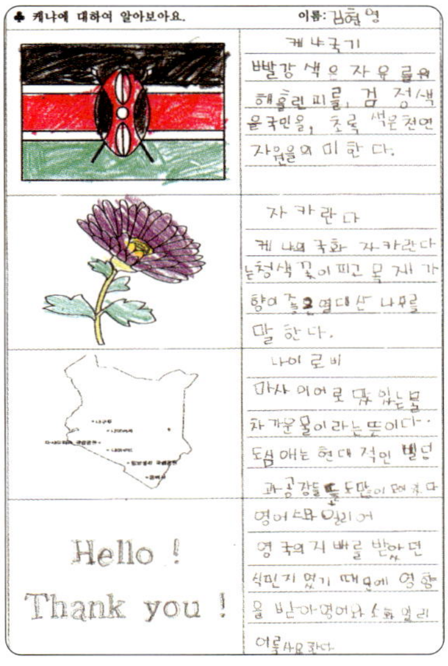

케냐의 국기, 국화, 수도, 언어에 대하여 알아보았어요.

활동 6-13

케냐의 유명한 것에 대하여 알아보아요

※ 케냐의 유명한 것에 대하여 이야기를 나누기로 했다.

교사 케냐에서 유명한 것을 알아보기로 했지요? 선생님이 가지고 온 책을 보면서 살펴보기로 해요.

유아 네.

교사 자, 무엇이 보이나요?

유아 동물들이 있어요.

유아 사자도 있어요.

유아 기린도 보여요.

교사 여기는 바로 케냐의 나꾸루 국립공원이에요. 케냐에는 이런 국립공원이 여러 곳 있는데 그곳에서 많은 야생동물들이 살고 있다고 해요.
그리고 케냐에서 유명한 부족이 있어요. 바로 이 마사이족이에요.

유아 아프리카 박물관에 갔을 때 본 적이 있어요.

유아 맞아요. 마사이 부족이 빨간 옷을 입고 있었어요.

교사 그래요. 아프리카 박물관에서 이 마사이 부족 인형을 본 적이 있지요?

유아 네.

교사 마사이 부족은 아주 용맹한 부족으로 잘 알려져 있어요.
그리고 또 케냐에는 유명한 산이 있어요.
바로 킬리만자로라는 산으로 아프리카에서 가장 높은 산이에요. 그리고 또 다른 산이 있는데 이 산은 케냐 산이에요. 산의 모습이 타조와 닮았다고 해서 케냐 산이라고 불리고 있어요.

→ 케냐의 유명한 것을 알아보면서 유아들이 아프리카 박물관에 갔던 기억을 떠올리며 함께 이야기 나누는 모습을 볼 수 있었다. 그리고 아프리카 국립공원에 살고 있는 여러 동물들을 소개하는 책도 만들어 보았다.

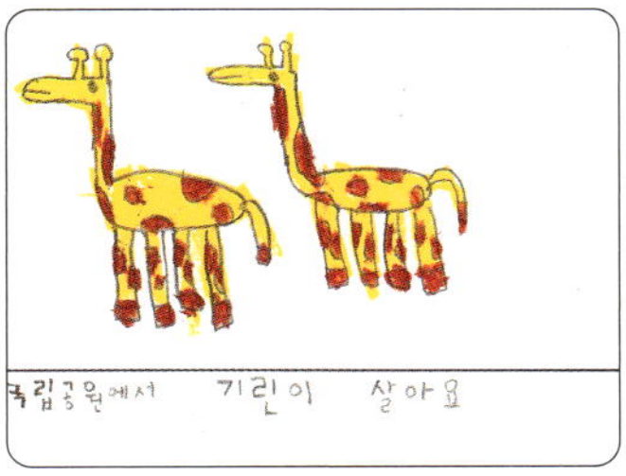

국립공원에서 기린이 살아요.

타조의 모습과 비슷한
케냐 산이 있어요.

마사이 부족이 유명해요.

아프리카의 동물 소개 책 만들기

활동 6-14 우리나라 탈과 아프리카의 가면을 비교해 보아요

아프리카의 여러 종류의 가면을 우리나라의 탈과 비교해 보기로 하였다.

교사 오늘은 아프리카의 가면과 우리나라의 탈을 비교해 보기로 해요.
아프리카 박물관에서 보았던 여러 종류의 가면들 생각나나요?
유아 태양가면이 생각나요.
유아 나무로 만든 거예요.
교사 선생님이 그림으로 가지고 왔어요.
아프리카 가면과 우리나라의 탈을 살펴보면서 이야기 나누기로 해요.
유아 와~ 가면이다.
유아 눈도 크고 뿔 같은 것도 있어요.
유아 무섭게 생겼어요.
교사 우리나라 탈도 살펴볼까요?
유아 각시탈이에요.
교사 와~ 우리 친구가 잘 알고 있네요.
유아 책에서 봤어요.
교사 또 다른 탈도 볼까요?
유아 재미있게 생겼어요.
유아 웃고 있는 모습 같아요.

→ 유아들과 아프리카 박물관에서 본 가면과 우리나라의 탈을 그림 자료로 보여 주고 비교해 볼 수 있도록 하였더니 유아들의 다양한 생각을 알 수 있었다. 그리고 직접 그림과 글로 표현해 볼 수 있도록 하였고 미술 활동으로 아프리카의 가면을 만들었는데 유아들이 적극적으로 참여하고 완성된 가면을 쓰고 좋아했다.

아프리카 박물관 견학

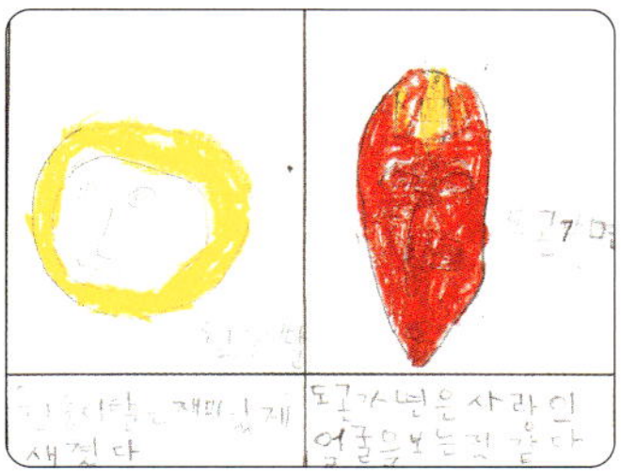

원숭이탈은 재미있게 생겼다.
도곤 가면은 사람의 얼굴을 보는 것 같다.

부녀탈을 재미있게 만들었다.
송애 가면을 보면 무서워요.

미술 활동–아프리카 가면 만들기

활동 6-15 아프리카를 도와주는 사람들에 대하여 알아보아요

※ 아프리카에서 어렵게 살아가고 있는 사람들에 대하여 알고 도움을 주는 사람들을 알아보기로 하였다.

교사 아프리카에는 어렵게 살아가고 있는 사람들이 많이 있어요.

유아 맞아요. 텔레비전에서 봤어요.

유아 밥을 못 먹어서 아픈 아기들도 보았어요.

교사 그리고 많이 아프지만 병을 치료하지 못해서 죽는 사람들도 있다고 해요. 그래서 세계 여러 나라 사람들이 아프리카의 어려운 사람들을 돕고 있다고 해요. 어떤 사람들이 도움을 주고 있는지 알아보기로 해요.

유아 네.

교사 이것은 유니세프라는 단체예요. 세계 여러 나라에서 힘들게 사는 사람들을 돕기 위해서 만들어진 단체예요. 우리나라 사람들도 이 단체에 가입해서 직접 그 나라로 봉사를 가기도 하고 성금을 모아서 어려운 사람들을 도와주고 있기도 해요.

→ 아프리카에는 힘들게 살아가는 사람들이 있다는 사실을 알고 안타까워하는 유아들의 마음을 느낄 수 있었다. 그리고 세계 여러 나라 사람들이 만든 단체뿐 아니라 개별적으로도 아프리카를 위해 많은 도움을 주고 있다는 것을 알고, 우리가 줄 수 있는 도움을 생각해 볼 수 있는 시간이 되었다.

돈을 모아서 필요한 것을 산 후 아프리카 사람들에게 주어요.

아프리카에 있는 배고픈 사람들에게 음식을 나눠 주어요.

아프리카 사람들을 치료해 주어요.

7. 남극

활동 7-1 남극에 대한 이전 경험 이야기 나누기

❀ 남극에 대하여 보고, 들은 것에 대하여 이야기 나누기로 했다.

교사 남극에 대하여 알고 있는 것에 대하여 이야기해 보기로 해요.

유아 남극에는 펭귄이 살고 있어요.

유아 얼음으로 덮여 있어요.

유아 남극에는 물개도 있어요.

교사 와~ 남극에 대하여 알고 있는 것들이 많네요.

유아 책에서 봤는데 남극의 날씨는 아주 춥다고 했어요.

유아 눈도 생각나요.

유아 남극에 대한 책을 읽었는데 우리나라의 세종과학기지도 있어요.

교사 와~ 세종과학기지도 알고 있었네요.
우리 친구들이 이야기한 것을 그림과 글로 표현해 볼 수 있겠지요?

유아 네.

➔ 책이나 텔레비전 등의 정보 매체를 통하여 알고 있던 것을 발표하며 앞으로 남극에 대하여 많이 알고 싶다고 이야기하기도 했다. 그리고 미술 활동으로 종이컵을 이용하여 펭귄 만들기도 했다.

남극에 펭귄이 살고 있어요.

남극의 날씨가 아주 추워요.

미술 활동–펭귄 만들기

활동 7-2 남극에 대한 생각 모으기 및 유목화하기

남극 하면 생각나는 것에 대하여 알아보고 생각 모으기와 유목화 활동을 하기로 했다.

교사 남극 하면 무엇이 생각나나요?

유아 펭귄이 생각나요.

유아 눈이 생각나요.

유아 얼음도 생각나요.

교사 그렇군요. 또 무엇이 생각나나요?

유아 남극에는 우리나라 세종기지도 있어요.

교사 그래요. 남극을 연구하는 곳이 세종과학기지예요. 잘 알고 있네요.
그러면 친구들의 생각을 여기 생각 모으기 종이에 모으고 나서 같은 것끼리 유목화해 보기로 해요.

→ 남극에 대하여서는 유아들이 대부분 날씨와 동물 등에 대하여 이야기를 하였다. 직접 종이에 글을 쓰고 같은 것끼리 유목화하는 작업을 한 후 교실 벽면에 게시해 두었더니 유아들이 관심을 갖고 읽으면서 계속 남극에 대한 관심을 보였다.

관계 있는 나라	과학 기지	날씨	동물	자원	기타
대한민국 영국 미국 독일 일본 이탈리아 …	세종기지 보스토크 기지 핼리 기지 …	빙산 눈 날씨가 춥다 빙하 …	바다사자 눈새 펭귄 물범 …	철광석 석탄 크롬 구리 …	크레바스 에스키모 이글루 …

생각 모으기 활동 후 유목화하기

활동 7-3 남극 유아 주제망 그리기

유목화한 내용을 가지고 유아 주제망을 그리기로 했다.

교사 친구들이 유목화한 내용을 가지고 주제망을 그리려고 해요.
선생님이 미리 소주제망의 제목을 적어 놓았는데 앞으로 나와서 주제망에 글씨를 써서 남극 주제망을 그리기로 해요.

유아 네.

유아들이 유목화한 내용을 보면서 유아 주제망을 그렸다. 완성된 주제망을 보고 유아들이 좋아하면서 남극에 대하여 좀 더 많은 관심을 갖고 참여하는 모습을 볼 수 있었다.

남극 주제망 그리기

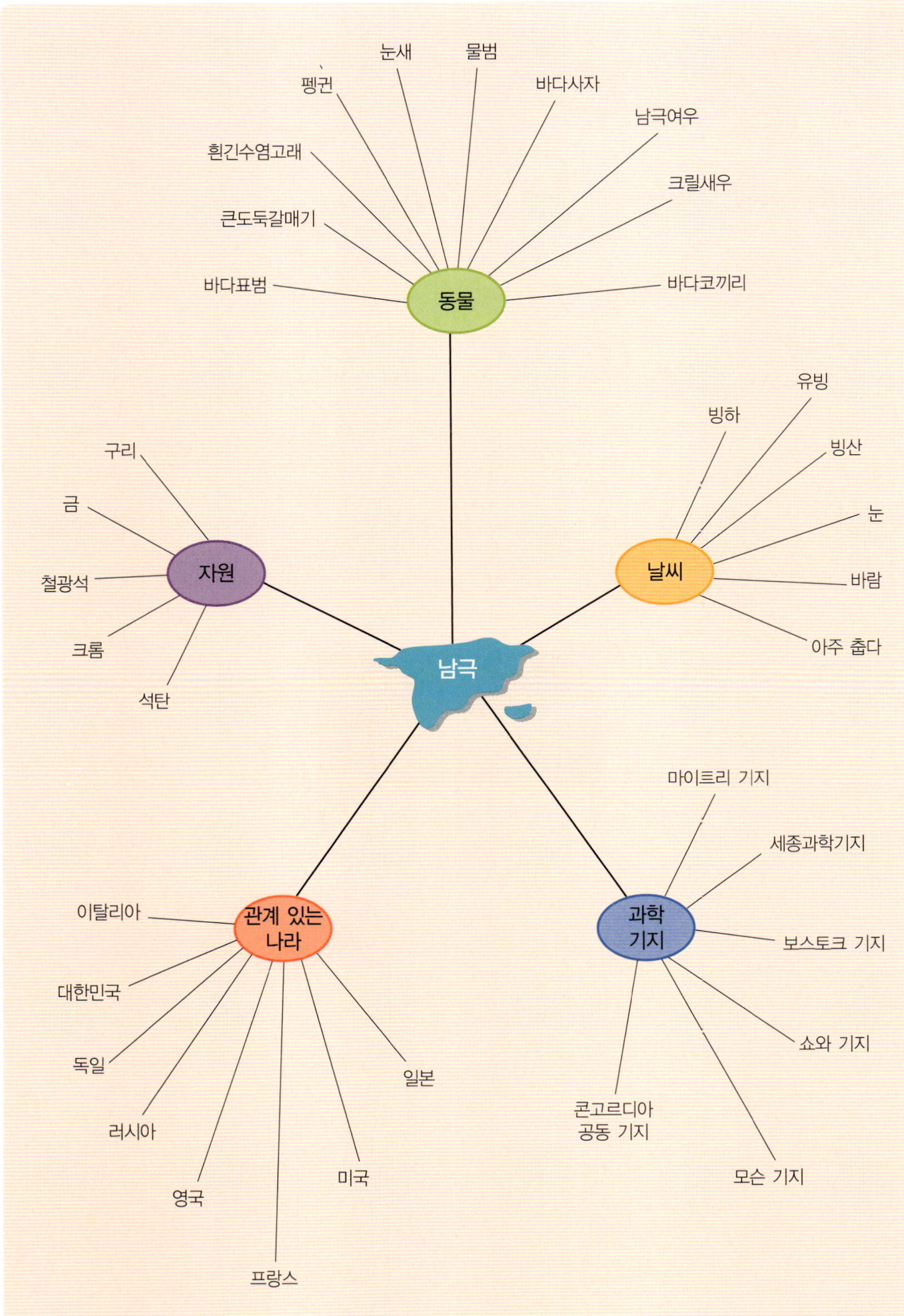
남극
동물
펭귄
눈새
물범
바다사자
남극여우
크릴새우
바다코끼리
흰긴수염고래
큰도둑갈매기
바다표범
날씨
빙하
유빙
빙산
눈
바람
아주 춥다
자원
구리
금
철광석
크롬
석탄
관계 있는 나라
이탈리아
대한민국
독일
러시아
영국
프랑스
미국
일본
과학 기지
마이트리 기지
세종과학기지
보스토크 기지
쇼와 기지
모슨 기지
콘고르디아 공동 기지

| 남극 유아 주제망 |

활동 7-4

남극 유아·교사 공동 주제망 그리기

유아 주제망과 교사 주제망을 비교하여 공동 주제망을 그리기로 했다.

교사 선생님이 그린 주제망과 친구들이 그린 남극 주제망을 보면서 공동 주제망을 그리기로 해요.

유아 네.

유아 우리도 동물이 있고 선생님 주제망에도 동물이 있어요.

교사 그렇네요.

유아 와~ 과학기지도 있다!

→ 주제망을 비교해 보면서 앞으로 남극에 대하여 어떤 점들을 알아 나갈지와 유아들이 남극에 대하여 흥미를 가지고 프로젝트 활동을 할 수 있도록 공동 주제망을 완성했다.

교사 주제망과 유아 주제망을 비교해 보아요.

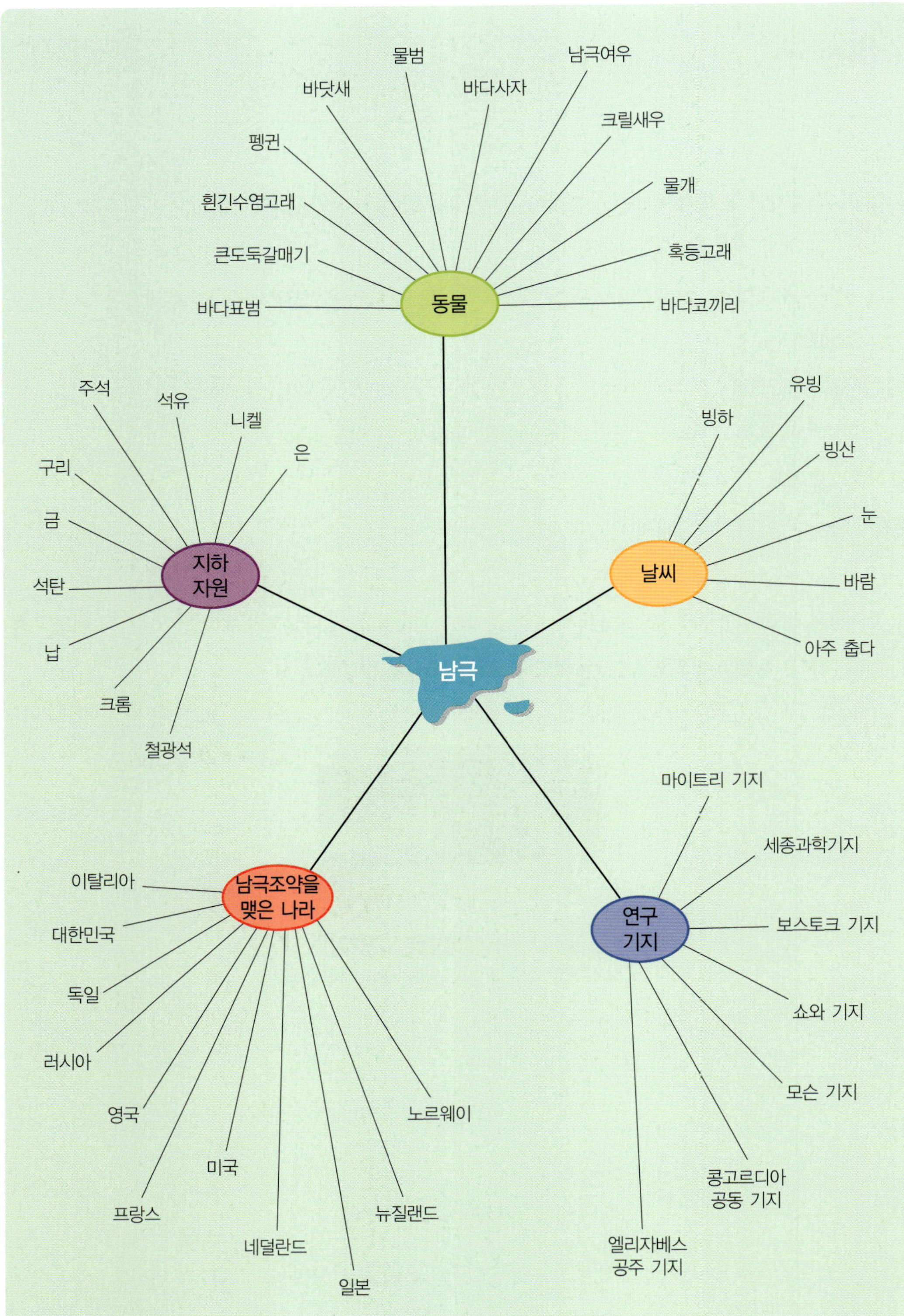

| 남극 유아, 교사 공동 주제망 |

활동 7-5 남극에 대하여 궁금한 점이 있어요

⁂ 남극에 대하여 알아보면서 어떤 점이 궁금한지 이야기 나누었다.

교사 남극에 대하여 알아보면서 궁금한 점에 대해서 이야기를 나눠 보아요.

유아 남극에 어떤 동물들이 살고 있는지 알고 싶어요.

유아 남극의 날씨가 궁금해요.

유아 남극에서 어떤 기지가 있는지 알고 싶어요.

교사 그래요. 우리나라의 세종기지 외에도 남극에는 여러 나라의 과학기지가 있다고 해요. 또 무엇이 궁금한가요?

유아 남극에 있는 지하자원이 궁금해요.

➔ 남극에 대하여 궁금한 점을 이야기 나누면서 직접 집에 가서 조사해 오기로 하고 친구들과 서로 조사한 내용을 살펴보고 발표하는 시간을 가졌다.

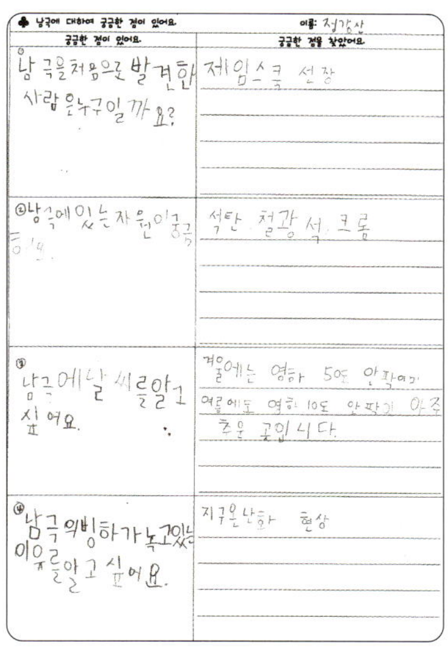

궁금한 점을 조사했어요.

활동 7-6 남극의 세종기지에 대하여 알아보아요

※ 남극에 있는 우리나라의 세종기지의 역할에 대하여 이야기 나누기로 했다.

교사 오늘은 남극에 있는 우리나라의 세종기지를 알아보기로 해요.
남극 옆에 있는 킹조지 섬에 바로 우리나라의 세종기지가 있다고 해요.
세종기지에서는 어떤 일을 하는지 알고 있나요?

유아 연구를 하는 곳이에요.

교사 와~ 잘 알고 있네요.
바로 이 세종기지는 남극에 살고 있는 동물, 식물도 연구하고 날씨 등도 연구하는 기지예요.
여기 선생님이 가지고 온 그림을 살펴볼까요?

유아 기계 같아요.

교사 맞아요. 이 기계들은 세종기지 안에서 꼭 필요한 것들이에요.
쓰레기를 태우기 위해서는 이 소각기를 이용하고, 깨끗한 물을 마시기 위해서 담수기를 이용해서 바닷물을 정화시켜서 먹어요.

유아 신기해요.

교사 이것은 발전기인데 이곳에서 직접 전기를 만들어서 사용하고 있다고 해요.
자, 이렇게 세종기지 안에는 여러 기계들도 있고 이것을 통해 기지의 연구원들이 살면서 열심히 남극에 대한 여러 가지 연구 활동을 해 나가고 있어요.

→ 남극의 세종기지에서 하는 일과 세종기지의 연구원들이 이용하는 시설들에 대하여 알고 유아들이 신기해하였다.

기지의 모든 전력을 공급하는
발전기입니다.

세종기지에서 남극의 동물들에
대하여 연구를 합니다.

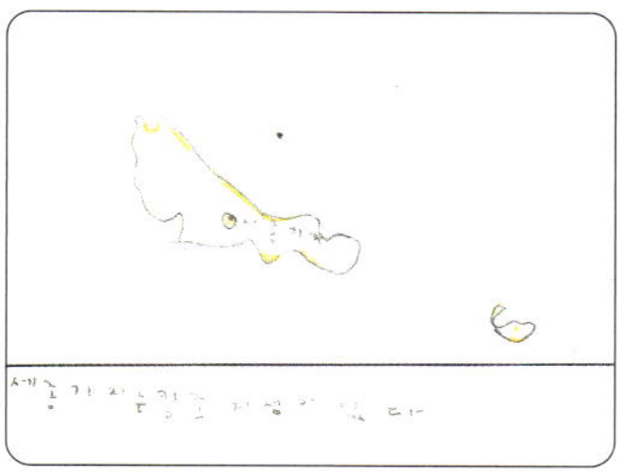
세종기지는 킹조지 섬에 있다.

세종기지에 대하여 이야기를 나눠요.

활동 7-7

남극의 날씨와 현재 남극 날씨 변화에 대하여 알아보아요

남극의 날씨 변화의 원인에 대하여 생각해 보고 이야기를 나누었다.

교사 남극의 날씨는 어떨까요?

유아 눈이 많이 내려요.

유아 바람도 많이 불고 정말 추워요.

유아 궁금한 점을 알아볼 때 남극은 겨울에 영하 50도까지 내려간다는 것을 알았어요.

교사 우리 친구들이 이야기한 것처럼 남극은 세계에서 가장 추운 곳이에요. 그래서 예전에는 사람들이 살지 못했고 지금도 연구를 위해서 기지에 살고 있는 연구원만 살고 있어요.
그런데 이런 남극이 요즘 날씨의 변화로 빙하가 점점 녹고 있다고 해요.
왜 그럴까요?

유아 지구가 따뜻해져서요.

유아 자동차를 타고 다니면서 연기 때문에 공기가 나빠져서 남극의 얼음이 녹고 있어요.

교사 와~ 우리 친구들이 잘 알고 있네요.
친구들이 이야기한 것을 지구 온난화라고 해요. 바로 세계 여러 나라에 살고 있는 사람들이 환경을 오염시켜서 날씨가 점점 변화되었는데 지구의 온도가 올라가면서 얼음으로 덮여 있는 남극이 점점 녹고 있다고 해요.
이런 지구의 온난화를 막으려면 모든 사람들이 노력을 해야 해요.

유아 맞아요. 쓰레기를 함부로 버리면 안 돼요.

유아 자동차도 많이 타고 다니면 안 될 것 같아요.

➔ 지구 온난화로 남극의 얼음들이 점점 녹아서 지구 환경에 많은 영향을 끼친다는 사실을 알고 유아들이 걱정하며 "우리가 남극을 소중하게 생각해야 해요."라고 말했고 환경보호의 중요성도 알려줄 수 있는 시간이 되었다. 그리고 남극의 날씨를 생각해 보며 NIE 활동으로 차가운 느낌을 찾아보기도 했다.

남극의 날씨: 얼음으로 덮여 있어서 아주 추워요.
현재의 날씨: 자연이 파괴되어서 남극의 얼음도 녹고 있어요.

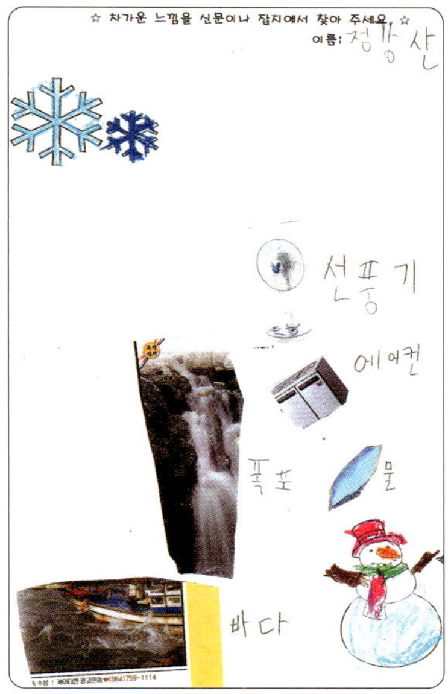

NIE 활동-차가운 느낌 찾기

마무리

활동 1 내가 만약 다문화 가정에서 태어난다면…

※ 다문화 가정에 대하여 관심을 갖고 내가 다문화 가정에서 태어난다면 어떤 느낌일지 이야기를 나누었다.

교사 오늘은 선생님이 다른 나라에서 와서 우리나라 사람과 결혼해서 살고 있는 다문화 가정을 소개해 주려고 해요. 우리가 지금까지 세계 여러 대륙에 있는 나라와 그 나라의 문화들을 알아보았지요?

유아 네.

교사 바로 우리 친구들이 세계 여러 나라 사람들과 함께 살아가기 위해서 그 나라의 문화를 알아보고 있는 거예요.

➜ 다문화 가정이 점점 많아지면서 유아들에게 다문화 가정을 소개해 주는 시간을 갖고 생각해 볼 수 있도록 하였는데 다문화 가정에서 태어난 친구들이 놀림을 받아 속상해하는 모습을 보고 "선생님, 사이 좋게 지내야 해요."라고 말하는 모습에 흐뭇함을 느꼈다.

엄마가 살던 나라의 음식을 만들어서 먹을 것 같다.

다문화 가정에서 태어나면 행복할 것 같아요.

엄마가 중국 사람이라서 중국어를 알고 있어요.

활동 2 세계는 하나! 서로 도우며 함께해요

사람들이 사는 곳, 피부색, 문화 등은 다르지만 세계 여러 나라 사람들이 어떻게 하나가 되어서 살아가고 있는지 알아보기로 했다.

교사 우리는 세계 여러 나라 사람들과 함께 살아가고 있지요?

유아 네.

교사 그러면 세계 여러 나라 사람들이 하나가 되기 위해서 어떻게 해야 할까요?

유아 서로 도와주어야 해요.

유아 어려운 나라에 살고 있는 친구들을 도와줘요.

유아 우리나라에 외국 사람들이 왔을 때 친절하게 해요.

유아 반갑게 인사도 해 주면 좋아할 것 같아요.

교사 와~ 우리 친구들이 정말 훌륭한 생각을 하고 있네요.
친구들이 이야기한 것처럼 우리도 다른 나라 사람들이라고 해서 싫어하거나 불편해하지 않고 먼저 다가가서 인사도 하고 서로의 나라에 대해서 알아가려고 노력하면 살고 있는 곳은 다르지만 우리의 마음은 하나가 될 것 같아요.

➔ 여러 나라 사람들의 생김새나 살아가는 방법은 다르지만 함께 어울려서 서로 돕고 사랑하며 살아가야 한다는 것을 유아들이 스스로 느끼는 것을 보면서 흐뭇했다.

우리나라에 온 다른 나라 사람들께
우리나라를 소개해요.

세계 여러 나라 사람들과
행복하게 살아요.

활동 3 전시회를 준비해요

그동안 알아보았던 세계 여러 나라에 대하여 다른 사람들에게 어떻게 알려줄지 이야기를 나누었다.

교사 세계 여러 나라 프로젝트를 하면서 우리나라와 비교해서 보니 사람들이 어떻게 살아가고 있는지, 무엇을 좋아하는지, 나라마다 다르다는 것을 알게 되었지요?

유아 네.

교사 그러면 친구들이 알고 있는 것들을 다른 사람들에게도 알려주면 어떨까요?

유아 좋아요.

유아 엄마, 아빠께도 알려주고 싶어요.

교사 그렇군요. 어떻게 하면 사람들에게 알려줄 수 있을까요?

유아 사람들을 초대해요.

유아 전시회를 열면 돼요.

유아 맞아요.

유아 와~ 정말 좋을 것 같아요.

교사 전시회를 열기 위해서는 초대도 해야 해요.
우리가 그동안 했던 활동들을 어떻게 전시하면 좋을지 이야기 나누기로 해요.

유아 우리가 했던 미술 작품도 전시해요.

유아 엄마, 아빠께 초대 카드도 만들어서 보내요.

유아 우리 교실에 있는 것처럼 만국기도 만들어서 꾸며요.

교사 와~ 우리 친구들이 좋은 생각을 많이 하고 있네요.

→ 다문화 축제를 열기로 하고 다른 사람들에게 나라 소개를 어떻게 하면 좋을지 생각해 보며 열심히 가이드 연습도 하고, 축제장에 꾸밀 수 있는 것도 만들어 보면서 빨리 다문화 축제가 열리기를 바라는 유아들의 눈빛을 느낄 수 있었다.

활동 4

세계 여러 나라 다문화 대축제

다문화 축제를 여러 사람들에게 알리고 그동안 알아보았던 세계 여러 나라를 소개하고 체험하는 시간을 갖기로 했다.

검색대 역할

각 대륙별 체험활동

가이드 역할

그동안 준비했던 가이드 연습과 멋지게 꾸며진 축제장을 보면서 유아들이 너무나 흐뭇해하고, “여기는 일본입니다. 일본에는 후지 산이 유명합니다.” 하고 열심히 사람들에게 나라 소개를 하며 뿌듯해하는 모습도 볼 수 있었다.

활동 5 세계 여러 나라 다문화 대축제를 마치며…

세계 여러 나라 다문화 대축제를 열고 난 후 느낀 점을 이야기 나누며 그동안 세계 여러 나라에 대하여 알아본 것들을 다시 한 번 생각해 볼 수 있는 시간을 가졌다.

교사 2012년 1월 23일 일요일에 체육관에서 그동안 준비했던 세계 여러 나라 활동들을 전시했지요?

유아 네.

교사 다문화 축제를 하고 나서 어떤 점을 느꼈는지 이야기해 보기로 해요.

유아 가이드가 되어서 일본에 대하여 알려주었는데 사람들이 좋아해서 저도 기분이 좋았어요.

유아 엄마랑 같이 월남쌈 만들기를 해서 먹었어요.

교사 맛이 어땠나요?

유아 정말 맛있었어요.

교사 또 어떤 점을 느꼈나요?

유아 검색대 역할을 할 때 친구들의 여권을 검사하면서 재미있었어요.

유아 나라마다 다른 것들을 한꺼번에 볼 수 있었어요.

유아 나라마다 다른 것들을 비교할 수 있었어요.

유아 내가 다른 나라에 갔을 때 그 나라 친구들이 도와주면 즐거울 것 같아요.

유아 나도 다른 나라 사람들이 잘 모르는 게 있으면 도와줄 거예요.

유아 그동안 알아보았던 나라들에 대해서 다시 볼 수 있어서 좋았어요.

교사 참 좋은 생각을 했어요.
우리 친구들이 세계 여러 나라 사람들이 어떻게 살아가는지, 다른 나라에 가면 잘 모르는 것이 많아서 도움을 받고 도움을 주어야 한다는 것을 알게 되어 참 기뻐요.

→ 다문화 대축제를 하면서 유아들이 세계에는 다양한 나라와 사람들이 살아가고 있음을 알고 서로가 돕고 사랑하며 하나가 되어서 살아가야 한다는 것을 또다시 느낄 수 있는 좋은 시간이 되었던 것 같다.

다문화 축제를 하면서 느낀 점을 발표하고 그림과 글로 표현했어요.

월남쌈을 만들어서 먹었는데
맛있었다.

가이드 역할을 하니까
즐거웠어요.

축제를 할 때 검색대 역할을
맡아서 기분이 정말 좋았어요.

V

프로젝트를 마치며

1. 유아 후기

- 세계 여러 나라 프로젝트를 하면서 다양한 세계의 친구들을 만날 수 있어 좋았다.
- 각 나라의 국기, 국화를 알아보고 다른 나라의 인사말을 배워 보면서 친구들과 "안녕!" 하고 인사를 나누었는데 "헬로우, 곤찌니와, 싸와디캅~" 하며 다른 나라의 언어로 인사를 나눌 수 있어 즐거웠다.
- 캠프를 하면서 친구들과 우유곽과 박스로 첨성대, 만리장성, 개선문 만들기를 하고 엄마, 아빠와 함께 여러 나라의 의상을 직접 만들어 입어 볼 수 있어 좋았다.
- 햄버거, 김치, 월남쌈 등 세계 여러 나라의 음식을 직접 만들어 먹어 보면서 어떤 재료가 들어가고, 어떻게 만들어서 먹는지 알 수 있어 좋았다.
- 국기 책 만들기, 가면 만들기, 풍차 만들기, 액자 만들기 등 여러 가지 미술 활동도 하고 소인국 테마파크에 가서 직접 개선문, 백악관 등 유명한 세계의 건축물을 구경하면서 '나도 빨리 커서 이 다음에 세계 여행을 떠나야지' 라는 생각이 들었다.
- 세계에는 우리와 생김새가 다른 나라 친구들이 많이 있지만 서로 사랑하고 아끼며 그 나라의 문화를 존중해 줘야 한다는 생각이 들었다.

2. 교사 후기

- 처음에는 세계 여러 나라 프로젝트를 어떻게 유아들에게 알려줄 수 있을지에 대하여 막막하고 어려울 것이라는 생각에 고민을 많이 했다.
- 선생님들과 모여 교사 주제망을 구성하는 과정에서 유아들에게 어떻게 세계 여러 나라에 대하여 관심을 갖게 하고 참여시킬 수 있을지에 대해 의논하고 유아들과 첫 프로젝트 활동을 시작하였다.
- 세계에는 어떤 나라들이 있는지에 대하여 이야기를 나누면서 "일본이요, 미국이요!" 하고 씩씩하게 질문에 대답을 하며 적극적으로 참여하는 모습을 보았다.
- 점점 세계 여러 나라 프로젝트 활동에 흥미를 갖고 이야기도 나누고 주제와 관련된 미술 활동, NIE 활동 등을 하면서 점점 더 프로젝트 활동을 활발하게 진행해 나갈 수 있었다.
- 직접 다른 나라에 가 본 경험이 있는 유아들과 집에서 조사한 세계 여러 나라에 관련된 정보들을 수집하여 친구들과 정보를 공유하고 함께 알아보면서 즐거워하는 모습도 볼 수 있었다.

- 그동안 알아본 세계 여러 나라에 대하여 다문화 축제를 계획하고 계속해서 준비했던 다양한 작품들을 축제장에 전시하고 체험 활동을 준비하여 직접 가 보지는 못했지만 간접적으로 유아들이 체험할 수 있도록 하였는데 아이들뿐 아니라 함께 한 부모님과 지역사회의 이웃들도 참여하여 적극적으로 참여하는 모습을 볼 수 있었다.
- 다양한 문화를 한 곳에서 체험하고 즐길 수 있다는 것에 모두가 좋아하였고 다문화 축제를 마치고 나서 유아들도 "선생님 또 하고 싶어요.", "정말 재미있었어요."라고 말하며 축제의 열기가 계속해서 전해졌다.
- 이번 세계 여러 나라 프로젝트 활동을 통해 다양한 나라의 문화에 대하여 알게 되었고, 세계 여러 나라 사람들이 함께 서로 도우며 살아가고 있음을 알게 된 계기가 되어서 뿌듯함을 느낄 수 있었다.

참/고/문/헌

강무홍(2001). 까만 나라 노란 추장. 서울: 웅진닷컴.

강주현 글 · 이현세 그림 (2010). 만화 세계사 넓게 보기. 서울: 녹색지팡이.

권삼윤(2008). 로마와 르네상스의 나라 이탈리아 이야기. 서울: 아이세움.

글공작소(2011). 공부가 되는 유럽 이야기. 경기: 아름다운 사람들.

김선형(2005). 자유를 사랑한 나라 미국 1, 2, 3. 경기: 삼성 비엔씨.

김성희(2005). 더운 나라로 떠나요. 추운 나라로 떠나요. 서울: 아이즐 북스.

김향금(2004). 세상을 담은 그림 지도. 경기: 보림.

김현숙(2008). 지구마을 어린이 리포트: 14개 나라 친구들이 들려주는 세계 이야기. 서울: 한겨레아이들.

김현아(2009). 아픔을 딛고 미래로 향하는 나라 베트남 이야기. 서울: 아이세움.

김혜리(2008). 세계 여러 나라 집 이야기. 서울: 아이코리아.

______(2008). 세계 여러 나라 집 이야기 1 천막집. 서울: 아이코리아.

______(2008). 세계 여러 나라 집 이야기 2 기와집. 서울: 아이코리아.

남춘자 글 · 크레파스 그림(2012). Why? 나라별 세계사 미국. 서울: 예림당.

렌쪼로시(2005). 세계 여러 나라의 문자. 서울: 꿈터.

르랑 드 브루노프(2009). 바바의 신나는 미국 여행. 서울: 국민서관.

박영수 글 · 노기동 그림(2011). 지도 없이 떠나는 101일간의 음식의 세계사. 경상북도: 영교출판.

박영훈(2005). 세계에서 가장 작은 나라 바티칸. 경기: 삼성 비엔씨.

______(2005). 해가 지지 않는 나라 영국 1, 2, 3. 경기: 삼성 비엔씨.

박윤희 글 · 홍영분 그림(2008). 우리 집은 아프리카에 있어요. 경기: 웅진주니어.

박지환(2010). 펭귄도 모르는 남극 이야기. 서울: 한겨레아이들.

샐리 합굿 글 · 애드리아 패트릭 그림(2010). 아프리카부터 남극까지 신기한 비행기 여행. 서울: 한솔수북.

안노 미쯔마사(2004). 여행 그림책 4: 미국편. 서울: 한림출판사.

앤 맥레이, 앨리슨 쿠퍼 글 · 다니엘라 데 루카 그림(2005). 그림 지도로 보는 세계의 여러 나라. 서울: 다섯수레.

양재찬 글 · 유경화 그림(2011). 내가 세계 최고!: 숫자로 보는 세계 여러 나라. 경기: 웅진주니어.

유네스코아시아문화센터(2001). 세계의 어린이 우리는 친구. 서울: 한림출판사.

유네스코 아시아 · 태평양 국제이해교육(2010). 코박사와 함께 떠나는 다문화 여행. 서울: 대교출판.

이광웅 글 · 가재발 그림(2005). Why? 남극, 북극. 서울: 예림당.

이범기(2005). 예술이 살아 있는 나라 프랑스 1, 2. 경기: 삼성 비엔씨.

이형권(2005). 어린이를 위한 우리나라 지도책. 서울: 아이세움.

장순근(2001). 야! 가자, 남극으로. 서울: 창작과 비평사.

장용규(2010). 무지개 나라를 꿈꾸는 남아프리카 공화국 이야기. 서울: 아이세움.

전국지리교사모임(2005). 지도로 만나는 우리 땅 친구들. 서울: 뜨인돌.

전규만(2005). 유구한 역사와 만리장성의 나라 중국 1, 2, 3. 경기: 삼성 비엔씨.

정범진 글 · 정수연 그림(2004). 두 얼굴의 나라 미국 이야기. 서울: 아이세움.

조지욱(2011). 우리는 아시아에 살아요. 경기: 웅진주니어.

지호진(2007). 아하! 세계엔 이런 전쟁이 있었군요. 경기: 김영사주니어.

카렌 포스터 편 · 강미란 역(2009). 꼬마 탐험가가 보는 지도책. 서울: 주니어랜덤.

하마리아(2011). 아이가 어른이 되기 전에 꼭 가 봐야 할 전 세계 체험 여행 160. 서울: 예담.

한정기(2008). 남극에서 온 편지: 우리 삼촌은 세종 기지에 있어요. 경기: 비룡소.

한정영, 임선아 글 · 김준미 그림(2010). 동화로 읽는 세계의 문화 3. 서울: 가교.

허용선(2006). 사진과 지도로 만나는 세계 최고 문화 유산 2. 서울: 채우리.

저자소개

진금옥

동산밭어린이집 원장
제주관광대 유아교육학과 강사
부산동의대 경영학 박사
제주한미몬테소리협회장 및 강사
서귀포시 교육발전포럼 이사 및 영유아분과장

■ 주요 저서

- 2003년 『몬테소리』(일상, 감각, 수학, 언어, 문화 영역 등 95권), 공저, 창지사
- 2005년 『유아 인성교육을 위한 경제 프로젝트 사례』, 창지사
- 2005년 『21세기 마케팅』, 공저, 한경사
- 2010년 『개정 유아 인성교육을 위한 경제 프로젝트 사례』, 창지사

■ 주요 논문

- 보육서비스 품질지각과 고객만족에 관한 연구
- 제주지역 어린이집의 서비스 품질에 관한 연구
- An Application Study of Data Mining Technique for CRM customer Relationship Management
- 관계마케팅에서 고객의 서비스 품질 지각과 만족에 관한 연구(어린이집 경영을 중심으로)
- 유아의 경제교육을 통한 아나바다 경제활동 및 구매행동에 관한 연구
- 동양문화권의 아나바다 프로젝트 활동과 구매활동과의 관계
- 청소년의 온라인게임 행동과 학교생활만족도 연구
- 효과적인 경제교육을 위한 유아교사의 교수법에 관한 연구

프로젝트 참여 기관 및 연구교사

동산밭어린이집	진금옥 원장 원감: 김윤희 교사: 나소정, 이정희, 이하나, 이미선, 고지은, 현경민, 김규희, 송선희
대정어린이집	송월견 원장(서귀포시교육발전포럼 영유아분과위원) 원감: 송인복 교사: 윤효선, 허은정
제주어린이집	송은실 원장(국제대학 경영학석사) 원감: 송은경(교육학박사) 교사 임현정
은현어린이집	현정숙 원장 원감: 현은주 교사: 오미선, 오순열
새싹어린이집	양민숙 원장(경남대학교 교육대학원 석사, 주요 논문: 소설가 구보 씨의 일일연구) 주임: 김양임 교사: 고수애, 김수경

유아 인성교육을 위한
세계 여러 나라의 문화체험 프로젝트

초판 1쇄 인쇄 2012년 12월 20일
초판 1쇄 발행 2012년 12월 26일

지은이 | 진금옥
펴낸이 | 김기섭
편집인 | 태선옥
펴낸곳 | 창지사 www.changjisa.com
153-802 서울시 금천구 가산동 345-13 파트너스타워1차 (9F, B1F)
전화 (02) 719-2211~3
팩스 (02) 701-9386
등 록 | 1977년 4월 28일 · 제1-421호

ISBN 978-89-426-0675-7 (93370)

값 17,000원